TOSEL®

JUNIOR

International TOSEL Committee

VOCA 1

CONTENTS

Junior 2권

TOSEL® Level Chart   TOSEL 단계표

COCOON
아이들이 접할 수 있는 공식 인증 시험의 첫 단계로써, 아이들의 부담을 줄이고 즐겁게
흥미를 유발할 수 있도록 컬러풀한 색상과 디자인으로 시험지를 구성하였습니다.

Pre-STARTER
친숙한 주제에 대한 단어, 짧은 대화, 짧은 문장을 사용한 기본적인 문장표현 능력을
측정합니다.

STARTER
흔히 접할 수 있는 주제와 상황과 관련된 주제에 대한 짧은 대화 및 짧은 문장을 이해하고
일상생활 대화에 참여하며 실질적인 영어 기초 의사소통 능력을 측정합니다.

BASIC
개인 정보와 일상 활동, 미래 계획, 과거의 경험에 대해 구어와 문어의 형태로 의사소통을
능력을 측정합니다.

JUNIOR
일반적인 주제와 상황을 다루는 회화와 짧은 단락, 실용문, 짧은 연설 등을 이해하고
간단한 일상 대화에 참여하는 능력을 측정합니다.

HIGH JUNIOR
넓은 범위의 사회적, 학문적 주제에서 영어를 유창하고 정확하게, 효과적으로 사용할 수
있는 능력 및 중문과 복잡한 문장을 포함한 다양한 문장구조의 사용 능력을 측정합니다.

ADVANCED
대학 및 대학원에서 요구되는 영어능력과 취업 또는 직업근무환경에 필요한 실용영어
능력을 측정합니다.

ADVANCED
대학생,직장인

HIGH JUNIOR
고등학생

JUNIOR
중학생

BASIC
초등 5,6학년

STARTER
초등 3,4학년

Pre-STARTER
초등 1,2학년

COCOON
유치원생

영어의
첫 걸음 단계

영어를
시작하는 단계

영어의 밑바탕을
다지는 단계

영어의
도약 단계

영어의
실전 단계

영어의
고급화 단계

영어의
완성 단계

TOSEL
교재 Series

TOSEL LEVEL	Age	Vocabulary Frequency	Readability Score	교과 과정 연계	VOCA	Reading	Listening	Grammar
Cocoon	K5-K7		0-1	(국어 1단원 1-1)	150	Picking Pumpkins (Phonics Story)	사물 묘사	There is · There are
Pre-Starter	P1-P2		1-2	(통합교과 1-1)	300	Me & My Family (Reading series Ch.1)	상대방 소개하기	be + adjective
Starter	P3-P4		1-2	(통합교과 3-1)	800	Ask More Questions (Reading Series Ch.1)	날씨/시간 표현	Simple Past
Basic	P5-P6		3-4	(사회 5-1)	1700	Culture (Reading Series Ch.3)	의견 묻고 답하기	Superlative
Junior	M1-M2		5-6	중 1, 2 과학, 기술가정	4000	Humans and Animals (Reading Series Ch.1)	사물 소개하기	to-infinitive
High Junior	H1-H3		5-6	고등학교 - 체육	7000	Health (Reading Series Ch.1)	상태 묘사	2nd Conditional

■ TOSEL의 세분화된 레벨은 각 연령에 맞는 어휘와 읽기 지능 및 교과 과정과의 연계가 가능하도록 설계된 교재들로 효과적인 학습 커리큘럼을 제공합니다.

■ TOSEL의 커리큘럼에 따른 학습은
정확한 레벨링 → 레벨에 적합한 학습 → 영어 능력 인증 시험 TOSEL에서의 공신력 있는 평가를 통해
진단 → 학습 → 평가의 선순환 구조를 실현합니다.

About **TOSEL®**

TOSEL은 각급 학교 교과과정과 연령별 인지단계를 고려하여 단계별 난이도와 문항으로
영어 숙달 정도를 측정하는 영어 사용자 중심의 맞춤식 영어능력인증 시험제도입니다.
평가유형에 따른 개인별 장점과 단점을 파악하고, 개인별 영어학습 방향을 제시하는 성적분석자료를 제공하여
영어능력 종합검진 서비스를 제공함으로써 영어 사용자인 소비자와
영어능력 평가를 토대로 영어교육을 담당하는 교사 및 기관 인사관리자인 공급자를
모두 만족시키는 영어능력인증 평가입니다.

TOSEL은 인지적-학문적 언어 사용의 유창성 (Cognitive-Academic Language Proficiency, CALP)과
기본적-개인적 의사소통능력 (Basic Interpersonal Communication Skill, BICS)을
엄밀히 구분하여 수험자의 언어능력을 가장 친밀하게 평가하는 시험입니다.

대상	목적	용도
유아, 초, 중, 고등학생, 대학생 및 직장인 등 성인	한국인의 영어구사능력 증진과 비영어권 국가의 영어 사용자의 영어구사능력 증진	실질적인 영어구사능력 평가 + 입학전형 및 인재선발 등에 활용 및 직무역량별 인재 배치

연혁

2002.02	국제토셀위원회 창설 (수능출제위원역임 전국대학 영어전공교수진 중심)
2004.09	TOSEL 고려대학교 국제어학원 공동인증시험 실시
2006.04	EBS 한국교육방송공사 주관기관 참여
2006.05	민족사관고등학교 입학전형에 반영
2008.12	고려대학교 편입학시험 TOSEL 유형으로 대체
2009.01	서울시 공무원 근무평정에 TOSEL 점수 가산점 부여
2009.01	전국 대부분 외고, 자사고 입학전형에 TOSEL 반영
	(한영외국어고등학교, 한일고등학교, 고양외국어고등학교, 과천외국어고등학교, 김포외국어고등학교, 명지외국어고등학교, 부산국제외국어고등학교, 부일외국어 고등학교, 성남외국어고등학교, 인천외국어고등학교, 전북외국어고등학교, 대전외국어고등학교, 청주외국어고등학교, 강원외국어고등학교, 전남외국어고등학교)
2009.12	청심국제중·고등학교 입학전형 TOSEL 반영
2009.12	한국외국어교육학회, 팬코리아영어교육학회, 한국음성학회, 한국응용언어학회 TOSEL 인증
2010.03	고려대학교, TOSEL 출제기관 및 공동 인증기관으로 참여
2010.07	경찰청 공무원 임용 TOSEL 성적 가산점 부여
2014.04	전국 200개 초등학교 단체 응시 실시
2017.03	중앙일보 주관기관 참여
2018.11	관공서, 대기업 등 100여 개 기관에서 TOSEL 반영
2019.06	미얀마 TOSEL 도입 발족식
	베트남 TOSEL 도입 협약식
2019.11	2020학년도 고려대학교 편입학전형 반영
2020.04	국토교통부 국가자격시험 TOSEL 반영
2021.07	소방청 간부후보생 선발시험 TOSEL 반영

About TOSEL

TOSEL에 대하여

What's TOSEL?

"Test of Skills in the English Language"

TOSEL은 비영어권 국가의 영어 사용자를 대상으로 영어구사능력을 측정하여
그 결과를 공식 인증하는 영어능력인증 시험제도입니다.

영어 사용자 중심의 맞춤식 영어능력 인증 시험제도

맞춤식 평가

획일적인 평가에서
세분화된 평가로의 전환

TOSEL은 응시자의 연령별
인지단계에 따라 별도의 문항과 난이도를
적용하여 평가함으로써 평가의
목적과 용도에 적합한 평가 시스템을
구축하였습니다.

공정성과 신뢰성 확보

국제토셀위원회의 역할

TOSEL은 고려대학교가 출제 및 인증기관
으로 참여하였고 대학입학수학능력시험
출제위원 교수들이 중심이 된
국제토셀위원회가 주관하여
사회적 공정성과 신뢰성을 확보한
평가 제도입니다.

수입대체 효과

외화유출 차단 및 국위선양

TOSEL은 해외시험응시로 인한 외화의
유출을 막는 수입대체의 효과를 기대할 수
있습니다. TOSEL의 문항과 시험제도는
비영어권 국가에 수출하여 국위선양에
기여하고 있습니다.

Why TOSEL ⟶ 왜 TOSEL인가

01 학교 시험 폐지

일선 학교에서 중간, 기말고사 폐지로 인해 객관적인 영어 평가 제도의 부재가 우려됩니다. 그러나 전국단위로 연간 4번 시행되는 TOSEL 평가시험을 통해 학생들은 정확한 역량과 체계적인 학습방향을 꾸준히 진단받을 수 있습니다.

02 연령별/단계별 대비로 영어학습 점검

TOSEL은 응시자의 연령별 인지단계 및 영어 학습 단계에 따라 총 7단계로 구성되었습니다. 각 단계에 알맞은 문항유형과 난이도를 적용해 모든 연령 및 학습 과정에 맞추어 가장 효율적으로 영어실력을 평가할 수 있도록 개발된 영어시험입니다.

03 학교내신성적 향상

TOSEL은 학년별 교과과정과 연계하여 학교에서 배우는 내용을 학습하고 평가할 수 있도록 문항 및 주제를 구성하여 내신영어 향상을 위한 최적의 솔루션을 제공합니다.

04 수능대비 직결

유아, 초, 중등시절 어렵지 않고 즐겁게 학습해 온 영어이지만, 수능시험준비를 위해 접하는 영어의 문항 및 유형 난이도에 주춤하게 됩니다. 이를 대비하기 위해 TOSEL은 유아부터 성인까지 점진적인 학습을 통해 수능대비를 자연적으로 해나갈 수 있습니다.

05 진학과 취업에 대비한 필수 스펙관리

개인별 '학업성취기록부' 발급을 통해 영어학업성취이력을 꾸준히 기록한 영어학습 포트폴리오를 제공하여 영어학습 이력을 관리할 수 있습니다.

06 자기소개서에 토셀 기재

개별적인 진로 적성 Report를 제공하여 진로를 파악하고 자기소개서 작성시 적극적으로 활용할 수 있는 객관적인 자료를 제공합니다.

07 영어학습 동기부여

시험실시 후 응시자 모두에게 수여되는 인증서는 영어학습에 대한 자신감과 성취감을 고취시키고 동기를 부여합니다.

08 AI 분석 영어학습 솔루션

200만 명의 응시데이터를 기반으로 영어인증시험 제도 중 세계 최초로 인공지능이 분석한 개인별 AI 정밀진단 성적표를 제공합니다. 최첨단 AI 정밀진단 성적표는 최적의 영어학습 솔루션을 제시하여 영어 학습에 소요되는 시간과 노력을 획기적으로 절감해줍니다.

09 명예의 전당, 우수협력기관 지정

우수교육기관은 'TOSEL 우수 협력 기관'에 지정되고, 각 시/도별, 최고득점자를 명예의 전당에 등재합니다.

평가의 기본원칙

TOSEL은 PBT(Paper Based Test)를 통하여 간접평가와 직접평가를 모두 시행합니다.

TOSEL은 언어의 네 가지 요소인 읽기, 듣기, 말하기, 쓰기 영역을 모두 평가합니다.

문자언어   음성언어

읽기능력 + 듣기능력

쓰기능력   말하기능력

대한민국 대표 영어능력 인증 시험제도

TOSEL®

Reading 읽기	모든 레벨의 읽기 영역은 직접 평가 방식으로 측정합니다.
Listening 듣기	모든 레벨의 듣기 영역은 직접 평가 방식으로 측정합니다.
Speaking 말하기	모든 레벨의 말하기 영역은 간접 평가 방식으로 측정합니다.
Writing 쓰기	모든 레벨의 쓰기 영역은 간접 평가 방식으로 측정합니다.

TOSEL은 연령별 인지단계를 고려하여 아래와 같이 7단계로 나누어 평가합니다.

1 단계	TOSEL® COCOON		5~7세의 미취학 아동
2 단계	TOSEL® Pre-STARTER		초등학교 1~2학년
3 단계	TOSEL® STARTER		초등학교 3~4학년
4 단계	TOSEL® BASIC		초등학교 5~6학년
5 단계	TOSEL® JUNIOR		중학생
6 단계	TOSEL® HIGH JUNIOR		고등학생
7 단계	TOSEL® ADVANCED		대학생 및 성인

Grade Report ——————————— 성적표 및 인증서

개인 AI 정밀진단 성적표

십 수년간 전국단위 정기시험으로 축적된 빅데이터를
교육공학적으로 분석 · 활용하여 산출한 개인별 성적자료

정확한 영어능력진단 / 섹션별 · 파트별 영어능력 및 균형 진단 / 명예의 전당 등재 여부 / 온라인 최적화된 개인별 상세
성적자료를 위한 QR코드 / 응시지역, 동일학년, 전국에서의 학생의 위치

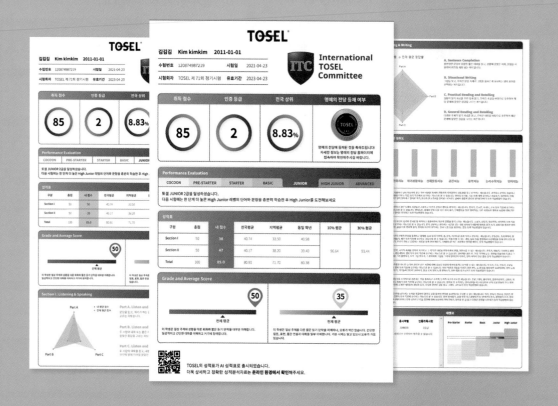

단체 및 기관 응시자 AI 통계 분석 자료

십 수년간 전국단위 정기시험으로 축적된 빅데이터를
교육공학적으로 분석 · 활용하여 산출한 응시자 통계 분석 자료

- 단체 내 레벨별 평균성적추이, LR평균 점수, 표준편차 파악
- 타 지역 내 다른 단체와의 점수 종합 비교 / 단체 내 레벨별
  학생분포 파악
- 동일 지역 내 다른 단체 레벨별 응시자의 평균 나이 비교
- 동일 지역 내 다른 단체 명예의 전당 등재 인원 수 비교
- 동일 지역 내 다른 단체 최고점자의 최고 점수 비교
- 동일 지역 내 다른 응시자들의 수 비교

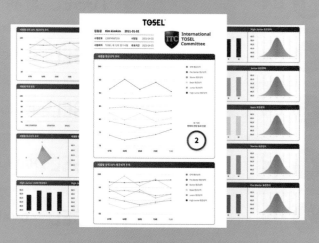

'토셀 명예의 전당' 등재

특별시, 광역시, 도 별 **1등 선발**
(7개시 9개도 **1등 선발**)

*홈페이지 로그인 - 시험결과 - 명예의 전당에서
 해당자 등재 증명서 출력 가능

'학업성취기록부'에 토셀 인증등급 기재

개인별 **'학업성취기록부' 평생 발급**
진학과 취업을 대비한 **필수 스펙관리**

인증서

대한민국 초,중,고등학생의 영어숙달능력 평가 결과 공식인증

고려대학교 인증획득 (2010. 03)   팬코리아영어교육학회 인증획득 (2009. 10)   한국응용언어학회 인증획득 (2009. 11)
한국외국어교육학회 인증획득 (2009. 12)   한국음성학회 인증획득 (2009. 12)

TOSEL 시험을 기준으로 빈출 지표를 활용한 단어 선정 및 예문과 문제 구성

TOSEL 시험에 출제된 빈출
단어를 기준으로 단어 선정

TOSEL 시험에 활용된 문장을
사용하여 예문과 문제를 구성

TOSEL 기출 문제 풀이를 통한
TOSEL 및 실전 영어 시험 대비
학습

세분화된 레벨링

20년 간 대한민국 영어 평가 기관으로서

연간 4회 전국적으로 실시되는 정기시험에서

축적된 성적 데이터를 기반으로

정확하고 세분화된 레벨링을 통한

영어 학습 콘텐츠 개발

언어의 4대 영역 균형 학습

1. TOSEL 평가: 학생의 영어 능력을 정확하게 평가

2. 결과 분석 및 진단: 시험 점수와 결과를 분석하여 학생의 강점, 취약점,
학습자 특성 등을 객관적으로 진단

3. 학습 방향 제시: 객관적 진단 데이터를 기반으로 학습자 특성에 맞는
학습 방향 제시 및 목표 설정

4. 학습: 제시된 방향과 목표에 따라 학생에게 적합한 어휘 학습법
소개 및 단어 암기 훈련

5. 학습 목표 달성: 학습 후 다시 평가를 통해 목표 달성 여부 확인 및
성장을 위한 다음 학습 목표 설정

Voca Series ———————————— Level

TOSEL의 Voca Series는 레벨에 맞게 단계적으로
단어를 학습할 수 있도록 구성되어 있습니다.

| Pre-Starter | Starter | Basic | Junior | High Junior |

- 그림을 활용하여 단어에 대한 이해도 향상
- 다양한 활동을 통해 단어 반복 학습 유도
- TOSEL 기출 문제 연습을 통한 실전 대비

- TOSEL 기출의 빈도수를 활용한 단어 선정으로 효율적 학습
- 실제 TOSEL 지문의 예문을 활용한 실용적 학습 제공
- TOSEL 기출 문제 연습을 통한 실전 대비

최신 수능 출제
단어를 포함하여
수능 대비 가능

TOSEL LEVEL	PS	S	B	J	HJ
총 단어 수	300	500	900	2300	3000
누적 단어 수	300	800	1700	4000	7000
권 수	1권	1권	2권	2권	2권
하루 단어 암기량	20	30	30	30	30
목차 구성	15 unit	15 units	30 days	70 days	100 days
unit 당 학습 기간	3일	3일	3일	2일	2일
총 학습 기간 (1권 / 2권)	45일 (약1.5개월)	45일 (약 1.5개월)	45일 / 90일 (2권 총합 약 2개월)	70일 / 140일 (2권 총합 약 4개월)	100일 / 200일 (2권 총합 약 6개월)

1시간 학습 Guideline

01
💡 Preview

10분

해당 단원에서 학습할 단어를 미리 학습
품사에 맞는 단어 학습 가능

02
📖 품사 구분하기

색상으로 8품사 구분하기

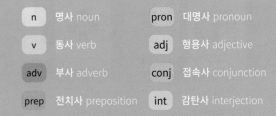

n	명사 noun		pron	대명사 pronoun	
v	동사 verb		adj	형용사 adjective	
adv	부사 adverb		conj	접속사 conjunction	
prep	전치사 preposition		int	감탄사 interjection	

05
✏️ Practice

10분

연결하기 문제 예시
일치하는 단어와 올바르게 연결하기

단어 맞추기 문제 예시
영어 뜻에 알맞은 단어 찾아서 쓰기

빈칸 채우기 문제 예시
빈칸에 맞는 단어 찾아서 쓰기

■ 해당 단어 표현에 대해서는 우리말 보다는 영어로 말할 수
　있도록 지도하기
■ 문제의 정답률보다는 단어의 활용에 초점을 두어 교수하기

03
🔊 발음 듣기

■ QR코드를 활용하여 단어의 올바른 발음 듣기
■ 소리 내어 읽으면서 단어 학습
■ 단어의 구체적 의미보다는 발음과 스펠링에 집중하여 학습

04
🔤 단어 학습
20분

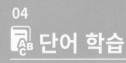

■ 단어의 스펠링과 우리말 뜻에 유의하며 학습
■ 한 번 읽어본 이후에는 우리말 뜻을 가리고
  학습하며 단어의 의미 상기하기

06
🧩 Self Test
10분

07
🔍 TOSEL 실전문제
10분

■ 실제 TOSEL 기출 문제를 통한 실전 대비 학습
■ 실제 시험 시간과 유사하게 풀이할 수 있도록 지도하기
■ 틀린 문제에 대해서는 해당 단원에서 복습하도록 지도하기

CHAPTER 01

DAY 01

n	film		adj	general		v	prefer
adv	finally		n	achievement		n	ballroom
n	labor		v	inform		n	maid
n	object		n	dart		v	affect
n	cafe		v	glow		n	smoke
v	belong		n	effort		n	variety
n	shuttle		adj	allergic		n	digit
n	statement		n	ocean		n	bacteria
v	swallow		n	railroad		v	recognize
adv	later		n	hurricane		adj	incredible

★ 표시는 출제 빈도를 나타냅니다.

001	★★★★	

film

| n | 영화 | v | 촬영하다 |

ex Yeah, we watched the **film**.
맞아, 우리는 영화를 봤어.

What is the most popular kind of **film**?
가장 인기 있는 영화 종류는 무엇인가?

⊕ movie
영화

002	★★★★	

general

adj 일반적인, 보통의

ex Waving hands is a **general** way of greeting.
손을 흔드는 것은 인사를 하는 일반적인 방법이다.

In **general**, frostbite is like a skin burn.
보통, 동상은 피부 화상과 같다.

⊕ public
공공의

003	★★★★	

prefer

v ~을 (더) 좋아하다, 선호하다

ex Do you **prefer** tea or water?
차와 물 중 어느 것을 더 선호하니?

Some cultures **prefer** to bow to one another.
어떤 문화에서는 서로에게 절 하는 것을 선호한다.

⊕ like
좋아하다

004	★★★★	

finally

adv 마침내, 최종적으로

ex I was **finally** able to drive.
나는 마침내 운전할 수 있었어.

When we **finally** arrived, my cousins were upset.
우리가 마침내 도착했을 때, 나의 사촌들은 화가 나있었다.

⊕ at last
마침내, 드디어

005	★★★	

achievement

n 업적, 성취

ex He was not just well known for his scientific **achievements**.
그는 단순히 그의 과학적 업적으로 유명한 것은 아니었다.

⊕ accomplishment
성취, 수행

006	★★★	

ballroom

n 무도회장, 연회장

ex You can find more information by calling the **ballroom**.
당신은 무도회장에 연락함으로써, 더 많은 정보를 구할 수 있다.

007 ★★

labor

(n) **노동, 근로** (adj) **노동의**

(ex) Why don't you join the **labor** union?
노동 조합에 가입하는 것이 어떻겠니?

The zoo is closed on **Labor** Day.
노동절에 동물원은 문을 닫는다.

---

008 ★★

inform

(v) **알리다[통지하다]**

(ex) The main purpose is to **inform** readers about a new website.
주된 목적은 독자들에게 새로운 웹사이트를 알리려는 것입니다.

(유) **notify**
통지하다, 신고하다

---

009 ★★

maid

(n) **하녀[가정부]**

(ex) I'm really considering hiring a **maid**.
나는 정말로 가정부를 구할까 고민하는 중이야.

He said that even his **maid** could do better.
그는 그의 가정부가 일을 더 잘 해낼 것이라 말했다.

---

010 ★★

object

(n) **물건, 물체** (v) **반대하다**

(ex) We will find the secret of the **object**.
우리는 그 물건의 비밀을 밝혀낼 것입니다.

Important **objects** should stay inside.
중요한 물건은 안쪽에 두어야 합니다.

(유) **thing**
물건

---

011 ★★

dart

(n) **화살, 다트(게임)**

(ex) Throw **darts** at balloons.
풍선에 다트를 던지세요.

We stayed all night, playing **dart** games.
우리는 다트 게임을 하며 밤을 샜다.

---

012 ★

affect

(v) **영향을 미치다**

(ex) How will the regulation **affect** us?
그 규제가 우리에게 어떤 영향을 미칠 것인가?

They can **affect** the shores around the world.
그들은 전 세계의 해안에 영향을 미칠 수 있다.

(유) **influence**
영향을 끼치다

DAY ① ———————

★ 표시는 출제 빈도를 나타냅니다.

---

013 ★

cafe

n 카페

ex I want to open a dessert **cafe**.
나는 디저트 카페를 열고 싶다.

They talked in the **cafe** for a long time.
그들은 카페에서 오랫동안 이야기를 나누었다.

---

014 ★

glow

v 빛나다 **n** 불빛

ex Their faces **glowed** in the light of the lamp.
그들의 얼굴은 램프 불빛에 의해 빛났다.

We saw a bright **glow** in the dark.
우리는 어둠 속에서 밝게 빛나는 것을 보았다.

㋴
light
빛

㋴
shine
빛나다

---

015 ★

smoke

n 연기 **v** (담배를)피우다

ex That's why you see this **smoke**.
그것이 당신이 이 연기를 보는 이유이다.

You must not **smoke** here.
이곳에서는 금연입니다.

---

016 ★

belong

v 소속감을 느끼다 / 제자리[알맞은 위치]에 있다

ex She didn't **belong** to her new town.
그녀는 그녀의 새 마을에 소속감이 없었다.

It doesn't **belong** to her anymore.
그것은 더 이상 그녀의 것이 아니다.

---

017 ★

effort

n 노력, 수고, 활동

ex You can save time and **effort**.
당신의 시간과 노력을 절약할 수 있습니다.

It was worth the **effort**.
그것은 노력한 보람이 있었다.

㋴
try
시도, 노력

---

018 ★

variety

n 여러 가지, 다양성

ex Hmongs use a **variety** of high-pitched whistles.
몽족 사람들은 다양한 고음의 호각을 사용한다.

There are a **variety** of foods on the table.
식탁 위에 다양한 음식이 있다.

㋴
diversity
다양성

참고
various
adj. 여러가지의

019

shuttle

n 정기 왕복선

ex the creation of a new space **shuttle**
새로운 우주 왕복선의 창조

I have to take a **shuttle** bus to go to school.
나는 학교 가기 위해서 셔틀 버스를 타야 한다.

---

020 ★

allergic

adj 알레르기가 있는

ex They are **allergic** to nuts.
그들은 견과류 알레르기가 있다.

Are you **allergic** to any medicine?
약품에 대한 알레르기가 있나요?

021

digit

n 숫자

ex You should make your own **digit** code.
당신은 당신만의 숫자 코드를 만들어야 합니다.

Count the number of **digits**.
몇자리 수인지 세어 보세요.

⊕
figure
숫자, 수치

022

statement

n 성명, 진술, 서술

ex It's a vague **statement**.
그것은 모호한 진술이다.

Your **statement** can be a proof to solve the case.
당신의 진술은 사건을 해결하기 위한 증거가 될 수 있다.

⊕
announcement
공고, 안내

023

ocean

n 대양, 바다

ex People are swimming in the **ocean**.
사람들이 바다에서 수영하는 중이다.

This vacation, I want to see the **ocean**.
이번 휴가에, 나는 바다를 보러가고 싶다.

⊕
sea
바다

024

bacteria

n 박테리아, 세균

ex The **bacteria** is harmful to humans.
그 박테리아는 사람에게 해롭다.

The scientists kept a lot of **bacteria** in their lab.
과학자들은 그들의 실험실에 많은 박테리아균을 보관했다.

★ 표시는 출제 빈도를 나타냅니다.

025

swallow

v (음식 등을) 삼키다

ex It's hard to **swallow** the food.
그 음식을 삼키는 것은 어렵다.

You have to **swallow** at once.
한번에 삼켜야 한다.

026

railroad

n 철길

ex A car is in front of the **railroad**.
차가 철길 앞에 있다.

The **railroad** line ends in Ulsan.
그 철길은 울산에서 끝이 난다.

027

recognize

v 알아보다, 인식하다

ex Artificial Intelligence robots can **recognize** humans' face and age.
인공지능 로봇은 사람들의 얼굴과 나이를 인식할 수 있다.

028

later

adv 나중에, 후[뒤]에

ex Could you call me **later**?
나중에 다시 전화 주시겠어요?

Two years **later**, he became a lawyer.
2년 뒤에, 그는 변호사가 되었다.

⊕ **after**
뒤에

⊖ **soon**
곧, 조만간

029

hurricane

n 허리케인

ex A **hurricane** is going towards western area.
허리케인이 서쪽으로 향하는 중입니다.

The **hurricane** caused damage to the town.
허리케인이 마을에 큰 피해를 야기했다.

030

incredible

adj 믿을 수 없는

ex His performance was **incredible**.
그의 공연은 믿어지지 않을 정도로 좋았다.

It is **incredible** to see the dolphins jump.
돌고래들이 점프하는 것을 보는 것은 믿기지 않는다.

⊕ **amazing**
놀랄만한, 굉장한

Practice

 1. 다음 단어들을 올바르게 연결하세요.

(1) **general** •	• (a) 빛나다, 불빛
(2) **ballroom** •	• (b) 노력, 수고, 활동
(3) **labor** •	• (c) 무도회장, 연회장
(4) **inform** •	• (d) 일반적인, 보통의
(5) **film** •	• (e) 영화, 촬영하다
(6) **glow** •	• (f) 소속감을 느끼다
(7) **belong** •	• (g) 노동, 근로
(8) **effort** •	• (h) 알리다[통지하다]

 2. 우리말 뜻에 맞게 빈칸에 알맞은 단어를 보기에서 찾아 쓰세요.

statement	variety	affect	recognize

(1) **Artificial Intelligence robots can   humans' face and age.**
인공지능 로봇은 사람들의 얼굴과 나이를 인식할 수 있다.

(2) **Your   can be a proof to solve the case.**
당신의 진술은 사건을 해결하기 위한 증거가 될 수 있습니다.

(3) **There are a   of foods on the table.**
식탁 위에 다양한 음식이 있다.

(4) **How will the regulation   us?**
그 규제가 우리에게 어떤 영향을 미칠 것인가?

SELF TEST

01	prefer		16		노동, 근로
02		하녀[가정부]	17	later	
03	finally		18		박테리아, 세균
04		화살, 다트	19	digit	
05	ocean		20		여러가지, 다양성
06		믿을 수 없는	21	shuttle	
07	swallow		22		카페
08		허리케인	23	glow	
09	railroad		24		물건, 물체
10		알아보다	25	affect	
11	statement		26		무도회장, 연회장
12		알레르기성의	27	inform	
13	effort		28		업적, 성취
14		연기	29	general	
15	belong		30		영화, 촬영하다

DAY 02

n	gorilla		n	metal		n	rocket
n	sea		n	cell phone		adj	daily
n	ax		n	belief		n	delight
n	fear		v	extract		n	cord
n	fossil		n	mission		v	organize
v	polish		adj	bare		n	lady
v	injure		v	lick		v	shear
n	lung		n	artist		n	theory
n	page		n	genius		n	spade
v	evaporate		n	lantern		n	reaction

★ 표시는 출제 빈도를 나타냅니다.

---

001 ★★★★

gorilla

n 고릴라

ex They are light compared to other **gorilla** species.
그들은 다른 고릴라 종에 비하여 가볍다.

The lowland **gorilla** is the most common in zoos.
저지대 고릴라는 동물원에서 가장 흔한 고릴라 입니다.

---

002 ★★★★

metal

n 금속

ex **Metal** is so important to humans.
금속은 인류에 매우 중요하다.

Solder is used to put other pieces of **metal** together.
땜납은 다른 금속 조각을 함께 넣는 데 사용된다.

---

003 ★★★★

rocket

n 로켓   v 치솟다, 급등하다

ex The entire **rocket** can be reused many times.
로켓 전체는 여러 번 재사용 될 수 있다.

The oil price has **rocketed** greatly.
기름 가격이 크게 급등했다.

---

004 ★★★★

sea

n 바다

ex It was put in the Black **Sea** in Europe.
그것은 유럽에 있는 흑해에 놓여졌다.

I was fascinated by the sound of the **sea**.
나는 바다의 소리에 매료되었다.

⊕
ocean
대양, 해양

---

005 ★★★

cell phone

n 휴대폰

ex I think I left my **cell phone** on the desk.
책상 위에 핸드폰을 둔 것 같아.

You can charge your **cell phone** for free.
당신은 무료로 휴대폰을 충전할 수 있다.

---

006 ★★★

daily

adj 매일 일어나는 / 나날의   adv 일일, 하루

ex Average **daily** visitors are 329 people.
일 평균 방문객은 329명이다.

Due to his back pain, Jack visits his doctor **daily**.
그의 등의 통증 때문에, Jack은 그의 의사를 매일 방문한다.

007 ★ ★

ax

n 도끼

ex You can cut down trees with an **ax**.
당신은 도끼를 가지고 나무를 벨 수 있다.

He dropped his **ax** in the pond.
그는 그의 도끼를 연못에 빠뜨렸다.

유 hatchet
손도끼

---

008 ★ ★

belief

n 신념, 확신

ex His religious **belief** is firm.
그의 종교적 신념은 확고하다.

I don't have much **belief** in doctors.
나는 의사들에 대한 믿음이 많지 않다.

참고 believe
v. 믿다

---

009 ★ ★

delight

v 기쁨을 주다, 즐겁게 하다 n 기쁨, 즐거움

ex The boy was **delighted** that he was now famous.
그 소년은 그가 이제 유명하다는 것에 기뻤다.

He stood up with **delight**.
그는 기쁨에 겨워 일어섰다.

유 pleasure
즐거움

---

010 ★ ★

fear

n 공포, 두려움

ex a **fear** for making mistakes
실수를 하는 것에 대한 두려움

I have a **fear** of speaking in front of people.
나는 다른 사람들 앞에서 말하는 것에 대한 두려움이 있다.

---

011 ★ ★

extract

v 뽑다, 추출하다

ex the process of **extracting** crude oil from oil reserves
석유 매장량에서 원유를 추출하는 과정

We could **extract** no information from those books.
우리는 책에서 어떤 정보도 알아낼 수 없었다.

---

012 ★

cord

n 끈, 코드

ex I tried another electrical **cord**.
나는 다른 전기 코드를 이용해봤다.

You should unplug the **cord** when you go out.
외출할 때는 코드를 뽑아야 합니다.

DAY ②

---

013 ⭐

fossil

n 화석

ex A paleontologist is a scientist who studies **fossils**.
고생물학자는 화석을 연구하는 과학자이다.

The **fossil** is about twenty thousand years old.
그 화석은 약 2만년 전의 것이다.

---

014 ⭐

mission

n 임무

ex a headquarters for future astronaut **missions**
미래 우주 탐사 임무를 위한 본사

He is in charge of the **mission**.
그는 그 임무에 책임이 있다.

㊌
task
과제, 과업

---

015 ⭐

organize

v 준비[조직]하다 / 정리하다

ex We have to **organize** her birthday party.
우리는 그녀의 생일파티를 준비해야 한다.

It makes you **organize** your knowledge and thoughts.
그것은 당신의 지식과 사고를 정리할 수 있도록 만듭니다.

참고
organization
n. 기관

---

016 ⭐

polish

v 빛나게 하다

ex Ana is **polishing** her trophy.
Ana는 그녀의 트로피를 윤나게 닦고 있는 중이다.

He is busy **polishing** his shoes.
그는 그의 신발을 닦느라 바쁘다.

---

017 ⭐

bare

adj 벌거벗은, 맨-

ex Don't walk around outside in **bare** feet.
맨발로 밖을 돌아다니지 마라.

참고
bear
v. 참다, 견디다

---

018 ⭐

lady

n 여성

ex **Ladies** and gentlemen, welcome to Adventure World.
신사 숙녀 여러분, Adventure World에 오신 것을 환영합니다.

She is one brave **lady**.
그녀는 용감한 여성이다.

㊌
woman
여자, 여성
female
여성, 여자

019 ★ **injure**	**v** 부상을 입다[입히다]	**injury** n. 부상, 상처

019 ★

injure

v 부상을 입다[입히다]

ex It **injured** more than 6,000 people.
그것은 6천명 이상의 사람들을 다치게 했다.

He was **injured** from the match.
그는 그 경기에서 부상 당했다.

참고
injury
n. 부상, 상처

020 ★

lick

v 핥다

ex The kids **licked** their lollipops.
그 아이들은 그들의 막대사탕을 핥아 먹었다.

The dog **licked** up water with his tongue.
개가 혀로 물을 핥아 먹었다.

021

shear

v 털을 깎다 / 부러지다

ex It is time for your pet to be **shorn**.
당신의 애완동물의 털을 깎아야 할 때이다.

These scissors work greatly for **shearing** dogs' hair.
이 가위는 개의 털을 깎는 것에 효과적이다.

참고
shear-sheared-shorn

022

lung

n 폐, 허파

ex The **lung** capacity is important to marathon.
폐활량은 마라톤에 중요하다.

The doctor said he had **lung** cancer.
의사는 그가 폐암에 걸렸다고 말했다.

023

artist

n 화가, 예술가, 아티스트

ex She is a famous **artist** for her works.
그녀는 그녀의 작품으로 유명한 예술가이다.

My dream is to be an ice sculpture **artist**.
나의 꿈은 얼음 조각상 예술가가 되는 것이다.

024

theory

n 이론, 학설

ex At last, the **theory** has been proved.
마침내, 그 이론은 입증 되었다.

In graduate school, you can study certain **theories**.
대학원에서 당신은 특정한 이론들을 배울 수 있다.

DAY ②

★ 표시는 출제 빈도를 나타냅니다.

025

page

n 페이지, 쪽

ex Open your book to **page** 92.
책의 92쪽을 펴라.

You can find the answer on the previous **page**.
당신은 이전 페이지에서 정답을 찾을 수 있다.

026

genius

n 천재, 특별한 재능

ex I think my co-worker is a **genius**.
나는 나의 동료가 천재라고 생각해.

What are they doing who were called a **genius**?
천재라고 불렸던 사람들은 무엇을 하고 있을까?

유
talent
재능
gift
(타고난) 재능

027

spade

n 삽 / (카드)스페이드

ex A lot of soldiers were holding a **spade**.
많은 군인들이 삽을 들고 있었다.

Use a garden **spade** for hard soil.
굳은 땅에 정원용 삽을 사용해라.

028

evaporate

v 증발하다, 사라지다

ex Wait until all the water **evaporates**.
수분이 모두 증발할 때까지 기다려라.

Alcohol **evaporates** quickly.
알코올은 빠르게 증발한다.

029

lantern

n 랜턴, 손전등, 등

ex The **lantern** was our hope in the cave.
동굴에서 랜턴은 우리들의 희망이었다.

There are a lot of **lanterns** in the street.
거리에 많은 등이 걸려 있다.

030

reaction

n 반응, 반작용

ex You should think about the audience **reaction**.
청중들의 반응에 대하여 생각해봐야 한다.

Watch for the chemical **reaction** of the materials.
물질의 화학반응을 봐라.

Practice

　1. 다음 단어들을 올바르게 연결하세요.

(1) belief　　　　　●　　　　　　　　●　(a) 부상을 입다

(2) delight　　　　●　　　　　　　　●　(b) 준비하다, 정리하다

(3) fear　　　　　●　　　　　　　　●　(c) 화석

(4) extract　　　　●　　　　　　　　●　(d) 빛나게 하다

(5) fossil　　　　 ●　　　　　　　　●　(e) 기쁨, 즐거움

(6) organize　　　●　　　　　　　　●　(f) 공포, 두려움

(7) polish　　　　●　　　　　　　　●　(g) 뽑다, 추출하다

(8) injure　　　　●　　　　　　　　●　(h) 신념, 확신

　2. 다음 영어 뜻에 맞게 알맞은 단어를 보기에서 찾아 쓰세요.

theory	reaction	lick	mission

(1) touching with the tongue

(2) a special assignment that is given to a
person or group

(3) a well-substantiated explanation of
some aspect

(4) a process in which one or more substances
are changed into others

SELF TEST

01		랜턴, 손전등	16	polish	
02	evaporate		17		임무
03		천재	18	cord	
04	spade		19		준비하다
05		반응, 반작용	20	fossil	
06	theory		21		뽑다, 추출하다
07		고릴라	22	delight	
08	lung		23		공포, 두려움
09		페이지, 쪽	24	ax	
10	artist		25		신념, 확신
11		핥다	26	daily	
12	shear		27		휴대폰
13		부상을 입다	28	sea	
14	lady		29		로켓, 치솟다
15		벌거벗은, 맨-	30	metal	

DAY 03

n	cause	adj	comic	adv	mainly
v	respond	v	separate	v	vote
v	admit	n	suggestion	n	element
v	lead	n	paste	v	broadcast
v	engage	v	inspire	n	pimple
v	regard	v	rust	v	scan
v	tap	v	prohibit	adj	mathematical
n	barcode	n	crystal	prep	except
n	penny	n	grammar	n	signature
adv	according	v	represent	n	toad

☆ 표시는 출제 빈도를 나타냅니다.

---

001 ★★★★

cause

| n | 원인, 이유 | v | 야기하다 |

ex The most common **cause** is earthquakes.
가장 흔한 원인은 지진이다.

Sodium can **cause** serious heart problems.
나트륨은 심각한 심장병을 야기할 수 있다.

㊀ reason
이유

㊉ result
결과

참고
comic book

---

002 ★★★★

comic

| adj | 웃기는, 재미있는 / 희극의 |

ex You know a lot of **comic** books!
너는 만화책을 많이 알고 있구나!

Come into Candy's **Comic** World!
Candy의 재미있는 세상에 놀러 오세요!

---

003 ★★★★

mainly

| adv | 주로, 대부분 |

ex The shoes were **mainly** just for children.
그 신발은 주로 아이들을 위한 신발이었다.

It was **mainly** acrobats in the circus.
서커스에는 주로 곡예사들이 있었다.

---

004 ★★★★

respond

| v | 대답하다, 대응하다 |

ex She didn't **respond** to the calling.
그녀는 전화에 응답하지 않았다.

If we do our best, consumers will **respond** to us.
우리가 최선을 다한다면, 소비자들은 반응할 것이다.

㊀ answer
대답하다
react
반응하다

---

005 ★★★

separate

| v | 분리하다 | adj | 별개의 |

ex **Separate** the salt from the water.
물에서 소금을 분리하라.

The two countries are **separated** by the ocean.
두 나라는 바다에 의해 나누어졌다.

㊀ individual
개개의, 개별적인

---

006 ★★★

vote

| v | 투표하다 | n | 표, 투표 |

ex Have you **voted** for the student president yet?
학생회장 투표했어?

It's our right and duty to **vote** for our president.
대통령 선거에 투표하는 것은 우리의 권리이자 의무이다.

---

007 ★★

admit

v 인정하다, 시인하다 / 허가하다

ex My sister never **admits** her fault.
나의 여자형제는 절대로 그녀의 잘못을 인정하지 않는다.

I know that he isn't likely to **admit** his mistake.
나는 그가 자신의 실수를 인정할 것 같지 않다는 것을 안다.

---

008 ★★

suggestion

n 제안, 제의, 의견

ex That's an interesting **suggestion**.
저것은 흥미로운 제안이다.

What is the boy's **suggestion**?
소년의 제안은 무엇인가?

---

009 ★★

element

n 요소, 성분

ex The key **element** of storytelling is a constant.
스토리텔링의 핵심 요소는 지속성이다.

Aluminum is one of the key **elements**.
알루미늄은 중요한 성분들 중 하나이다.

---

010 ★★

lead

v 안내하다, 이끌다   n 선두, 우세 / 납

ex Industry **leads** to wealth.
산업은 부를 이끈다.

My team is in the **lead** in the competition.
나의 팀이 시합에서 선두이다.

---

011 ★★

paste

n 반죽   v 붙이다

ex He adds extra curry **paste** and one chili pepper.
그는 여분의 카레 반죽과 고추 한 개를 더 넣는다.

The picture has been **pasted** into the paper.
사진은 종이에 붙여졌다.

---

012 ★

broadcast

n 방송   v 방송하다

ex About 111 million viewers watched the **broadcast** of the Super Bowl.
약 1억 1천 1백명의 시청자들이 그 슈퍼볼 방송을 시청했다.

---

allow
허락하다

DAY ③

⭐ 표시는 출제 빈도를 나타냅니다.

---

013 ⭐

engage

| v | 사로잡다[끌다] |

| ex | Your presentation is very **engaging**.
너의 발표는 아주 주목할 만했다.

The main characters' conflicts **engaged** the audience.
주요 등장인물들의 갈등이 관객을 사로잡았다.

> 참고
> **engage in**
> ~에 관여하다
> ~에 종사하다

---

014 ⭐

inspire

| v | 고무[격려]하다 / 영감을 주다 |

| ex | We also make posters to hang up around the building to **inspire** everyone and make them happy.
우리는 또한 모든 사람들에게 영감을 주고 그들을 행복하게 하기 위해 포스터를 만들어 건물 주변에 걸어 놓는다.

---

015 ⭐

pimple

| n | 여드름 |

| ex | **Pimples** are normal for teenagers.
여드름은 십대 청소년들에게 일반적이다.

I got a red spot that looks like a **pimple**.
나는 여드름처럼 보이는 빨간 점을 가지고 있었다.

---

016 ⭐

regard

| v | 여기다[평가하다] | n | 관심, 고려 |

| ex | It was published in 1862 and is **regarded** as one of the greatest novels of the 19th century.
그것은 1862년도에 출간되어 19세기 최고의 소설 중 하나로 여겨진다.

> 참고
> **regard as**
> ~라고 여기다

---

017 ⭐

rust

| v | 녹슬다, 부식하다 | n | 녹 |

| ex | Unlike many metals, aluminum does not **rust**.
다른 많은 금속과는 다르게, 알루미늄은 녹슬지 않는다.

I can already see the steel **rusting**.
철이 녹스는 것이 벌써 보인다.

---

018 ⭐

scan

| v | 살피다, 훑어보다 | n | (정밀)검사 |

| ex | This camera can **scan** through your pocket.
이 카메라는 너의 주머니를 관통해서 살펴볼 수 있다.

A **scan** should find the computer virus.
검사를 통해 컴퓨터 바이러스를 찾아야 한다.

019

tap

| n | 수도꼭지 | v | (가볍게) 두드리다 |

ex Many people believe that **tap** water is not safe to drink due to pollution caused by human waste.
많은 사람들은 수돗물을 마시는 것이 인간의 쓰레기로 인한 오염 때문에 안전하지 않다고 믿는다.

참고
tap water
수돗물

020

prohibit

| v | 금지하다 |

ex Athletes who get caught doping may be **prohibited** from competing again.
약물을 도핑한 선수들은 다시 출전하는 것이 금지될 수 있다.

021

mathematical

| adj | 수학의, 수리적인 |

ex They need to have a strong **mathematical** and scientific background.
그들은 상당한 수학적 과학적 배경지식을 가질 필요가 있다.

022

barcode

| n | 바코드 |

ex The **barcodes** connect to something called a "Universal Product Code."
바코드는 "세계공용 제품 코드"라고 불리는 것에 연결된다.

023

crystal

| n | 결정체, 크리스탈, 수정 |

ex In the mine, there are **crystals**.
광산에는 수정이 있다.

The materials combine with **crystals**.
그 물질은 수정체와 결합한다.

024

except

| prep | 제외하고는[외에는] |

ex It has similar seasons as we have in Korea **except** for the severe cold winter.
그곳은 아주 추운 겨울을 제외하고, 한국과 비슷한 계절을 가지고 있다.

DAY ③

⭐ 표시는 출제 빈도를 나타냅니다.

025

penny

n 페니(영국화폐) / 작은 돈

ex It doesn't cost a **penny**.
그것은 돈 한푼 들지 않는다.

He didn't have a **penny**.
그는 돈 한푼 가지고 있지 않았다.

026

grammar

n 문법

ex I'm good at speaking in English but my **grammar** is really bad.
나는 영어로 말하는 것은 잘하지만 문법은 정말 서툴다.

027

signature

n 서명 / 특징

ex Only with his **signature**, the contract will be valid.
그의 서명이 있어야지만, 계약이 유효하다.

His unique voice is a **signature** in the song.
그의 독특한 목소리가 그 노래의 특징이다.

028

according

adv ~에 따라서, 일치하여

ex **according** to custom
관습에 따라서

The students took the exam **according** to the rules.
학생들은 규칙에 따라서 시험을 응시했다.

> 참고
> **according to**
> ~에 따라서

029

represent

v 대표[대신]하다

ex Tigers **represent** courage and strength.
호랑이는 용기와 힘을 상징한다.

She announced the decision, **representing** the class.
그녀는 학급을 대표하여 결정을 발표했다.

> 참고
> **representative**
> n. 대표

030

toad

n 두꺼비

ex People in Italy noticed many **toads** leaving their pond.
이탈리아 사람들은 많은 두꺼비들이 그들의 연못을 떠나고 있음을 알아차렸다.

Practice

 1. 다음 단어들을 올바르게 연결하세요.

(1) cause　　　　　　　•　　　　　　　• (a) 고무[격려]하다

(2) respond　　　　　　•　　　　　　　• (b) 안내하다, 이끌다

(3) suggestion　　　　•　　　　　　　• (c) 제안, 의견

(4) separate　　　　　•　　　　　　　• (d) 인정하다

(5) vote　　　　　　　•　　　　　　　• (e) 투표하다

(6) inspire　　　　　　•　　　　　　　• (f) 분리하다

(7) lead　　　　　　　•　　　　　　　• (g) 대답하다

(8) admit　　　　　　　•　　　　　　　• (h) 원인, 이유

 2. 우리말 뜻에 맞게 빈칸에 알맞은 단어를 보기에서 찾아 쓰세요.

according	rust	represent	penny

(1) **Unlike many metals, aluminum does not** _____ **.**
　　다른 많은 금속과는 다르게, 알루미늄은 녹슬지 않는다.

(2) **He didn't have a** _____ **.**
　　그는 돈 한푼 가지고 있지 않았다.

(3) **The students took the exam** _____ **to the rules.**
　　학생들은 규칙에 따라서 시험을 응시했다.

(4) **Tigers** _____ **courage and strength.**
　　호랑이는 용기와 힘을 상징한다.

SELF TEST

01	toad		16		여드름
02		서명	17	inspire	
03	represent		18		사로잡다[끌다]
04		~에 따라서	19	broadcast	
05	grammar		20		반죽, 붙이다
06		결정체, 수정	21	lead	
07	penny		22		요소, 성분
08		제외하고는	23	suggestion	
09	mathematical		24		인정하다
10		금지하다	25	vote	
11	tap		26		분리하다
12		바코드	27	respond	
13	scan		28		주로, 대부분
14		여기다[평가하다]	29	comic	
15	rust		30		원인, 이유

DAY 04

prep	since	n	snow	n	tooth
conj	while	n	inch	adj	medical
v	discuss	n	jet	v	kiss
n	detail	n	nest	n	clown
n	assembly	n	communication	n	fuel
adj	elegant	n	hotline	n	liberty
v	oppose	n	infant	v	relate
n	behavior	n	disaster	adv	anytime
v	assure	n	collar	n	leash
n	vaccination	n	veterinarian	adj	flexible

★ 표시는 출제 빈도를 나타냅니다.

---

001 ★★★★

since

prep **~부터[이후]** conj **~이후로**

ex **Since** the 19th century, social roles have been changing.
19세기 이후로, 사회적 역할은 변화해오고 있는 중이다.

---

002 ★★★★

snow

n **눈** v **눈이 오다**

ex Did it **snow** yesterday?
어제 눈이 왔니?

The rain will turn to **snow**.
비는 곧 눈이 될 것이다.

---

003 ★★★★

tooth

n **이, 치아, 이빨**

ex My **tooth** hurts a lot.
내 치아가 많이 아프다.

I have to go to the dentist to pull out my **tooth**.
내 치아를 빼기 위해서 치과에 가야만 한다.

참고
teeth
tooth의 복수형

---

004 ★★★★

while

conj **~하는 동안** n **잠깐, 잠시, 동안**

ex My mood goes up **while** eating chocolate.
초콜릿을 먹는 동안 내 기분은 올라간다.

Let's keep trying a **while**.
조금만 더 노력해 보자.

---

005 ★★★

inch

n **인치, 조금, 약간**

ex Their tongues are only eight to twelve **inches** long.
그들의 혀는 단지 8에서 12인치 정도이다.

They are almost 18 to 20 **inches** long!
그들은 거의 18에서 20인치 길이이다!

---

006 ★★★

medical

adj **의료의, 의학의**

ex The greatest person in **medical** history was Robert Wadlow.
의학 역사에서 가장 큰 거장은 Robert Wadlow이다.

007 ★ ★

discuss

v 상의[의논/논의]하다

ex **Discuss** their religious ideas.
그들의 종교적 생각에 대해서 토론하라.

Ms. Jenkins enjoys **discussing** art.
Jenkins 여사는 예술에 대해 토론하는 것을 즐긴다.

---

008 ★ ★

jet

n 제트기

ex They can move as fast as a **jet** airplane.
그들은 제트기처럼 빠르게 움직일 수 있다.

Often tsunamis are faster than **jet** planes.
종종 쓰나미는 제트기보다 빠르다.

참고
jet airplane
제트기

---

009 ★ ★

kiss

v 키스하다[입을 맞추다] n 키스, 입맞춤

ex They **kissed** each other on the cheek as a greeting.
그들은 인사로 서로의 볼에 키스했다.

I gave my baby brother a good night **kiss**.
나는 나의 아기 남동생에게 잘 자라고 입맞춤을 해주었다.

---

010 ★ ★

detail

n 세부 사항

ex This **detail** makes a difference in sound.
이 세부사항은 소리에 차이를 만든다.

More **details** can be found at the web page.
더 상세한 내용은 웹페이지에서 확인할 수 있다.

---

011 ★ ★

nest

n 둥지

ex Their **nests** are found in safe places.
그들의 둥지는 안전한 구역에서 발견된다.

Flying squirrels live in **nests** or in holes in trees.
날다람쥐들은 둥지 혹은 나무의 구멍에서 산다.

---

012 ★

clown

n 광대

ex My favorite part was the **clown** show.
내가 가장 좋아하는 부분은 광대 공연이었다.

There was a funny **clown**.
우스꽝스러운 광대가 있었다.

DAY 4

⭐ 표시는 출제 빈도를 나타냅니다.

---

013 ⭐

assembly

n 의회, 입법기관 / 집회

ex **assembly** instruction
의회 지시사항

The national **assembly** decided to adopt the plan.
국회는 그 계획을 채택하기로 결정했다.

> [참고]
> **v. assemble**
> 모이다, 조립하다

---

014 ⭐

communication

n 의사소통, 연락, 통신

ex This form of **communication** is very useful for the Hmong people.
이러한 형태의 의사소통은 몽족 사람들에게 매우 유용하다.

---

015 ⭐

fuel

n 연료

ex The **fuel** storage of the world is increasing.
세계의 연료 저장량이 늘어나고 있다.

It depends on what kind of **fuel** the truck uses.
그것은 트럭이 어떤 종류의 연료를 사용하는지에 달려있다.

> [참고]
> **fossil fuel**
> 화석 연료

---

016 ⭐

elegant

adj 우아한

ex An **elegant** wooden chair was invented in Greece.
우아한 나무 의자가 그리스에서 발명되었다.

She always looks so **elegant** with that scarf.
그녀는 저 스카프를 두르면 항상 우아해 보인다.

---

017 ⭐

hotline

n 상담[서비스]전화 / 직통전화

ex 24-hour **hotline**
24시간 상담전화

Oh no! Call the bus **hotline**.
이런! 버스 서비스 센터에 문의해봐.

---

018 ⭐

liberty

n 자유

ex Have you seen the Statue of **Liberty**?
자유의 여신상 본 적 있니?

All men should be given the **liberty** to speak.
모든 사람은 말할 자유가 있어야 한다.

| 019 | | v | 반대하다 / 겨루다 |

oppose

ex People that **oppose** the idea of homework think that it prevents students from going outside.
숙제에 대한 생각에 반대하는 사람들은 그것이 학생들로 하여금 밖으로 나가는 것을 제한한다고 생각한다.

<반> consent 동의, 합의하다

---

020 ⭐ n 유아, 아기

infant

ex This baby food is for the **infants** aged 2 and under.
이 이유식은 2살 이하의 유아들을 위한 것이다.

Infants can adapt to the new environment quickly.
아기들은 새 환경에 빠르게 적응한다.

<유> baby 아기

---

021 v 관련시키다

relate

ex Our major criticism **relates** to the methodology of Maslow's research.
우리의 주요 비판점은 Maslow의 연구 방법론과 관련이 있다.

참고 relative adj. 상대적인 n. 친척

---

022 n 행동, 처신, 태도

behavior

ex These mirror neurons are thought to cause organisms to mimic **behaviors**.
이러한 거울 신경세포는 유기체가 행동을 흉내내도록 하는 것으로 생각된다.

---

023 n 참사, 재난, 재해

disaster

ex One of them is a natural **disaster**.
그것들 중 하나는 자연 재해이다.

There are many **disasters** with great damages.
피해가 큰 재해들이 많이 있다.

참고 natural disaster 자연 재해

---

024 adv 언제나, 언제든지

anytime

ex Natural disasters like hurricanes can happen **anytime**.
허리케인과 같은 자연재해는 언제든지 일어날 수 있다.

025

assure

> **v** 장담하다, 확언하다 / 확인하다, 보장하다
>
> **ex** Be sure to replace the food supply to **assure** its freshness.
> 음식의 신선함을 보장하기 위해서 식량 공급을 확실히 교체해야 합니다.

026

collar

> **n** 깃, 칼라 / (개 등의 목에 거는) 목걸이
>
> **ex** blue **collar**
> 파란색 작업복의 깃에 빗대어 육체 노동자를 표현하는 말
>
> Most pets have **collars** around their neck.
> 대부분의 애완동물은 그들의 목 주위에 목걸이를 가지고 있다.

027

leash

> **n** 가죽끈[줄]
>
> **ex** Don't forget to take a safety collar and a **leash** when going for a walk.
> 산책을 나갈 때 안전 (개)목걸이와 끈을 가져가는 것을 잊지 마.

028

vaccination

> **n** 백신[예방]접종
>
> **ex** **vaccination** records
> 예방접종 기록
>
> Get the **vaccinations** recommended by your doctor.
> 당신의 의사로부터 추천 받은 예방 주사를 맞으세요.

029

veterinarian

> **n** 수의사
>
> **ex** She has college degrees in biology and science for **veterinarians**.
> 그녀는 수의사를 위한 생물학과 과학 학사 학위를 가지고 있다.

030

flexible

> **adj** 신축성[융통성]있는 / 유연한
>
> **ex** They are incredibly **flexible**.
> 그것들은 놀랍도록 신축성이 있습니다.
>
> My schedule is **flexible**, so you let me know the time.
> 내 스케줄은 유연하니까, 시간을 알려줘.

⊕
elastic
탄력 있는

Practice

 1. 다음 단어들을 올바르게 연결하세요.

(1) since •   • (a) ~하는 동안

(2) while •   • (b) 상의하다

(3) medical •   • (c) 의료의, 의학의

(4) discuss •   • (d) ~이후로

(5) assembly •   • (e) 의회, 입법기관

(6) detail •   • (f) 의사소통

(7) clown •   • (g) 세부 사항

(8) communication •   • (h) 광대

 2. 다음 영어 뜻에 맞게 알맞은 단어를 보기에서 찾아 쓰세요.

flexible	leash	infant	relate

(1) a very young child who has not yet begun
to walk or talk

(2) capable of being changed

(3) make a logical or causal connection

(4) restraint consisting of a rope used to restrain
an animal

SELF TEST

01	flexible		16		연료
02		수의사	17	assembly	
03	leash		18		의사소통
04		백신접종	19	clown	
05	collar		20		둥지
06		언제나	21	detail	
07	assure		22		키스, 입맞춤
08		참사, 재난	23	jet	
09	behavior		24		의료의, 의학의
10		유아, 아기	25	discuss	
11	relate		26		~하는 동안
12		반대하다	27	inch	
13	liberty		28		이, 치아(단수)
14		우아한	29	snow	
15	hotline		30		~이후로

DAY 05

v	float	v	include	n	completion
adj	traditional	adj	furry	v	gather
n	observatory	n	pal	n	rate
n	sketch	n	yeast	n	arrow
adj	dairy	n	gown	v	inspect
v	minimize	n	bully	adj	plain
n	pupa	n	bill	adj	amazing
n	stream	n	movement	v	rid
n	block	adj	impossible	adj	lost
v	educate	v	struggle	prep	beyond

⭐ 표시는 <u>출제 빈도</u>를 나타냅니다.

---

001 ⭐⭐⭐⭐

float

> v **(물 위에) 뜨다 / 떠[흘러]가다**

> ex They **float** around the world.
> 그들은 전 세계를 떠다닌다.
>
> The balloon **floated** up into the air.
> 풍선은 공중으로 떠올랐다.

---

002 ⭐⭐⭐⭐

include

> v **포함하다**

> ex **Include** service charges in the bill.
> 계산서에 서비스 요금을 포함해라.
>
> They **include** pieces of metal.
> 그것들은 금속 조각들을 포함한다.

(반)
exclude
제외하다

---

003 ⭐⭐⭐⭐

completion

> n **완료, 완성**

> ex These include tips for writing the application from the idea stage to **completion**.
> 여기에는 구상 단계에서 완료 단계까지 응용 프로그램을 작성하는 팁을 포함한다.

---

004 ⭐⭐⭐⭐

traditional

> adj **전통의, 전통적인**

> ex They have a **traditional** ceremony.
> 그들은 전통적인 의식을 가지고 있다.
>
> Mexicans have their own **traditional** costume.
> 멕시코인들은 그들만의 전통 의상을 가지고 있다.

---

005 ⭐⭐⭐

furry

> adj **털로 덮인 / 털 같은**

> ex Their **furry** coats are usually brown.
> 그들의 털로 덮인 코트는 보통 갈색이다.
>
> This **furry** skin acts like wings.
> 이 털로 덮인 피부는 날개와 같은 역할을 한다.

---

006 ⭐⭐⭐

gather

> v **모이다[모으다]**

> ex It'll mainly be a way to **gather** and catch up.
> 그것은 주로 모으고 잡는 방법이 될 것이다.
>
> The Army used hot air balloons to **gather** information.
> 군대는 정보를 모으기 위해 열기구를 사용했다.

(유)
assemble
모으다, 조립하다

007 ★★

observatory

n 관측소, 천문대

ex The **observatory** hired a group of women instead of men.
그 관측소는 남자 대신에 한 무리의 여자들을 고용했다.

---

008 ★★

pal

n 친구

ex Hana has a pen **pal** named Jenny.
Hana는 Jenny라는 이름의 편지 친구가 있다.

I'm happy that you are my **pal**.
나는 너가 내 친구라는 것이 행복해.

참고
pen pal
편지 친구, 펜팔

---

009 ★★

rate

n 속도 / 비율　v 평가하다

ex Blushing is caused by an increased heart **rate**.
얼굴이 빨개지는 것은 심장 박동수가 증가했기 때문이다.

I **rated** my professor on the website.
나는 웹사이트에 나의 교수님을 평가했다.

참고
n. ratio
비율

---

010 ★★

sketch

n 스케치　v 스케치하다

ex He kept thinking about the **sketch** of the next work.
그는 다음 작품의 스케치에 대하여 계속 생각했다.

Sketching the first draft does not take a long time.
첫 원고를 그리는 것은 긴 시간이 걸리지 않는다.

---

011 ★★

yeast

n 효모균

ex It is made using DNA from cows and **yeast**.
그것은 소와 효모의 DNA를 이용하여 만들어진다.

This is done by adding **yeast** to warm water.
이것은 따뜻한 물에 효모를 첨가함으로써 이루어진다.

---

012 ★

arrow

n 화살[표]

ex He painted a new **arrow** to make it a through-lane.
그는 그것을 통과 차선으로 만들기 위해 새로운 화살표를 그렸다.

Please refer to the **arrow** to get the exact direction.
정확한 방향을 알기 위해 화살표를 참고해라.

DAY ⑤

★ 표시는 <u>출제 빈도</u>를 나타냅니다.

---

013 ★

dairy

`adj` 유제품의

`ex` **Dairy** products include yogurt and cheese.
유제품에는 요거트와 치즈가 있다.

You should eat **dairy** food for your bone health.
너는 뼈의 건강을 위해 유제품을 먹어야 한다.

---

014 ★

gown

`n` 가운[학위복] / (특별한 날에 입는) 의복

`ex` She wore a long graduation **gown**.
그녀는 긴 졸업식 가운을 입었다.

I want a nice-looking **gown** for formal occasions.
나는 공식 행사를 위한 멋진 의복을 원한다.

㈜
dress
의복

---

015 ★

inspect

`v` 점검[검사]하다

`ex` How much will you pay if you want both your truck and van **inspected**?
당신의 트럭과 밴을 모두 검사하려면 얼마를 지불하겠는가?

㈜
examine
조사하다

---

016 ★

minimize

`v` 최소화하다

`ex` The mistakes have been **minimized** with some efforts.
실수들은 약간의 노력들로 최소화되었다.

We will do our best to **minimize** noise problems.
우리는 소음 문제를 해결하기 위해서 최선을 다할 것이다.

㈜
reduce
줄이다, 감소시키다

---

017 ★

bully

`n` 괴롭히는 사람 `v` 괴롭히다

`ex` He's a **bully**, and he'll be a bad influence on you.
그는 불량배이고 너에게 나쁜 영향을 줄 거야.

Bullying other people should be stopped.
다른 사람들을 괴롭히는 것은 멈춰져야 한다.

---

018 ★

plain

`adj` 분명한, 숨김없는, 평범한 `n` 평원, 평지

`ex` You could wear the one with the floral pattern, or maybe a **plain** one.
당신은 꽃 무늬가 그려진 옷 혹은 평범한 옷을 입을 수 있습니다.

019

pupa

n 번데기

ex An ant goes through four stages of development: egg, larva, **pupa**, and adult.
개미는 알, 애벌레, 번데기 그리고 성충의 4가지 진화 단계를 겪는다.

020

bill

n 고지서, 청구서

ex We can pay the **bill** later.
우리는 나중에 결제할 수 있다.

Bring two coupons at a time to get 20% off the **bill**.
한 번에 2장의 쿠폰을 가져오면 20%가 할인된다.

021

amazing

adj 놀라운

ex The pyramid has been one of the most **amazing** buildings in the world.
그 피라미드는 세계에서 가장 놀라운 건축물 중 하나가 되어왔다.

022

stream

n 개울, 시내, 줄기　**v** 흐르다

ex There is a **stream** flowing next to the big castle.
큰 성의 옆에 흐르고 있는 개울이 있다.

This water will **stream** into the ocean.
이 물은 바다로 흘러갈 것이다.

023

movement

n 움직임, 이동, 운동

ex hasty **movement**
재빠른 움직임

They spotted some suspicious **movement**.
그들은 의심스러운 움직임을 발견했다.

024

rid

v 없애다, 제거하다

ex Why do you want to get **rid** of everything in the room?
왜 방에 있는 모든 것을 없애기를 원하는가?

참고
get rid of
제거하다

025

block

n 구역, 블록 v 막다, 차단하다

ex You can find a store on the next **block**.
당신은 다음 블록에서 가게를 찾을 수 있다.

The broken tree is **blocking** the traffic.
부러진 나무가 교통을 막고 있다.

026

impossible

adj 불가능한

ex It is **impossible** for humans to see them.
사람들이 그들을 보는 것은 불가능하다.

The fire was **impossible** to put out.
그 불길은 진화가 불가능했다.

반
possible
가능한

027

lost

adj 길을 잃은, 이해할 수 없는

ex I helped a **lost** kid.
나는 길 잃은 아이를 도왔다.

She seemed **lost** after a long meeting.
그녀는 긴 회의 후 혼란스러워 보였다.

참고
lose
v. 잃어버리다

028

educate

v 교육하다, 가르치다

ex The blog post has the intention to **educate** about fashion.
그 블로그 게시물은 패션에 대해 교육하려는 의도를 가지고 있다.

유
instruct
가르치다

029

struggle

v 투쟁하다 n 투쟁, 분투

ex Are you **struggling** in math?
수학에서 어려움을 겪고 있니?

I'm **struggling** with the homework.
숙제하느라 고생하는 중이야.

유
strive
노력하다

030

beyond

prep ~저편에[너머] / (특정 시간을) 지나[이후]

ex **beyond** the bridge
다리 건너편에

There are many things **beyond** what we can see.
우리가 볼 수 있는 것 외에도 많은 것들이 있다.

Practice

 1. 다음 단어들을 올바르게 연결하세요.

(1) float • • (a) 효모균

(2) include • • (b) 점검[검사]하다

(3) completion • • (c) 괴롭히는 사람

(4) traditional • • (d) 모이다[모으다]

(5) gather • • (e) 전통의

(6) yeast • • (f) 포함하다

(7) inspect • • (g) 뜨다, 흘러가다

(8) bully • • (h) 완료, 완성

 2. 우리말 뜻에 맞게 빈칸에 알맞은 단어를 보기에서 찾아 쓰세요.

| beyond | lost | block | educate |

(1) **She seemed ＿＿＿＿ after a long meeting.**
그녀는 긴 회의 후 혼란스러워 보였다.

(2) **The blog post has the intention to ＿＿＿＿ about fashion.**
그 블로그 게시물은 패션에 대해 교육하려는 의도를 가지고 있다.

(3) **There are many things ＿＿＿＿ what we can see.**
우리 앞에 보이는 것 외에도 많은 것들이 있다.

(4) **You can find a store on the next ＿＿＿＿.**
당신은 다음 블록에서 가게를 찾을 수 있다.

SELF TEST

01	beyond		16		유제품의
02		투쟁하다	17	arrow	
03	educate		18		효모균
04		구역	19	sketch	
05	impossible		20		관측소, 천문대
06		제거하다	21	pal	
07	movement		22		속도, 비율
08		놀라운	23	furry	
09	pupa		24		모이다[모으다]
10		개울, 시내, 줄기	25	traditional	
11	plain		26		완료, 완성
12		가운[학위복]	27	include	
13	inspect		28		뜨다, 떠가다
14		최소화하다	29	bill	
15	bully		30		길을 잃은

DAY 06

n effect	n magazine	adj practical
v receive	v activate	n delivery
n volcano	n technology	n studio
n obesity	n Mars	adv gladly
n armor	adj Dutch	n emotion
n boss	n texture	adv officially
n iceberg	v estimate	n medication
adj tame	n difference	v escape
v hide	n politician	adj exciting
n jeans	n prediction	n statistics

★ 표시는 <u>출제 빈도</u>를 나타냅니다.

---

001 ★★★★

effect

| n | 영향, 결과, 효과 |

ex It has little **effect** on increasing muscle mass.
그것은 근육량을 증가시키는데 거의 영향을 미치지 않는다.

Advertising can have a strong **effect** on consumers.
광고는 소비자에게 강한 영향을 미칠 수 있다.

참고
effective
adj. 효과적인

---

002 ★★★★

magazine

| n | 잡지 |

ex The **magazine** is about animals.
그 잡지는 동물에 관한 잡지이다.

Can this **magazine** be checked out?
이 잡지 계산해주실 수 있나요?

---

003 ★★★★

practical

| adj | 실용적인, 현실적인 |

ex Let's use it in a more **practical** way.
그것을 더 실용적인 방법으로 사용하자.

Science gives people more **practical** information.
과학은 더욱 실용적인 정보를 줄 수 있다.

⑪
pragmatic
실용적인

---

004 ★★★★

receive

| v | 받다 |

ex Every child will **receive** a gift after the race.
모든 아이는 경주 후에 선물을 받을 것이다.

Why couldn't the man **receive** a text message?
남자는 왜 문자메시지를 받지 못했는가?

참고
receipt
n. 영수증

---

005 ★★★

activate

| v | 작동시키다, 활성화시키다 |

ex A fire alarm has been **activated** on the second floor.
화재 경보기가 2층에서 작동했다.

Push off with your foot to **activate** your leg muscles.
다리 근육을 활성화시키기 위해 발로 밀어내라.

---

006 ★★★

delivery

| n | 배달 |

ex You will receive your **delivery** within 10 days.
10일 이내에 배송을 받으실 수 있습니다.

I want to run my own **delivery** company.
나는 나만의 배달 회사를 운영하고 싶다.

참고
deliver
v. 배송하다

---

007 ⭐ ⭐

volcano

> **n** 화산

ex An extinct **volcano** doesn't erupt anymore.
휴화산은 더 이상 폭발하지 않는다.

A **volcano** eruptions can cause damage to animals.
화산 폭발은 동물에 피해를 줄 수 있다.

---

008 ⭐ ⭐

technology

> **n** 기술

ex They have well-recognized **technology** ready for you.
그들은 당신을 위해 인정받은 기술을 준비해두고 있다.

She has prior experience in the **technology** field.
그녀는 기술 분야에서 사전 경험이 있다.

---

009 ⭐ ⭐

studio

> **n** 스튜디오 / (무용)강습소[연습실]

ex Waltz is the most popular dance class at the **studio**.
왈츠는 강습소에서 가장 인기 있는 과목이다.

I need to use the **studio** for a bit longer.
나는 스튜디오를 좀 더 오래 사용할 필요가 있다.

---

010 ⭐ ⭐

obesity

> **n** 비만

ex Cheese eating is linked with high rates of **obesity**.
치즈 섭취는 높은 비만율과 관련이 있다.

Doctors say that **obesity** could be dangerous.
의사들은 비만이 위험할 수 있다고 말한다.

참고
obese
adj. 비만인

---

011 ⭐ ⭐

Mars

> **n** 화성

ex Both Earth and **Mars** have white ice caps.
지구와 화성은 둘 다 하얀 만년설을 가지고 있다.

It is the youngest of the large volcanoes on **Mars**.
그것은 화성에 있는 큰 화산들 중 가장 어리다.

---

012 ⭐

gladly

> **adv** 기꺼이, 기쁘게

ex We **gladly** present Patima with this award for excellence in running.
우리는 기쁜 마음으로 Patima에게 달리기 종목에서 우수함에 대한 상을 수여합니다.

DAY ⑥

★ 표시는 <u>출제 빈도</u>를 나타냅니다.

013

armor

| n | 갑옷 | v | 갑옷을 입히다 |

ex Researchers are now looking into ways hair can be used in **armor**.
연구자들은 현재 머리카락이 갑옷에 사용될 수 있는 방법을 연구하고 있다.

014

Dutch

adj 네덜란드의

ex The **Dutch** government tried to keep the invention.
네덜란드 정부는 그 발명을 유지하려고 노력했다.

He acquired a **Dutch** citizenship.
그는 네덜란드 시민권을 취득했다.

015

emotion

n 감정

ex You should choose based on rational thought rather than **emotion**.
감정보다는 이성적인 생각을 가지고 선택해야 한다.

⊕ **feeling**
느낌[기분]

016

boss

n 상관, 상사, 사장

ex He has a meeting with his **boss**.
그는 그의 사장과 면담을 가지고 있다.

I'll also talk to my **boss** to learn about management.
나는 경영에 대해 배우기 위해서 상사와도 상의할 것이다.

⊕ **manager**
경영자, 관리자

017

texture

n 감촉[질감]

ex The banana peel is said to have the **texture** of lettuce.
바나나 껍질은 상추의 질감과 같다고 한다.

It has a dry roasted flavor and crunchy **texture**.
그것은 건조한 구운 맛과 아삭한 식감이 특징이다.

018

officially

adv 공식적으로[정식으로]

ex He **officially** represents the government.
그는 공식적으로 정부를 대표한다.

You are **officially** allowed to have education.
당신은 공식적으로 교육을 받을 수 있습니다.

019
★

iceberg

| n | 빙산 |

| ex | The **iceberg** is melting.
빙산이 녹고 있다.

A ship hit an **iceberg** near Newfoundland.
배가 Newfoundland 근처의 빙산에 부딪혔다.

020
★

estimate

| v | 추정[추산]하다　| n | 추정(치), 견적서

| ex | It is **estimated** that there are over 1 billion cars around the world.
전 세계에는 10억대가 넘는 자동차가 있는 것으로 추정된다.

유
measure
측정하다

021

medication

| n | 약[약물](치료)

| ex | It is a dangerous **medication**.
그것은 위험한 약물이다.

Their wives gave them **medication**.
그들의 아내들이 그들에게 약을 줬다.

유
medicine
의학, 의술, 약

022

tame

| adj | 길들여진 / 재미없는　| v | 길들이다

| ex | Entertainment is becoming increasingly **tame**.
오락은 점점 익숙해져 재미없어지고 있다.

It is hard to **tame** a cat.
고양이를 길들이는 것은 어렵다.

반
wild
야생의
자연 그대로의

023

difference

| n | 차이

| ex | He doesn't know the **difference** between right and wrong.
그는 옳고 그름을 분별하지 못한다.

024

escape

| v | 탈출하다　| n | 탈출, 도피

| ex | How did Steinhilper **escape** from the prison?
Steinhilper는 어떻게 감옥에서 탈출하였는가?

He could not find a way to **escape** from his cell.
그는 그의 감방에서 탈출할 방법을 찾을 수 없었다.

025

hide

| v | 숨기다, 감추다 |

| ex | They came early and **hid** themselves.
그들은 일찍 와서 몸을 숨겼다.

After they **hid** the money, they stole the car.
그들은 돈을 숨긴 뒤에, 차량을 훔쳤다. |

참고
hide-hid-hid

026

politician

| n | 정치인, 정치가 |

| ex | She is a respected **politician** in Russia.
그녀는 러시아에서 존경 받는 정치인이다.

The well-respected **politician** will begin the speech.
존경 받는 정치인이 연설을 시작할 것이다. |

027

exciting

| adj | 신나는, 흥미진진한 |

| ex | That sounds really **exciting**.
그거 정말 흥미로운 사실이네요.

Did something **exciting** happen today?
오늘 무슨 신나는 일 있었니? |

028

jeans

| n | 청바지 |

| ex | It looks great with your white shirt and **jeans**!
흰 셔츠와 청바지가 정말 잘 어울려!

Which shoes would go best with these **jeans**?
어떤 신발이 이 청바지와 잘 어울릴까? |

029

prediction

| n | 예측, 예견 |

| ex | However, detractors point out that DNA-based **prediction** scores are unreliable.
하지만, 비평가들은 DNA를 기반으로한 예측 점수는 신빙성이 없다고 지적한다. |

030

statistics

| n | 통계, 통계학 |

| ex | One problem is that the **statistics** on hand frequently include only one type of footprint.
한 가지 문제는 현재 진행중인 통계가 종종 한 가지 유형의 발자국만을 포함한다는 것이다. |

Practice

 1. 다음 단어들을 올바르게 연결하세요.

(1) **effect** •		• (a) 갑옷
(2) **magazine** •		• (b) 비만
(3) **practical** •		• (c) 활성화시키다
(4) **receive** •		• (d) 배달
(5) **activate** •		• (e) 영향, 결과, 효과
(6) **delivery** •		• (f) 잡지
(7) **obesity** •		• (g) 받다
(8) **armor** •		• (h) 실용적인

 2. 다음 영어 뜻에 맞게 알맞은 단어를 보기에서 찾아 쓰세요.

statistics	politician	estimate	tame

(1) **a person active in party politics**

(2) **an approximate calculation of quantity or degree or worth**

(3) **brought from wildness into a domesticated state**

(4) **a datum that can be represented numerically**

SELF TEST

01	jeans		16		감정
02		신나는	17	armor	
03	prediction		18		네덜란드의
04		통계, 통계학	19	Mars	
05	difference		20		기꺼이, 기쁘게
06		길들여진	21	delivery	
07	escape		22		화산
08		숨기다, 감추다	23	technology	
09	politician		24		스튜디오
10		감촉[질감]	25	obesity	
11	officially		26		작동시키다
12		빙산	27	receive	
13	estimate		28		효과, 영향
14		약[약물](치료)	29	magazine	
15	boss		30		실용적인

DAY 07

n	squirrel		n	almond		n	author
n	deal		adj	interesting		v	reach
v	agree		v	impress		n	barn
v	dunk		n	enemy		n	carnival
n	storage		n	payment		n	razor
v	sneak		n	data		adj	curious
v	relieve		v	bother		v	ascend
n	teamwork		n	justice		v	gaze
n	quarrel		v	shrug		n	superpower
n	percent		n	vice		n	fan

★ 표시는 출제 빈도를 나타냅니다.

---

001 ★★★★

squirrel

ⓝ **다람쥐**

ⓔⓧ It looks like the **squirrels** are flying.
다람쥐들이 날고 있는 것처럼 보인다.

Where do tree **squirrels** live?
나무 다람쥐는 어디에서 사는가?

---

002 ★★★★

almond

ⓝ **아몬드**

ⓔⓧ **Almonds** are only sold in supermarkets.
아몬드는 오직 슈퍼마켓에서만 판매한다.

Almonds are stone fruits in the rose family.
아몬드는 장미과에 속하는 핵과류이다.

---

003 ★★★★

author

ⓝ **작가, 저자**

ⓔⓧ The **author** dislikes the scenario.
작가는 그 대본을 싫어한다.

J. K. Rowling is the **author** of Harry Potter.
J. K. Rowling은 Harry Potter의 작가이다.

---

004 ★★★★

deal

ⓝ **거래, 합의** ⓥ **다루다, 처리하다**

ⓔⓧ That's a great **deal**.
그것은 정말 좋은 거래이다.

The book **deals** with the study of cells.
그 책은 세포 연구를 다루고 있다.

> [참고]
> **deal with**
> ~을 처리하다
> 다루다

---

005 ★★★★

interesting

ⓐⓓⓙ **재미있는, 흥미로운**

ⓔⓧ I'm sure we will see many **interesting** animals and insects.
나는 우리가 많은 흥미로운 동물들과 곤충들을 볼 것이라 확신한다.

---

006 ★★★

reach

ⓥ **~에 이르다[닿다/도달하다]**

ⓔⓧ Its waves can **reach** the heights of 30 meters.
그것의 파도는 30미터의 높이에 도달할 수 있다.

The tree was too high for Benny to **reach**.
그 나무는 너무 높아서 Benny가 닿을 수 없었다.

007 ★★★

agree

v **동의하다, 찬성하다**

ex I **agree** that it's quite easy.
그것이 꽤 쉽다는 것에 동의한다.

Beauty did not **agree** to stay.
아름다움은 오래 머무르지 않았다.

---

008 ★★★

impress

v **깊은 인상을 주다, 감명[감동]을 주다**

ex His father was **impressed** by his honesty.
그의 아버지는 그의 정직함에 감동 받았다.

His kind act **impressed** me.
그의 친절한 행동이 나에게 감동을 주었다.

참고
impression
n. 인상, 감명

---

009 ★★

barn

n **곳간, 헛간**

ex A dog was in a **barn** filled with hay.
개 한 마리가 건초로 가득 찬 헛간에 있었다.

He chased the dog out of the **barn**.
그는 개를 헛간 밖으로 쫓아냈다.

---

010 ★★

dunk

v **덩크 슛 하다**

ex He practices ahead of a slam **dunk** contest
for students.
그는 학생들을 위한 슬램 덩크 대회를 앞두고 연습을 한다.

참고
slam dunk
강력한 덩크 슛

---

011 ★★

enemy

n **적**

ex Our hero killed the **enemy**.
우리의 영웅이 적군을 죽였다.

He is a traitor who sold our secrets to the **enemy**.
그는 우리의 비밀을 적에게 팔아 넘긴 배신자다.

유
opponent
상대, 반대자

---

012 ★★

carnival

n **카니발, 축제**

ex We are going to a big **carnival** held downtown.
우리는 시내에서 열리는 큰 축제에 참가한다.

At the **carnival**, I could try the funnel cake.
카니발에서, 나는 퍼넬 케이크(튀긴 빵)를 먹어볼 수 있었다.

DAY ⑦

★ 표시는 출제 빈도를 나타냅니다.

---

013 ★

storage

> `n` 저장, 보관
>
> `ex` He is inspecting the **storage** tank.
> 그는 저장 탱크를 점검하는 중이다.
>
> A **storage** room is too small.
> 저장 공간이 너무 좁다.

---

014 ★

payment

> `n` 지불, 지급
>
> `ex` **Payment** is tracked via card number.
> 결제는 카드 번호를 통해 추적 된다.
>
> There is no **payment** due.
> 지급 기한이 없습니다.

---

015 ★

razor

> `n` 면도기, 면도칼
>
> `ex` My **razor** is too sharp so I was cut by it.
> 내 면도칼이 너무 날카로워서 베었다.
>
> I really need to buy a new **razor**.
> 나는 정말로 새 면도기를 살 필요가 있다.

---

016 ★

sneak

> `v` 살금살금[몰래] 가다, 몰래 하다[가져가다]
>
> `ex` They **sneak** up on prey and jump on their victims at the last minute.
> 그들은 먹이를 향해 몰래 다가가서 마지막 순간에 달려든다.

---

017 ★

data

> `n` 자료[정보/데이터]
>
> `ex` Machine learning requires **data**.
> 머신 러닝에는 데이터가 필요하다.
>
> Dr. Cruz's workshop is on **data** mining.
> 크루즈 박사의 워크숍은 데이터 마이닝에 관한 것이다.

---

018 ★

curious

> `adj` 궁금한, 호기심이 많은
>
> `ex` Jake is **curious** about how to make faster decisions in the game.
> Jake는 게임에서 어떻게 빨리 결정을 내릴 수 있는 가에 대해 호기심이 많다.

019

relieve

| v | 없애[덜어] 주다, 완화하다[줄이다] |

ex Just hearing words from a doctor can help **relieve** some pain.
단지 의사의 말을 듣는 것으로도 고통을 완화하는 것에 도움이 된다.

020

bother

| v | 신경 쓰다, 애를 쓰다 |

ex Don't **bother** bringing something.
무언가 가지고 오는 것에 신경 쓰지마.

The landlords will not **bother** renters.
지주들은 세입자들을 신경 쓰지 않을 것이다.

유 **mind**
상관하다, 개의하다

021

ascend

| v | 오르다, 올라가다 |

ex On rainy days, the stream **ascends** up to 50cm.
비 오는 날에는 내천이 50cm 가량 올라간다.

No one will not **ascend** to the throne.
누구도 왕위에 오르지 않을 것이다.

반 **descend**
내려가다

022

teamwork

| n | 팀워크, 협동 작업 |

ex Kids in this club learn the value of **teamwork**.
어린이 단원들은 팀워크의 가치를 배운다.

The 90-foot speed climb requires **teamwork**.
90피트 높이 오르기 종목은 팀워크를 요구한다.

023

justice

| n | 공평성, 공정성 |

ex Seeing **justice** served is its own reward.
정의가 실현되는 것을 보는 것은 그 자체의 보상이다.

Fighting for **justice** is meaningful.
공정성을 위해 싸우는 것은 의미있다.

024

gaze

| v | 응시하다[바라보다] | n | 응시, 시선 |

ex The singer had to look at an empty seat when singing because of his passionate **gaze**.
그 가수는 그의 열정적인 시선 때문에 노래할 때 빈자리를 보아야 했다.

유 **stare**
응시하다

★ 표시는 출제 빈도를 나타냅니다.

025

quarrel

n (말)다툼[언쟁/싸움]   **v** 다투다, 언쟁을 벌이다

ex They had a **quarrel** about the project.
그들은 프로젝트에 대해서 말다툼을 했다.

Please don't **quarrel** in the library.
도서관에서 다투지 마세요.

⊕
argument
논쟁, 논의

026

shrug

v (어깨를) 으쓱하다

ex James **shrugged** and said, "No idea."
James는 어깨를 으쓱한 후 "모르겠어."라고 말했다.

The man gave a **shrug** as if he did not care.
그 남자는 신경쓰지 않는다는 듯이 어깨를 한 번 으쓱했다.

027

superpower

n 초강대국

ex That country has become a new **superpower**.
저 나라는 새로운 초강대국이 되고 있다.

There are many reasons to be a **superpower**.
초강대국이 되는 데는 여러 가지 이유가 있다.

028

percent

n 퍼센트, 백분율

ex It is very sad to admit that our population has been reduced to 50 **percent**.
우리의 인구가 50퍼센트 줄었다는 것을 인정하는 것은 매우 슬픈 일입니다.

029

vice

n 범죄, 악   **adj** 대리의, 부

ex Misery is led by **vice**.
불행은 악덕에 의해 이루어 진다.

She is the first woman **vice** president.
그녀는 첫 여성 부통령이다.

030

fan

n 선풍기 / 팬

ex Can you check if the **fan** is on?
선풍기가 켜져 있는지 확인해 주시겠어요?

I was never a big **fan**, either.
나 또한 열혈 팬은 아니었어.

Practice

 1. 다음 단어들을 올바르게 연결하세요.

(1) **author**   •   • (a) 곳간, 헛간

(2) **deal**   •   • (b) 적

(3) **squirrel**   •   • (c) 동의하다

(4) **reach**   •   • (d) 깊은 인상을 주다

(5) **agree**   •   • (e) ~에 이르다

(6) **impress**   •   • (f) 작가, 저자

(7) **barn**   •   • (g) 거래, 합의

(8) **enemy**   •   • (h) 다람쥐

 2. 우리말 뜻에 맞게 빈칸에 알맞은 단어를 보기에서 찾아 쓰세요.

justice	quarrel	vice	superpower

(1) **There are many reasons to be a _____ .**
초강대국이 되는 데는 여러 가지 이유가 있다.

(2) **She is the first woman _____ president.**
그녀는 첫 여성 부통령이다.

(3) **Seeing _____ served is its own reward.**
정의가 실현되는 것을 보는 것은 그 자체의 보상이다.

(4) **Please don't _____ in the library.**
도서관에서 다투지 마세요.

SELF TEST

01	fan		16	면도기, 면도칼
02		범죄, 부	17	payment
03	superpower		18	저장, 보관
04		퍼센트, 백분율	19	enemy
05	quarrel		20	카니발 축제
06		(어깨를)으쓱하다	21	barn
07	ascend		22	덩크 슛 하다
08		공정성, 공평성	23	impress
09	gaze		24	동의하다
10		팀워크	25	reach
11	bother		26	거래, 합의
12		없애[덜어]주다	27	interesting
13	sneak		28	작가, 저자
14		자료[정보]	29	almond
15	curious		30	다람쥐

TOSEL 실전문제 ①

SECTION II. Reading and Writing

PART B. Situational Writing

DIRECTIONS: For questions 1 to 6, look at the pictures and complete the sentences. Choose the option that BEST completes the sentence.

지시 사항: 1번부터 6번까지는 그림을 보고 문장을 완성하는 문제입니다. 가장 알맞은 답을 고르세요.

1.   • 2020 TOSEL 기출

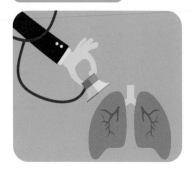

I got my _____ checked out in the hospital.

(A) heart

(B) spine

(C) lungs

(D) kidneys

2.   • 2020 TOSEL 기출

The bear with the green crown is _____ off the ground.

(A) writing

(B) cycling

(C) floating

(D) running

3.

They are dancing in the _____.

(A) ballroom

(B) bedroom

(C) playground

(D) background

4.

My parents _____ the letters from their mailbox.

(A) wrote

(B) threw

(C) ripped

(D) received

5.

Calling is _____ while driving.

(A) kept

(B) expected

(C) prohibited

(D) encouraged

6.

There are four eggs in the _____.

(A) test

(B) nest

(C) barn

(D) corn

CHAPTER 02

DAY 08

n	research		n	message		n	method
n	shovel		v	tailor		n	symphony
v	delete		v	boil		n	god
adv	further		adj	invasive		v	absorb
adj	dull		adj	humid		n	opportunity
n	aid		n	patience		n	sample
n	thief		n	portion		adj	equal
adv	approximately		v	repeat		n	equation
n	architect		n	spiral		n	shell
adj	universal		v	input		n	sum

DAY ⑧

---

001 ⭐⭐⭐⭐

research

n 연구, 조사　v 연구[조사]하다

ex He does some **research** about how much plastic goes into the ocean.
그는 얼마나 많은 플라스틱이 바다로 들어가는지에 대해 조사를 한다.

> 참고
> **search**
> n. 찾기, 수색
> v. 찾아보다

---

002 ⭐⭐⭐⭐

message

n 메시지　v 메시지를 보내다

ex I got a text **message** about her.
나는 그녀에 대한 문자 메시지를 받았다.

Can you **message** him for me?
그에게 메시지를 보내줄 수 있나요?

---

003 ⭐⭐⭐⭐

method

n 방법 / 체계성

ex His new **method** of creating purple dye replaced older techniques.
보라색 염료를 만드는 그의 새로운 방법은 오래된 기술을 대체했다.

> 유
> **manner**
> 방법, 방식

---

004 ⭐⭐⭐⭐

shovel

v 삽질하다, 삽으로 파다　n 삽

ex They **shovelled** all day to clear snow from the path.
그들은 길의 눈을 치우기 위하여 하루 종일 삽질을 했다.

We are looking for a **shovel** and a dustpan.
우리는 삽과 쓰레받기를 찾고 있습니다.

---

005 ⭐⭐⭐

tailor

v 맞추다[조정하다]　n 재단사

ex His clothes are poorly **tailored**.
그의 옷은 제대로 재단되어 있지 않다.

Franz was an Austrian-French **tailor**.
Franz는 오스트리아계 프랑스 재단사이다.

---

006 ⭐⭐⭐

symphony

n 교향곡, 심포니

ex Mozart wrote his first **symphony** when he was eight years old.
Mozart는 8살에 그의 첫번째 교향곡을 썼다.

> 참고
> **orchestra**
> n. 관현악단

007	★★★

delete

v 삭제하다

ex **Delete** the passage in the draft.
원고에서 그 구절을 삭제해주세요.

My file was **deleted** accidentally.
내 파일이 실수로 삭제되었다.

유
remove
제거하다

008	★★★

boil

v 끓다[끓이다]　**n** 끓음

ex Did the chicken soup on the stove **boil**?
스토브 위에 닭죽이 다 끓었나요?

My grandmother often **boiled** corn for us.
할머니는 종종 우리를 위해 옥수수를 삶으셨다.

009	★★

god

n 신

ex He is the **god** of the underworld.
그는 지하세계의 신이다.

There are many **gods** in that religion.
그 종교에는 많은 신들이 있다.

참고
goddess
n. 여신

010	★★

further

adv 더 멀리에[로] / 더 나아가　**adj** 더 이상의

ex We could not hike any **further** that day.
우리는 그날 더 이상 오를 수 없었다.

Please wait for the **further** notice.
추가 통지를 기다려주십시오.

유
far
멀리

011	★★

invasive

adj 급속히 퍼지는 / 침습적인

ex The **invasive** species killed off native animals there.
그 침입 종은 그곳의 토종 동물을 죽였다.

The disease was so **invasive** and dreadful.
질병은 급속히 퍼졌고 지독했다.

참고
invade
v. 침입하다

012	★★

absorb

v 흡수하다

ex This natural sugar in apples is **absorbed** more slowly for longer-lasting energy.
사과에 들어 있는 천연 당분은 더 오래 지속되는 에너지를 위해 천천히 흡수된다.

★ 표시는 출제 빈도를 나타냅니다.

---

013 ★

dull

adj **따분한, 재미없는 / 둔한**

ex I went on a trip since my life is getting **dull**.
나의 삶이 따분해지고 있었기 때문에 여행을 갔다.

The brades on the skates are **dull**.
스케이트의 날이 둔하다.

반 **sharp** 날카로운, 예리한

---

014 ★

humid

adj **습한**

ex Today is a **humid** morning with high afternoon temperatures.
오늘은 아침에 습하고 오후에 기온이 올라갈 것이다.

유 **damp** 축축한

---

015 ★

opportunity

n **기회**

ex It can be a good **opportunity**.
그건 좋은 기회가 될 수 있어.

The program is an excellent **opportunity** for you.
그 프로그램은 당신에게 아주 좋은 기회다.

유 **chance** 기회

---

016 ★

aid

v **돕다**   n **원조, 지원, 도움**

ex Courses in critical thinking can **aid** with persuasive writing.
비판적 사고 수업은 설득력 있는 글쓰기에 도움이 될 것이다.

참고 **first-aid** 응급처치

---

017 ★

patience

n **참을성, 인내심**

ex We appreciate your **patience**.
당신의 기다림에 감사 드립니다.

Her **patience** will be rewarded.
그녀의 인내심은 보상을 받을 것이다.

유 **tolerance** 관용, 관대

---

018 ★

sample

n **표본, 샘플**   v **맛보다, 시식하다**

ex Would you like to try a **sample**?
이 음식 좀 시식해보시겠어요?

You can **sample** ice cream from around the globe!
당신은 전세계의 아이스크림을 맛볼 수 있다.

019 ⭐

thief

n 도둑

ex The **thief** thought of extras as real policemen.
그 도둑은 엑스트라 배우를 진짜 경찰이라고 생각했다.

He caught a **thief** and reported to the police.
그는 도둑을 잡고 경찰에 신고했다.

---

020 ⭐

portion

n 부분[일부]　v 나누다

ex Large **portions** of the gigantic monument have been largely restored.
그 거대한 기념물의 많은 부분이 복원되었다.

⊕ **part**
부분, 일부

021

equal

adj 동일한, 동등한

ex We are all **equal** in front of the law.
법 앞에 모두가 평등하다.

All kids get **equal** playing time.
모든 아이들은 동일한 놀이 시간을 가진다.

⊕ **identical**
동일한

022

approximately

adv 거의, …가까이

ex The total loss amounted to **approximately** 5,000 Malaysian ringgit.
총 손실은 말레이시아 화폐로 약 5,000링깃에 달했다.

023

repeat

v 반복하다

ex **Repeat** Step 3 for each of the other leg pieces.
다른 다리 조립에 3번 단계를 반복하시오.

Could you **repeat** what you've just said?
방금 한 말을 다시 한 번 말씀해주시겠어요?

⊕ **retell**
다시 말하다
되풀이하다

024

equation

n 방정식, 등식

ex Let's begin with the **equations**.
그 방정식부터 시작하자.

It's hard to study variable **equations**.
다양한 방정식을 공부하는 것은 어렵다.

DAY

⭐ 표시는 <u>출제 빈도</u>를 나타냅니다.

025

architect

n 건축가

ex Suzy wants to become a famous **architect**.
Suzy는 유명한 건축가가 되기를 원한다.

The building was designed by an African **architect**.
그 건물은 아프리카 건축가에 의해 설계되었다.

026

spiral

n 나선, 나선형 / 소용돌이   **adj** 나선형의

ex The next step is to arrange the cut blocks in a **spiral** around the hole.
다음 단계는 절단된 블록을 구멍 주위의 나선형으로 배열하는 것이다.

027

shell

n 껍데기[껍질]

ex They have hard **shells**, but float in the ocean.
그들은 단단한 껍질을 가졌지만, 물에 떠오른다.

Some have no **shells**.
몇몇은 아예 껍질을 가지고 있지 않다.

028

universal

adj 일반적인, 보편적인

ex Most of them are **universal**.
그것들 중 대부분은 보편적인 것이다.

It has **universal** themes and relates to modern life.
그것은 보편적인 주제를 가지고 있고 현대 삶을 연관시킨다.

⊕
general
일반의, 전반적인

029

input

v 입력하다   **n** 투입, 입력

ex You can **input** your ID right there.
당신은 ID를 그 곳에 입력할 수 있다.

The **input** has been recorded incorrectly.
입력된 것이 잘못 기록되었다.

⊖
output
v. 출력하다
n. 생산량

030

sum

n 액수, 합계 / 계산

ex How much is the **sum** of the bill?
계산서의 합계가 얼마입니까?

Try doing an easy **sum** in your head.
쉬운 계산을 머리 속으로 하려고 해봐.

Practice

 1. 다음 단어들을 올바르게 연결하세요.

(1) research   •   • (a) 따분한, 재미없는

(2) method   •   • (b) 기회

(3) tailor   •   • (c) 흡수하다

(4) delete   •   • (d) 삭제하다

(5) invasive   •   • (e) 침습적인

(6) absorb   •   • (f) 방법

(7) dull   •   • (g) 재단사

(8) opportunity   •   • (h) 연구, 조사

 2. 다음 영어 뜻에 맞게 알맞은 단어를 보기에서 찾아 쓰세요.

humid	equation	sum	portion

(1) the allotment of some amount by dividing something

(2) containing or characterized by a great deal of water vapor

(3) a mathematical statement that two expressions are equal

(4) a quantity obtained by the addition of a group of numbers

SELF TEST

01		메시지	16	aid	
02	research		17		참을성, 인내심
03		삽, 삽질하다	18	sample	
04	method		19		부분[일부]
05		교향곡, 심포니	20	thief	
06	tailor		21		동일한, 동등한
07		삭제하다	22	approximately	
08	boil		23		방정식
09		흡수하다	24	repeat	
10	invasive		25		껍데기[껍질]
11		더 멀리에[로]	26	universal	
12	god		27		건축가
13		습한	28	spiral	
14	dull		29		투입, 입력
15		기회	30	sum	

DAY 09

n	frostbite	adv	somewhere	adj	specific
adj	stainless	n	handball	n	sticker
n	council	adv	generally	v	deliver
n	gum	adj	important	n	cereal
adj	unlucky	n	waffle	adj	confusing
adj	uneasy	n	virtue	n	witness
n	wound	n	murder	n	foreigner
n	gun	n	kindness	n	mile
n	pity	adj	relative	n	supper
n	noble	adj	peaceful	adj	stupid

⭐ 표시는 **출제 빈도**를 나타냅니다.

---

001 ⭐⭐⭐⭐

frostbite

n 동상

ex The most common area for **frostbite** is the nose.
가장 흔하게 동상이 걸리는 부위는 코이다.

To avoid **frostbite**, make sure to use hot water.
동상을 피하려면, 뜨거운 물을 사용해라.

> 참고
> **frost**
> 서리, 성에

---

002 ⭐⭐⭐⭐

somewhere

adv 어딘가에

ex I would like to go **somewhere** else.
나는 다른 곳으로 가고싶다.

I can hear music from **somewhere**.
나는 어디선가 음악을 들을 수 있다.

---

003 ⭐⭐⭐

specific

adj 구체적인, 분명한

ex Some flowers target **specific** types of bees.
몇몇 꽃은 특정 종류의 벌을 목표로 삼는다.

Please choose the **specific** option to move on.
다음으로 넘어 가기 위해 구체적인 선택 사항을 고르세요.

> 참고
> **specifically**
> adv. 명확하게, 특별히

---

004 ⭐⭐⭐

stainless

adj 깨끗한, 녹슬지 않는

ex **Stainless** steel is made of iron, low levels of carbon, and chromium.
스테인레스강은 철, 낮은 수준의 탄소, 크롬으로 만들어진다.

> 참고
> **stain**
> v. 얼룩지게 하다, 얼룩지다

---

005 ⭐⭐⭐

handball

n 핸드볼

ex Some sports, like **handball** and cricket, are only common in a few countries.
핸드볼과 크리켓같은 몇몇 스포츠는 단지 몇몇 나라에서만 흔하다.

---

006 ⭐⭐⭐

sticker

n 스티커

ex This machine can instantly print 5 X 7 cm **stickers** of your photos.
이 기계는 즉각적으로 당신 사진의 5 x 7 cm 스티커를 인쇄할 수 있다.

007	★ ★	**n** 의회

council

ex Why is the student **council** meeting this Saturday?
왜 이번 주 토요일에 학생회가 열리는가?

He is on the local **council**.
그는 지방 의회 의원이다.

008	★ ★	**adv** 일반적으로 / 대개, 보통

generally

ex I **generally** prefer hamburgers over pizza.
나는 일반적으로 피자보다 햄버거를 좋아한다.

The tree is **generally** fertilized three times a year.
그 나무는 보통 일년에 세 번 수정된다.

009	★ ★	**v** 배달하다

deliver

ex We **deliver** refrigerators directly to your dormitory.
우리는 당신의 기숙사에 바로 냉장고를 배달합니다.

Be careful when you **deliver** heavy things.
무거운 물건들을 배달할 때 조심해라.

참고
delivery
n. 배달

010	★ ★	**n** 껌 / 잇몸 / 고무진

gum

ex I visited the dentist because my **gum** hurt.
나는 잇몸이 아파서 치과에 방문했다.

Our city banned chewing **gum** in public.
우리 도시는 공공장소에서 껌을 씹는 것을 금지했다.

011	★ ★	**adj** 중요한

important

ex It is **important** to keep everything in order.
모든 것을 정리하는 것이 중요하다.

But more **important** thing is they are comfortable.
하지만 더 중요한 것은 그것들이 편안하다는 것이다.

참고
importantly
adv. 중요하게

012	★	**n** 곡물 / 시리얼[가공 곡물]

cereal

ex This **cereal** is my favorite.
이 시리얼은 내가 가장 좋아하는 것이다.

This keeps the **cereal** looking fresh.
이것은 시리얼을 더 신선해보이도록 유지해준다.

DAY ❾

⭐ 표시는 출제 빈도를 나타냅니다.

013

unlucky

`adj` **불행한**

`ex` Feeling **unlucky**, I tried not to do something new.
불행한 느낌이 들어, 나는 무언가 새로운 것을 시도하지 않았다.

13 is an **unlucky** number in some countries.
몇몇 나라에서 13은 불행한 숫자이다.

㈜
unfortunate
운이 없는
불행한

014

waffle

`n` **와플**

`ex` Her favorite is ice cream **waffles**.
그녀가 가장 좋아하는 것은 아이스크림 와플이다.

This **waffle** machine can get very hot.
이 와플 기계는 매우 뜨거워질 수 있다.

015

confusing

`adj` **혼란스러운**

`ex` This kind of knot is **confusing**.
이런 종류의 매듭은 혼란스럽다.

It is **confusing** to see them acting differently.
그들이 다르게 행동하는 것을 보는 것은 혼란스럽다.

016

uneasy

`adj` **불안한**

`ex` Many people feel **uneasy** about speaking in front of other people.
많은 사람들은 다른 사람들 앞에서 말하는 것에 불안함을 느낀다.

㈜
anxious
불안해하는
염려하는

017

virtue

`n` **미덕, 선**

`ex` Patience is a **virtue**.
인내심이 미덕이다.

Telling the truth is a **virtue** we should all follow.
진실을 말하는 것은 우리 모두 따라야 하는 선이다.

㈜
vice
범죄, 악

018

witness

`n` **목격자, 증인** `v` **목격하다**

`ex` We need a **witness** of the case.
우리는 그 사건의 목격자가 필요하다.

She has been a **witness** to a terrible accident.
그녀는 끔찍한 사고의 목격자였습니다.

참고
suspect
용의자
victim
피해자

019

wound

n 상처, 부상

ex There are a lot of ways to heal a **wound**.
상처를 치료하는 방법은 여러가지이다.

Please clean the **wound**.
상처를 닦아주세요.

유 scar
상처

020

murder

n 살인   v 살해하다

ex He is accused of **murder**.
그는 살인죄로 기소되었다.

The movie is about the real **murder** case.
그 영화는 실제 살인 사건에 관한 것이다.

유 kill
죽이다

021

foreigner

n 외국인

ex We have unbiased policy even for a **foreigner**.
우리는 외국인에게도 편향되지 않은 정책을 가지고 있습니다.

This is a famous attraction for **foreigners**.
이 곳은 외국인들에게 유명한 명소입니다.

참고 foreign
adj. 외국의

022

gun

n 총

ex A pistol is a small **gun** which can be held in and fired from one hand.
권총은 한손으로 잡고 발사할 수 있는 작은 총이다.

참고 pistol
권총

023

kindness

n 친절함

ex Even small acts of **kindness** mean a lot to those who are down on their luck.
작은 친절 행위도 운이 나쁜 사람에게는 큰 의미가 있다.

024

mile

n 마일(거리 단위)

ex **Mile** for mile, walking burns just as many calories as jogging does.
1마일 1마일 걷는 것은 조깅하는 것만큼 칼로리가 소모된다.

★ 표시는 <u>출제 빈도</u>를 나타냅니다.

025

pity

n 연민, 동정   v 애석해 하다

ex What a **pity**!
정말 안됐군요!

I feel **pity** for those who have not heard his voice.
그의 목소리를 들을 수 없는 사람들이 애석하다.

⊛ sympathy
동정, 연민

026

relative

adj 상대적인   n 친척

ex This number is a **relative** amount.
이 숫자는 상대적인 수치이다.

The closest living **relative** of whales is the beluga.
고래와 가장 가까운 살아 있는 친척은 흰돌고래이다.

참고 relevant
adj. 적절한

027

supper

n 저녁(식사)

ex I want to have **supper** right now.
지금 당장 저녁을 먹고 싶다.

Don't be late for **supper** time.
저녁 시간에 늦지 마라.

⊛ dinner
저녁(식사)

028

noble

n 상류층[귀족]   adj 고결한, 고귀한

ex She was a member of the **noble** Fujiwara family.
그녀는 Fuijwara 귀족 가문의 일원이었다.

It is called a "white" or "**noble**" lie.
이것은 "하얀" 혹은 "고상한" 거짓말이라고 불린다.

참고 nobility
n. 귀족

029

peaceful

adj 평화로운

ex It would be a small but **peaceful** wedding.
그것은 작지만 평화로운 결혼식이었다.

It allows a **peaceful** transfer of political power.
그것은 평화적인 정치 권력 이양을 허용한다.

030

stupid

adj 어리석은, 바보같은

ex She said she felt **stupid** when she got it wrong.
그녀가 그것을 틀렸을 때 바보같은 느낌이었다고 말했다.

I have that **stupid** children's song stuck in my head!
그 바보 같은 동요가 머릿속에 박혔어!

⊛ silly
어리석은

Practice

 1. 다음 단어들을 올바르게 연결하세요.

(1) frostbite   •　　　　　　　　•　(a) 중요한

(2) specific   •　　　　　　　　•　(b) 배달하다

(3) stainless   •　　　　　　　　•　(c) 혼란스러운

(4) council   •　　　　　　　　•　(d) 깨끗한

(5) generally   •　　　　　　　　•　(e) 구체적인, 분명한

(6) deliver   •　　　　　　　　•　(f) 동상

(7) important   •　　　　　　　　•　(g) 의회

(8) confusing   •　　　　　　　　•　(h) 일반적으로

 2. 우리말 뜻에 맞게 빈칸에 알맞은 단어를 보기에서 찾아 쓰세요.

peaceful	stupid	pity	noble

(1) **I have that   children's song stuck in my head!**
그 바보 같은 동요가 머릿속에 박혔어!

(2) **It would be a small but   wedding.**
그것은 작지만 평화로운 결혼식이었다.

(3) **She was a member of the   Fujiwara family.**
그녀는 Fuijwara 귀족 가문의 일원이었다.

(4) **I feel   for those who have not heard his voice.**
그의 목소리를 들을 수 없는 사람들이 애석하다.

SELF TEST

01	frostbite		16		미덕, 선
02		구체적인	17	confusing	
03	somewhere		18		목격자, 증인
04		깨끗한	19	wound	
05	sticker		20		외국인
06		핸드볼	21	murder	
07	council		22		친절함
08		껌, 잇몸	23	gun	
09	generally		24		마일(거리단위)
10		배달하다	25	relative	
11	cereal		26		연민, 동정
12		중요한	27	supper	
13	unlucky		28		고결한, 고귀한
14		와플	29	stupid	
15	uneasy		30		평화로운

DAY 10

n	salmon	n	species	n	bar
n	century	n	hip	n	aspect
adj	effective	adj	indoor	n	medal
n	auto	adj	recent	n	context
n	foam	adj	harsh	v	disappear
v	originate	n	session	n	term
n	mug	adv	specially	v	multiply
n	operation	v	contain	adj	mysterious
v	obsess	adj	religious	adj	academic
n	subject	adv	eventually	n	clerk

★ 표시는 출제 빈도를 나타냅니다.

---

001 ★★★★

salmon

n 연어

ex We fish for **salmon** along the river.
우리는 강을 따라 연어를 낚는다.

That includes seasonal **salmon** and tuna.
그것은 제철 연어와 참치를 포함한다.

---

002 ★★★★

species

n 종

ex Almost 20% of all mammal **species** are bats.
모든 포유류의 거의 20%가 박쥐이다.

Some **species** of birds cannot fly.
어떤 종류의 새는 날지 못한다.

---

003 ★★★★

bar

n 술집, 바

ex They visited a **bar** across the door.
그들은 문 건너 술집에 방문했다.

A tall man walks into a **bar**.
키가 큰 남자가 술집 안으로 걸어온다.

---

004 ★★★★

century

n 100년, 세기

ex Coffee beans were first found in Africa around the 6th **century**.
커피 콩은 6세기경 아프리카에서 처음 발견되었다.

참고
decade
10년

---

005 ★★★

hip

n 둔부, 엉덩이

ex The **hip** belt is easy to adjust.
힙 벨트는 쉽게 조절됩니다.

She fell and broke her **hip**.
그녀는 넘어져서 엉덩이를 다쳤다.

---

006 ★★★

aspect

n 측면, 양상

ex Its appearance is one of the interesting **aspects**.
그것의 생김새는 한 가지 흥미로운 측면들 중 하나이다.

I think you'll like the multimedia **aspect** of it.
당신은 멀티미디어적인 면을 좋아할 것 같다.

참고
perspective
관점

| 007 | ⭐⭐ | **adj** 효과적인 |
| | | **ex** An **effective** way to avoid these problems is to choose foods that have less sodium.
이러한 문제를 피하는 효과적인 방법은 나트륨이 적은 음식을 선택하는 것이다. |

effective

참고
efficient
효율적인

| 008 | ⭐⭐ | **adj** 실내의 |
| | | **ex** There is an **indoor** market at the mall.
쇼핑몰에 실내 매장이 있습니다.
Indoor activities cost less for students.
실내 활동은 학생들에게 비용이 적게 든다. |

indoor

반 **outdoor**
야외의

| 009 | ⭐⭐ | **n** 메달, 훈장 |
| | | **ex** He won a gold **medal** for architecture.
그는 건축물로 금메달을 땄다.
Still, a medal is a **medal**.
그래도 메달은 메달이다. |

medal

| 010 | ⭐⭐ | **n** 자동차 |
| | | **ex** He had an **auto** accident.
그는 자동차 사고를 당했다.
What service does Sam's **Auto** Services provide?
Sam의 자동차 서비스센터에서는 어떤 서비스를 제공하는가? |

auto

참고
= **automobile**

| 011 | ⭐⭐ | **adj** 최근의 |
| | | **ex** In **recent** years, scientists posited many theories.
최근, 과학자들은 많은 이론들을 발표했다.
I don't have any **recent** news about Tom.
나는 Tom에 관해서 최근에 새로운 소식이 없어. |

recent

| 012 | ⭐ | **n** 맥락, 문맥 |
| | | **ex** Don't take what I said in a bad way, you have to understand the **context**.
내가 한 말을 나쁘게 받아들이지 마, 너는 문맥을 이해해야 해. |

context

★ 표시는 출제 빈도를 나타냅니다.

---

013 ★

foam

n 거품 **v** 거품을 일으키다

ex The bathtub is filled with **foam**.
욕조에 거품이 가득차 있다.

I'd like one coffee, easy on the **foam**.
나는 거품이 적게 커피 마시는 것을 좋아한다.

---

014 ★

harsh

adj 가혹한, 혹독한

ex His words are **harsh**, but he is still my good friend.
그의 말은 거칠지만, 그는 여전히 내 가장 친한 친구이다.

You are too **harsh** on him.
너는 그에게 너무 가혹하게 한다.

㊌ rigid
엄격한

---

015 ★

disappear

v 사라지다

ex It will **disappear** in a few seconds.
몇 초 후에 사라질 것입니다.

He **disappeared** in the crowd.
그는 군중 속으로 사라졌다.

㊍ appear
나타나다

---

016 ★

originate

v 비롯되다, 유래하다

ex Many English words **originated** from the Greek words.
많은 단어들이 그리스 단어들에서 유래했다.

It **originated** in the United States.
그것은 미국에서 유래했다.

참고 **n. origin**
기원, 근원

---

017 ★

session

n 시간[기간] / 회기

ex I had fun in the last **session**.
나는 지난 기간이 재미있었다.

Where should we meet for our study **session**?
우리 공부시간에 어디서 만날까?

참고 **section**
부분, 구획

---

018 ★

term

n 기간 / 용어, 학기

ex A leader alone can not realize a long **term** change in perceptions.
리더 혼자서는 장기적인 인식의 변화를 실현할 수 없다.

참고 **long-term**
장기적인
short-term
단기적인

019 ⭐

mug

| n | 머그잔 |

ex The **mug** handle looks broken.
머그잔의 손잡이가 부러진 것 같다.

I'll go get a **mug** to drink it from.
가서 마실 머그잔을 가져올게.

---

020 ⭐

specially

| adv | 특별히, 특히 |

ex The cake was **specially** baked with holes in which to place the candles.
그 케이크는 특별히 촛불을 놓을 구멍과 함께 구워졌다.

021

multiply

| v | 곱하다, 크게 증가시키다 |

ex **Multiply** 6 by 3.
6에 3을 곱해라.

It is impossible to **multiply** the germ.
그 세균을 증식시키는 것은 불가능하다.

022

operation

| n | 수술, 작전, 활동 / 기업, 사업체 |

ex All prices and hours of **operation** are subject to change without notice.
모든 가격과 운영 시간은 예고 없이 변경될 수 있다.

023

contain

| v | ~이 들어[함유되어]있다 |

ex It does not **contain** any polyvinyl chloride.
그것은 어떤 폴리염화비닐도 함유하고 있지 않다.

Carrots **contain** substances that are good for health.
당근은 당신의 건강에 도움을 주는 성분을 포함하고 있다.

024

mysterious

| adj | 신비한, 불가사의한 |

ex It is both very valuable and incredibly **mysterious**.
그것은 매우 귀중하고 믿을 수 없을 정도로 신비하다.

Lake Natron is a **mysterious** lake in Tanzania.
Natron호수는 탄자니아에서 신비한 호수이다.

⊕
especially
특히

참고
multiple
adj. 많은, 다수의

⊕
include
포함하다

⭐ 표시는 출제 빈도를 나타냅니다.

025

obsess

v 사로잡다 / 강박감을 갖다

ex Don't be **obsessed** with the reward.
보상에만 집착하지 마라.

I think he is **obsessed** with computer games.
나는 그가 컴퓨터 게임에 빠져있다고 생각한다.

참고
obsession
n. 강박

026

religious

adj 종교의

ex I went to a **religious** site last week.
지난 주에 종교적인 장소에 다녀왔다.

Some **religious** leaders banned drinking coffee.
몇몇 종교 지도자들은 커피 마시는 것을 금지했다.

참고
religion
n. 종교

027

academic

adj 학업의, 학문의

ex **Academic** subjects like math and history should be the main focus of classes.
수학과 역사 같은 학문적 과목들이 수업의 주안점이 되어야 한다.

028

subject

n 주제, 과목

ex Science is my favorite **subject**.
과학은 내가 제일 좋아하는 과목이다.

The most difficult **subject** for me is math.
수학은 내가 가장 어려워하는 과목이다.

029

eventually

adv 결국, 종내

ex He will finish the dishes **eventually**.
그는 결국 설거지를 끝낼 것이다.

Eventually, the war will end.
결국 전쟁은 끝날 것이다.

유
at last
마침내

030

clerk

n 사무원[직원]

ex He works as a **clerk** in a supermarket.
그는 슈퍼마켓에서 점원으로 일한다.

The union of bank **clerks** protested against the policy.
은행원 협회의 직원들은 그 정책에 항의했다.

Practice

 1. 다음 단어들을 올바르게 연결하세요.

(1) salmon   •   • (a) 최근의

(2) species   •   • (b) 실내의

(3) century   •   • (c) 효과적인

(4) aspect   •   • (d) 맥락, 문맥

(5) effective   •   • (e) 연어

(6) indoor   •   • (f) 100년, 세기

(7) recent   •   • (g) 종

(8) context   •   • (h) 측면, 양상

 2. 다음 영어 뜻에 맞게 알맞은 단어를 보기에서 찾아 쓰세요.

clerk	academic	contain	obsess

(1) be preoccupied with something

(2) an employee who performs clerical work

(3) of or relating to performance in courses of study

(4) include; have as a component

SELF TEST

01	species		16		시간[기간]
02		연어	17	originate	
03	century		18		용어, 학기
04		술집	19	specially	
05	hip		20		머그잔
06		측면, 양상	21	multiply	
07	effective		22		수술, 작전, 활동
08		실내의	23	contain	
09	auto		24		불가사의한
10		메달, 훈장	25	obsess	
11	context		26		종교의
12		최근의	27	academic	
13	harsh		28		주제, 과목
14		사라지다	29	eventually	
15	foam		30		사무원[직원]

DAY 11

n	certificate		n	construction		n	earthquake
adj	funny		n	comb		n	amusement
adj	digital		n	league		adj	Arctic
n	eve		n	cabin		n	holiday
v	identify		v	complain		n	honor
n	monitor		n	depth		adj	personal
v	import		n	proof		v	explore
adj	essential		n	vapor		n	precipitation
adj	steady		v	protest		v	celebrate
adj	leafy		n	needle		prep	unlike

⭐ 표시는 출제 빈도를 나타냅니다.

001 ★★★★

certificate

n 증서, 증명서 / 자격증, 자격

ex Rashim is presenting the **certificate**.
Rashim은 증명서를 제출하고 있다.

This **certificate** is to thank for his hard work.
이 증명서는 그의 공로에 대한 감사의 표시이다.

유
qualification
자격[자격증],
자질, 능력

---

002 ★★★★

construction

n 건설, 공사

ex The building will be under **construction**.
그 건물은 공사를 할 것이다.

There was a **construction** downtown.
시내에 공사가 있었다.

---

003 ★★★★

earthquake

n 지진

ex There was a huge **earthquake** in Japan in 2011.
2011년에 일본에서 큰 지진이 있었다.

My city was hit by an **earthquake** last weekend.
지난 주말에 도시에 지진이 있었다.

---

004 ★★★★

funny

adj 재미있는, 우스운

ex Your speech was **funny**.
당신의 연설은 재미있었다.

The clown is acting **funny** to make people laugh.
광대는 사람들을 웃게 만들기 위해 웃기게 행동한다.

---

005 ★★★

comb

n 빗, 빗질 **v** 빗다, 빗질하다

ex Do you sell a **comb** in this shop?
이 가게에서 빗을 파는가?

You need to **comb** your dog's hair more often.
너는 너의 개의 털을 더 자주 빗어줘야 한다.

---

006 ★★★

amusement

n 오락, 놀이 / 재미, 우스움

ex We were at the **amusement** park.
우리는 놀이 공원에 있었다.

This arcade is full of **amusement**.
이 상가 건물은 오락거리로 가득하다.

참고
amusement park
놀이 공원

007 ⭐⭐

digital

| adj | 디지털의 |

ex Modern alarm clocks are mostly **digital**.
현대의 알람 시계는 대부분 디지털 시계이다.

Others worry that **digital** money is not safe.
다른 사람들은 전자화폐가 안전하지 않다고 걱정한다.

---

008 ⭐⭐

league

| n | 리그, 연합, 연맹 |

ex The **league** becomes the most watched American television broadcast of the year.
그 리그는 그 해에 미국인들이 TV로 가장 많이 시청한 리그가 된다.

---

009 ⭐⭐

Arctic

| adj | 북극의 | n | 북극 |

ex The **Arctic** ice is disappearing.
북극의 얼음이 사라지고 있다.

Many lives are found in the **Arctic**.
북극에서 많은 생명들이 발견된다.

참고
Antarctic
남극의

---

010 ⭐⭐

eve

| n | 전날, 이브 |

ex Our family gathered in our living room to celebrate New Year's **Eve**.
우리 가족은 새해 전날을 기념하기 위해 거실에 모였다.

---

011 ⭐⭐

cabin

| n | 객실, 선실 / 오두막집 |

ex A family of baby chipmunks was found in the old abandoned wood **cabin**.
오래된 버려진 나무 오두막에서 새끼 다람쥐 가족이 발견되었다.

---

012 ⭐⭐

holiday

| n | 휴가, 방학 |

ex This is one **holiday** that nobody looks forward to.
이것은 아무도 기대하지 않는 휴일이다.

The **holiday** season is often a time full of happiness.
휴가철은 종종 행복으로 가득 찬 시간이다.

DAY 11

★ 표시는 출제 빈도를 나타냅니다.

---

013 ★

identify

v 확인하다, 찾다

ex Fingerprints can be used to **identify** specific individuals.
지문은 특정한 사람의 신원을 확인하기 위해 사용될 수 있다.

<참고>
identification
n. 신원 확인

---

014 ★

complain

v 불평[항의]하다

ex What issue did the woman's latest customer **complain** about?
여자의 최근 고객은 어떤 문제에 대해 불평했는가?

<참고>
complaint
n. 불평, 항의

---

015 ★

honor

n 명예, 영예

ex The award is not only an **honor** but a great boost for sales.
그 상은 영광일 뿐만 아니라 판매에 있어서도 큰 힘이 된다.

---

016 ★

monitor

n 화면, 모니터   **v** 관찰하다

ex Adjust the brightness of your **monitor**.
너의 모니터의 밝기를 조정해라.

Some calls will be recorded and **monitored**.
일부 통화는 기록되고 관찰된다.

---

017 ★

depth

n 깊이

ex Expect to hear an in-**depth** interview about his songs and life.
그의 노래와 삶에 대한 심층 인터뷰를 듣기를 기대해라.

<참고>
in-depth
상세히, 심도 있게

---

018 ★

personal

adj 개인의, 개인적인

ex Put all the **personal** electronics away.
개인 전자제품은 치워라.

Please label all **personal** gear including your boots.
부츠를 포함한 모든 개인 장비에 이름표를 붙여 주세요.

<유>
individual
개인의

019 ⭐

import

| v | 수입하다 | n | 수입품 |

ex They **import** water-guzzling goods and services from other regions.
그들은 다른 지역에서 물을 빨아들이는 상품과 서비스를 수입한다.

반
export
수출하다, 수출품

---

020 ⭐

proof

| n | 증거, 증명 | adj | 견딜 수 있는 |

ex The police had **proof** that they stole the car.
경찰은 그들이 차를 훔쳤다는 증거를 가지고 있었다.

What you have can work as a **proof**.
너가 가지고 있는 것이 증거로써 작용할 수 있다.

참고
water-proof
방수의
bullet-proof
방탄의

021

explore

| v | 탐사[탐험]하다 |

ex In this game, players **explore** a simple world and mine for materials.
이 게임에서 플레이어들은 간단한 세계를 탐험하고 재료를 구한다.

022

essential

| adj | 필수적인 / 근본[기본]적인 |

ex Diffuser is one of the **essential** things in the car.
디퓨저는 차에 기본적으로 필요한 것들 중 하나이다.

Research is an **essential** part of doing an interview.
조사는 인터뷰를 하는 데 있어 필수적인 부분이다.

유
vital
필수적인

023

vapor

| v | 증기 | n | 증발시키다 |

ex The water turned into **vapor**.
물이 수증기로 증발했다.

It made water **vapor** inside the cylinder.
그것은 실린더 안에서 수증기를 만들었다.

유
evaporate
증발하다[시키다]

024

precipitation

| n | 강수, 강수량 |

ex They showed the increase in annual **precipitation**.
그들은 연간 강수량이 증가하는 것을 보여주었다.

That region has a high **precipitation**.
그 지역은 높은 강수량을 가지고 있다.

025

steady

adj **꾸준한**

ex The global economy is showing signs of **steady** recovery and has a bullish forecast for 2018.
세계 경제가 꾸준한 회복세를 보이며 2018년도에도 강세 전망을 내놓고 있다.

⊕ **constant**
끊임없는

026

protest

v **항의하다**　n **항의, 반대, 시위**

ex People are **protesting** downtown.
사람들은 시내에서 항의하고 있다.

Don't you find **protests** relatively easy to plan?
당신은 시위를 계획하는 것이 비교적 쉽다고 생각하나요?

⊕ **demonstrate**
시위운동을 하다

027

celebrate

v **기념하다, 축하하다**

ex It's considered bad luck to **celebrate** before the baby is born.
아이가 태어나기 전에 축하하는 것은 불운으로 여겨진다.

⊕ **congratulate**
축하하다

028

leafy

adj **잎이 무성한**

ex There are plenty of **leafy** green vegetables.
잎이 무성한 녹색 채소들이 많이 있다.

You can see many **leafy** trees at the park.
공원에서 잎이 무성한 나무들을 많이 볼 수 있다.

029

needle

n **바늘**

ex You can sew up the hole in the dress with a **needle** and a thread.
당신은 바늘과 실로 드레스의 구멍을 꿰맬 수 있다.

030

unlike

prep **~와 다른**　adj **서로 다른**

ex **Unlike** me, Mac is great at breaking the ice with new coworkers.
나와는 달리, Mac은 새로운 동료들과 친해지는 것을 잘한다.

⊕ **similar**
유사한, 비슷한

Practice

  1. 다음 단어들을 올바르게 연결하세요.

CHAPTER 02   Day 11

(1) comb •   • (a) 명예, 영예

(2) amusement •   • (b) 깊이

(3) Arctic •   • (c) 확인하다, 찾다

(4) holiday •   • (d) 불평[항의]하다

(5) identify •   • (e) 북극의, 북극

(6) complain •   • (f) 휴가, 방학

(7) honor •   • (g) 빗, 빗질

(8) depth •   • (h) 오락, 놀이

  2. 우리말 뜻에 맞게 빈칸에 알맞은 단어를 보기에서 찾아 쓰세요.

essential	leafy	protest	proof

(1) **Don't you find _____ relatively easy to plan?**
당신은 시위를 계획하는 것이 비교적 쉽다고 생각하나요?

(2) **Researching is an _____ part of doing an interview.**
조사는 인터뷰를 하는 데 있어 필수적인 부분이다.

(3) **There are plenty of _____ green vegetables.**
잎이 무성한 녹색 채소들이 많이 있다.

(4) **The police had an idea to get the _____ they needed.**
경찰은 그들이 필요한 증거를 구할 아이디어를 가지고 있었다.

SELF TEST

01	certificate		16	monitor	
02		건설, 공사	17		깊이
03	comb		18	personal	
04		지진	19		수입하다
05	funny		20	explore	
06		오락, 놀이	21		증거, 증명
07	Arctic		22	essential	
08		디지털의	23		증기
09	eve		24	precipitation	
10		리그, 연합, 연맹	25		꾸준한
11	cabin		26	protest	
12		휴가, 방학	27		잎이 무성한
13	identify		28	celebrate	
14		명예, 영예	29		바늘
15	complain		30	unlike	

DAY 12

n	kit		n	program		n	slice
n	sodium		n	factory		n	nation
n	beauty		adj	double		n	horn
v	attract		adv	immediately		adj	drastic
v	brew		n	fable		v	extend
v	capture		n	glacier		adj	jealous
adj	certain		n	mercy		n	branch
v	bump		adj	maximum		v	flash
n	reason		n	shock		adj	dumb
v	eliminate		n	risk		n	infection

⭐ 표시는 출제 빈도를 나타냅니다.

001	⭐⭐⭐⭐	n	(도구장비) 세트

kit

ex I could find what I needed in the **kit**.
나는 키트에서 내가 필요했던 것을 찾을 수 있었다.

My parents bought a new emergency **kit**.
부모님이 새 비상 키트를 사오셨다.

참고
emergency kit
응급처치 키트

002	⭐⭐⭐⭐	n	프로그램

program

ex That **program** does have quite a bit of bugs.
그 프로그램에는 실제로 꽤 많은 버그가 있다.

The Spring-Summer **Program** ends on June 12.
봄-여름 프로그램은 6월 12일에 끝난다.

003	⭐⭐⭐⭐	n	조각, 부분

slice

ex Can I have a **slice**?
한 조각 먹어봐도 될까?

I can order you another **slice**.
한 조각 더 주문할 수 있다.

🔄
piece
조각, 한 부분

004	⭐⭐⭐⭐	n	나트륨

sodium

ex Eating too much **sodium** can cause serious heart problems.
나트륨을 너무 많이 섭취하는 것은 심각한 심장병을 유발할 수 있다.

005	⭐⭐⭐	n	공장

factory

ex Unfair **factory** conditions caused workers to start trade unions.
불공정한 공장 상황이 노동조합 설립을 야기했다.

006	⭐⭐⭐	n	국가, 국민

nation

ex Today, New Zealand is an independent **nation**.
오늘, 뉴질랜드는 독립국가이다.

He is well-known in this **nation**.
그는 이 국가에서 잘 알려져 있다.

🔄
country
국가, 나라

007 ⭐⭐

beauty

n 아름다움, 미

ex Stamps are collected for their **beauty** and historical value.
우표는 그 아름다움과 역사적 가치를 위해 수집된다.

---

008 ⭐⭐

double

adj 두 배의

ex No, the last episode is **double**-length.
아니요, 마지막 에피소드는 길이가 2배입니다.

I double-lock my doors at night.
나는 밤에 문을 두 번 잠근다.

---

009 ⭐⭐

horn

n 뿔

ex The plant-eaters had spiky tails and large **horns** to fight the meat-eaters.
초식동물은 육식동물과 싸우기 위해 뾰족한 꼬리와 큰 뿔을 가지고 있었다.

---

010 ⭐⭐

attract

v 마음을 끌다

ex Its delicate scent **attracts** many people to enjoy a cup of coffee.
그 은은한 향기가 많은 사람들을 매혹하여 커피 한 잔을 즐기게 합니다.

참고
attractive
adj. 매력적인, 멋진

---

011 ⭐⭐

immediately

adv 즉시, 즉각

ex I'll post it **immediately** after class.
수업 끝나고 즉시 올려드릴게요.

It was **immediately** filled with beautiful artwork.
그것은 즉시 아름다운 예술 작품으로 가득 찼다.

참고
immediate
adj. 즉각적인, 당면한

---

012 ⭐

drastic

adj 과감한, 극단적인

ex The world has gone through a **drastic** change with the development of smartphones.
스마트폰의 개발과 함께 세계는 급격한 변화를 겪게 되었다.

참고
dramatic
극적인, 인상적인

DAY 12

⭐ 표시는 출제 빈도를 나타냅니다.

---

013 ⭐

brew

v 양조하다, 끓이다

ex The boy is going to **brew** some coffee.
소년은 커피를 끓일 것이다.

We went on a field trip to a beer-**brewing** factory.
우리는 맥주 양조 공장으로 현장학습을 갔다.

---

014 ⭐

fable

n 우화

ex The **fable** touched a lot of people.
그 이야기는 사람들에게 많은 감동을 주었다.

The book consists of lots of **fables**.
그 책은 많은 우화로 이루어져 있다.

---

015 ⭐

extend

v 더 크게[넓게] 만들다 / 확장하다

ex I was wondering if we can **extend** our stay in room 607 for an extra day.
607호 투숙 기간을 하루 더 연장할 수 있을지 궁금했습니다.

참고
expand
확대[확장/팽창]되다
확장시키다

---

016 ⭐

capture

v 포획하다   **n** 포획, 생포

ex Robocop can physically **capture** criminals.
Robocop은 힘으로 범인을 체포할 수 있다.

The gods tried twice to **capture** him.
신들은 그를 잡기 위해 2번이나 시도했다.

참고
captivate
~의 마음을
사로잡다

---

017 ⭐

glacier

n 빙하

ex The movie is about ice on **glaciers**.
그 영화는 빙하 위의 얼음에 관한 내용이다.

The ship is too close to the **glacier**.
배가 빙하와 너무 가깝게 있다.

유
iceberg
빙산

---

018 ⭐

jealous

adj 질투하는

ex He was **jealous** of their hair.
그는 그들의 머리카락을 질투했다.

Feeling **jealous** is a natural reaction.
질투하는 감정은 자연스러운 작용이다.

유
envious
부러워하는
선망하는

019

certain

adj	확실한, 확신하는

ex I'm **certain** that everyone will love it.
모든 사람들이 그것을 좋아할 것이라고 나는 확신한다.

Marking can help bees find **certain** flowers.
흔적을 남기는 것은 벌이 특정 꽃을 찾는 것을 돕는다.

020 ⭐

mercy

n	자비

ex He started a new life under the **mercy** of Bishop Myriel.
그는 Myriel 주교의 자비로 새로운 삶을 시작했다.

021

branch

n	나뭇가지 / 분점, 지사

ex The monkey is hanging on the **branch**.
원숭이가 나뭇가지에 매달려 있다.

A new restaurant **branch** just opened.
새로운 식당 지점이 오픈했다.

022

bump

v	부딪치다	n	튀어나온 부분

ex I **bumped** into my old friend on the street.
나는 길에서 옛 친구를 마주쳤다.

Watch out for the speed **bump**!
속도방지턱을 조심해!

참고
bump into somebody
(우연히)~와 마주치다

023

maximum

adj	최고[최대]의	n	최고[최대]

ex What is the **maximum** amount of money they could earn in a week?
그들이 일주일에 최대로 벌 수 있는 돈은 얼마인가?

반
minimum
최저의, 최소한의

024

flash

v	비치다, 비추다	n	섬광, 번쩍임

ex A bright thin ray of light has **flashed** suddenly.
밝고 얇은 광선이 갑자기 비쳤다.

I think I saw the **flash** of something just now.
방금 무언가 번쩍이는 것을 본 것 같다.

유
flash flood
갑작스러운 홍수

★ 표시는 출제 빈도를 나타냅니다.

025

reason

n 이유, 까닭 v 추론하다

ex Maybe that's the **reason** behind its sudden popularity.
아마 그것이 갑자기 인기를 끌게 된 이유일 것이다.

That was a meaningful **reasoning**.
그것은 의미있는 추론이었다.

유
cause
원인
~을 야기하다

026

shock

n 충격, 쇼크 v 충격을 주다

ex To prepare viewers for a possible **shock**, a warning
was given prior to Othello performance.
혹시 모를 관객들의 충격에 대비하기 위해, Othello 공연에
앞서 경고가 있었다.

027

dumb

adj 벙어리의 / 말을 못하는 / 멍청한

ex The deaf and **dumb** talk in sign language.
귀머거리와 벙어리는 수화로 대화한다.

Welp, I've done something **dumb**.
Welp, 내가 바보같은 짓을 했어.

참고
deaf
청각 장애가 있는

028

eliminate

v 없애다, 제거하다

ex They want to **eliminate** all lions from their area.
그들은 그들의 영역에서 모든 사자를 제거하고 싶어한다.

Carefully **eliminate** the sharp part.
뾰족한 부분을 조심해서 제거해.

유
remove
제거하다

029

risk

n 위험 v 위태롭게 하다

ex There is a **risk** of fire.
불이 날 위험이 있다.

It carries with it a high **risk** of physical injury.
높은 신체적 부상의 위험을 동반한다.

유
hazard
위험(요소)

030

infection

n 감염, 전염병

ex It can cause skin **infection**.
그것은 피부 감염을 유발한다.

The **infection** has been widespread around the world.
세계 각지에 그 전염병이 만연해졌다.

참고
infect
v. 감염 시키다

Practice

 1. 다음 단어들을 올바르게 연결하세요.

(1) kit   •   • (a) 마음을 끌다

(2) slice   •   • (b) 즉시, 즉각

(3) factory   •   • (c) (도구장비) 세트

(4) nation   •   • (d) 공장

(5) beauty   •   • (e) 국가, 국민

(6) horn   •   • (f) 조각, 부분

(7) attract   •   • (g) 뿔

(8) immediately •   • (h) 아름다움, 미

 2. 다음 영어 뜻에 맞게 알맞은 단어를 보기에서 찾아 쓰세요.

extend	jealous	mercy	flash

(1) painfully desirous of another's advantages

(2) a momentary brightness

(3) stretch out over a distance, space, time, or scope

(4) a disposition to be kind and forgiving

SELF TEST

01	kit		16		확장하다
02		프로그램	17	capture	
03	sodium		18		빙하
04		조각, 부분	19	certain	
05	nation		20		자비
06		공장	21	bump	
07	beauty		22		나뭇가지
08		두 배의	23	flash	
09	horn		24		최고[최대]의
10		즉시, 즉각	25	reason	
11	attract		26		충격
12		과감한	27	dumb	
13	brew		28		위험
14		우화	29	eliminate	
15	jealous		30		감염, 전염병

DAY 13

n	sunlight	n	surface	n	website
adj	electronic	n	admission	n	cent
v	concern	n	engine	n	heritage
v	detect	v	matter	n	bathtub
v	frown	n	inquiry	v	leap
adj	classic	v	release	v	slip
n	content	n	temper	v	inject
adj	organic	n	legend	n	ghost
v	bend	n	highway	n	doping
n	litter	adj	miniature	n	symbol

★ 표시는 출제 빈도를 나타냅니다.

---

001 ★★★★

sunlight

n 햇빛, 햇살

ex The September **sunlight** was not particularly strong.
9월의 햇빛은 특별히 강하지 않았다.

You can wear this hat to avoid the **sunlight**.
너는 햇빛을 피하기 위해 이 모자를 쓸 수 있다.

---

002 ★★★★

surface

n 표면

ex The anglerfish lives up to a mile below the **surface** of the ocean.
아귀는 대양의 수면에서 1마일 아래까지 삽니다.

---

003 ★★★★

website

n 웹사이트

ex Post questions on the tour company **website**.
여행사 홈페이지에 질문을 올려주세요.

Maybe a **website** for used goods would work.
아마 중고제품을 위한 웹사이트가 유효할 것이다.

---

004 ★★★★

electronic

adj 전자의

ex There were over 70 **electronic** speakers.
70개 이상의 전자 스피커가 있었다.

Both hard and **electronic** copies are accepted.
출력된 자료와 전자자료 모두 허용됩니다.

참고
electric
전기의
전기를 이용하는

---

005 ★★★

admission

n 가입, 입장 / 시인[인정]

ex Upon **admission**, you should submit all the necessary documents.
입학 때, 필요한 모든 서류들을 제출해야 한다.

---

006 ★★★

cent

n 센트(100분의 1달러)

ex They are only 25 **cents** each at Lzzie's pub.
Lzzie의 술집에서 그것들은 각각 오직 25센트이다.

I paid 50 **cents** for this newly released album.
새로 발매된 앨범에 50 센트를 지불했다.

007 ★★

concern

| v | 영향을 미치다[관련되다] | n | 우려 |

ex Another **concern** comes from cyber-attacks.
또 다른 우려는 사이버 공격에서 온다.

She is **concerned** about her aging mother.
그녀는 늙어가는 어머니를 걱정한다.

참고
consider
사려[고려/숙고]하다
~로 여기다

---

008 ★★

engine

| n | 엔진, 기관차 |

ex Clark says our bus has an **engine** problem.
Clark가 우리 버스 엔진에 문제가 있다고 말한다.

This car's **engine** capacity is high.
이 자동차의 엔진 배기량은 높다.

---

009 ★★

heritage

| n | 유산 |

ex It's a world **heritage** site.
그곳은 세계 문화 유산 지정 구역이다.

The costume is a key part of our school's **heritage**.
그 의상은 우리 학교 유산의 핵심 부분이다.

---

010 ★★

detect

| v | 발견하다, 감지하다 |

ex Tsunamis are not always easy to **detect** in advance.
쓰나미를 미리 발견하는 것은 항상 쉽지 않다.

It can **detect** and report criminals in the area.
그것은 그 지역의 범죄자들을 탐지하고 신고할 수 있다.

참고
detective
n. 탐정, 수사관

---

011 ★★

matter

| v | 중요하다, 문제되다 | n | 문제[일/사안], 물질 |

ex It does not **matter**.
그것은 중요하지 않다.

So? Why should that **matter**?
그래서? 그게 왜 중요한데?

참고
no matter how
아무리~한들
어떻게~하더라도

---

012 ★

bathtub

| n | 목욕통, 욕조 |

ex Wash the backpack by hand in a bucket or a **bathtub**.
가방을 양동이 또는 욕조에서 손세척 하세요.

This **bathtub** is newly built.
이 욕조는 새로 지어졌다.

⭐ 표시는 출제 빈도를 나타냅니다.

013

⭐

frown

(v) 얼굴을 찌푸리다 (n) 찡그림

(ex) The judges **frowned** at her.
심사위원들은 그녀를 보고 얼굴을 찡그렸다.

He gave no answer but a **frown**.
그는 대답을 하지 않고, 얼굴만 찡그렸다.

014

⭐

inquiry

(n) 연구, 탐구, 조사 / 질문, 문의

(ex) It's a very new field of **inquiry**.
그것은 매우 새로운 조사 분야이다.

We need an independent **inquiry**.
우리는 독립적인 조사가 필요하다.

참고
inquire
v. 묻다, 알아보다

015

⭐

leap

(v) 뛰다

(ex) His beloved pet might **leap** out of his arms and run away.
그의 사랑하는 애완동물이 그의 품에서 튀어 나와 달아날지도 모른다.

참고
leap-leapt-leapt

016

⭐

classic

(adj) 일류의, 대표적인, 고전적인 (n) 고전, 명작

(ex) No, that's a **classic** I think will never be beaten.
아니, 그것은 절대 이길 수 없는 최고의 명작이야.

Their house has a **classic** design.
그들의 집은 고전적인 디자인을 가지고 있다.

017

⭐

release

(v) 풀어주다 (n) 석방, 풀어줌

(ex) This can **release** stress and provide opportunities to practice which will raise your confidence.
이것은 스트레스를 풀 수 있고 여러분의 자신감을 높일 수 있는 연습의 기회를 제공할 수 있습니다.

㊌
discharge
해방하다,
면제하다

018

⭐

slip

(v) 미끄러지다

(ex) He **slipped** on the ice and fell.
그는 얼음 위에서 미끄러져 넘어졌다.

I was moving some glass panels, and one **slipped**.
나는 유리판을 옮기는 중이었고, 하나가 미끄러 떨어졌다.

㊌
slide
미끄러지다

019	**n** 내용물, 주제
content	**ex** Her son is watching violent **content** online. 그녀의 아들은 폭력적인 내용을 온라인으로 보고 있는 중이다. The **content** of this book is hard to understand. 이 책의 내용은 이해하기 어렵다.

참고
context
맥락, 문맥

020	**n** 성질[성미]
temper	**ex** I lost my **temper**. 나는 화를 냈다. She has to learn to control her **temper**. 그녀는 그녀의 성질을 참는 법을 배워야 한다.

021	**v** 주사하다, 주입하다
inject	**ex** They have a plan to **inject** thousands of dollars to the investment. 그들은 그 투자에 수천 달러를 투입할 계획을 가지고 있다.

022	**adj** 유기농의, 유기의
organic	**ex** The term '**organic**' has a powerful influence on customers. '유기농'이라는 단어는 소비자들에게 강력한 영향력을 행사한다.

참고
organism
n. 유기체, 생물

023	**n** 전설
legend	**ex** This story is based on an old **legend**. 이 이야기는 오래된 전설을 기반으로 한다. He was a **legend** during his career. 그는 그의 활동기간 동안 전설이었다.

024	**n** 유령
ghost	**ex** They look like **ghosts** when wearing those clothes. 그들은 그 옷을 입고 있을 때 유령처럼 보인다. I think I saw a **ghost** in the closet. 나는 옷장에서 유령을 본 것 같다.

CHAPTER 02　Day 13

★ 표시는 <u>출제 빈도</u>를 나타냅니다.

025

bend

| v | 구부리다

ex It's hard to **bend** a chopstick.
젓가락을 구부리는 것은 힘들다.

Wow, it's **bending** like a piece of paper.
그것은 한 장의 종이와 같이 구부러지네.

> 참고
> **bend-bent-bent**

026

highway

| n | 고속도로

ex There is a heavy traffic jam on the **highway**.
고속도로에 극심한 교통정체가 있다.

A lumber truck overturned on **Highway** 6.
6번 고속도로에서 재목을 실은 트럭이 뒤집혔다.

027

doping

| n | 도핑, 약물복용

ex The anti-**doping** board was founded in 1997.
1997년에 반도핑의회가 설립되었다.

They must undergo a **doping** test.
그들은 반드시 약물 검사에 응해야 한다.

028

litter

| n | 쓰레기 | v | (쓰레기 등을) 버리다

ex Those are categorized as **litter**.
그것들은 쓰레기로 분류된다.

You must not **litter** here.
여기에 쓰레기를 버리면 안돼.

029

miniature

| adj | 소형의, 축소된 | n | 축소 모형

ex Other events will take place inside a **miniature** tropical rainforest.
다른 행사는 축소된 열대 우림 안에서 진행될 예정입니다.

030

symbol

| n | 상징, 부호

ex An eagle is a national **symbol** of the United States.
독수리는 미국의 국가 상징물이다.

She became a **symbol** for women's rights.
그녀는 여성 인권의 상징이 되었다.

Practice

1. 다음 단어들을 올바르게 연결하세요.

(1) **surface** •   • (a) 유산

(2) **electronic** •   • (b) 우려

(3) **admission** •   • (c) 얼굴을 찡그리다

(4) **concern** •   • (d) 발견하다

(5) **heritage** •   • (e) 입장, 가입

(6) **detect** •   • (f) 전자의

(7) **matter** •   • (g) 영향을 미치다

(8) **frown** •   • (h) 표면

2. 우리말 뜻에 맞게 빈칸에 알맞은 단어를 보기에서 찾아 쓰세요.

classic	bend	symbol	temper

(1) **She has to learn to control her _____.**
그녀는 그녀의 성질을 참는 법을 배워야 한다.

(2) **It's hard to _____ a chopstick.**
젓가락을 구부리는 것은 힘들다.

(3) **No, that's a _____ I think will never be beaten.**
아니, 그것은 절대 이길 수 없는 최고의 명작이야.

(4) **She became a _____ for women's rights.**
그녀는 여성 인권의 상징이 되었다.

SELF TEST

01		햇빛, 햇살
02	surface	
03		웹사이트
04	electronic	
05		가입, 입장, 시인
06	concern	
07		센트
08	heritage	
09		엔진, 기관차
10	matter	
11		발견하다
12	bathtub	
13		얼굴을 찡그리다
14	leap	
15		축소 모형

16		연구, 탐구, 조사
17	release	
18		일류의, 고전
19	slip	
20		내용물, 주제
21	inject	
22		유기농의
23	temper	
24		전설
25	ghost	
26		고속도로
27	bend	
28		도핑, 약물복용
29	litter	
30		상징, 부호

DAY 14

색상으로 8품사 구분하기

n	명사	noun		pron	대명사	pronoun
v	동사	verb		adj	형용사	adjective
adv	부사	adverb		conj	접속사	conjunction
prep	전치사	preposition		int	감탄사	interjection

adv	ever	v	expect	v	graduate
n	leather	adj	offline	n	scale
n	truth	adj	urban	adj	vivid
conj	whether	n	result	n	cape
v	enable	adj	portable	n	dice
n	failure	v	measure	n	crate
v	gain	v	spoil	n	lyrics
n	composer	n	salvation	n	deck
adj	distinct	n	sled	v	cheat
n	era	n	crime	n	society

★ 표시는 출제 빈도를 나타냅니다.

---

001 ★★★★

ever

adv 언제든, 한번이라도

ex Has anyone **ever** actually used this?
이걸 실제로 사용해본 사람이 있는가?

Have you **ever** gone berry-picking before?
이전에 딸기를 채집하러 가본 적이 있는가?

---

002 ★★★★

expect

v 예상[기대]하다

ex You can **expect** about 15cm of snow by tomorrow morning.
내일 아침에 대략 15cm의 눈이 올 것이라 예상할 수 있다.

유 **anticipate**
예상하다

---

003 ★★★★

graduate

v 졸업하다   **n** 졸업자

ex Yes, you need to submit it to **graduate**.
네, 졸업하려면 그것을 제출해야합니다.

Pablo was given a scholarship as an early **graduate**.
Pablo는 조기졸업생으로서 장학금을 받았다.

---

004 ★★★★

leather

n 가죽(옷)

ex I like your **leather** backpack.
너의 가죽 가방이 마음에 든다.

My old **leather** case smelled like wood.
내 오래된 가죽 케이스에서 나무같은 냄새가 났다.

---

005 ★★★

offline

adj 오프라인의(현장의)

ex They decided to meet at one of the book club's **offline** meetings.
그들은 독서 동아리의 오프라인 모임 중 한 곳에서 만나기로 결정했다.

반 **online**

---

006 ★★★

scale

n 규모[범위]   **v** 비늘을 치다[벗기다]

ex Key barriers hinder such a reduction on a global **scale**.
주요 장벽은 세계적인 규모의 감소를 방해한다.

You can **scale** a fresh fish on your own?
혼자서 신선한 물고기의 비늘을 벗길 수 있다고?

007 ★★

truth

| n | 사실, 진상 |

ex Nobody knows the **truth**.
아무도 진실을 모른다.

It is honest of you to tell me the **truth**.
나에게 진실을 말하는 것을 보니, 너는 정말 정직하구나.

반
false
틀린, 사실이 아닌

---

008 ★★

urban

| adj | 도시의 |

ex The races are more than just entertainment for **urban** spectators.
그 경주는 도시의 구경꾼들에게는 오락 그 이상이다.

반
rural
시골의, 지방의

---

009 ★★

vivid

| adj | 생생한, 선명한 |

ex His paintings are characterized by the use of **vivid** colors and expression of emotion
그의 그림은 선명한 색채와 감정을 표현한 것이 특징이다.

---

010 ★★

whether

| conj | ~인지 아닌지 |

ex I am still confused **whether** a tomato is a fruit or a vegetable.
나는 여전히 토마토가 과일인지 채소인지 헷갈린다.

---

011 ★★

result

| n | 결과 |

ex Do you know when the **results** come out?
언제 결과가 나오는지 아는가?

It occurs as the **result** of volcanic eruptions.
그것은 화산 폭발의 결과로 발생한다.

참고
as a result of
~의 결과로서

---

012 ★

cape

| n | 망토 / 곶 |

ex The prince has a blue **cape** and a sword.
왕자는 파란 망토와 검을 들고 있다.

They arrived at the **cape** of the sea.
그들은 바다의 곶에 도착했다.

DAY ⑭

★ 표시는 <u>출제 빈도</u>를 나타냅니다.

---

013 ★

enable

v **~을 할 수 있게 하다**

ex This **enables** them to fly at speeds over 54km/h.
이것은 그들이 시속 54km 이상의 속도로 날 수 있게 해준다.

A picture **enables** viewers to see a table better.
사진은 사람들이 테이블을 더 잘 볼 수 있게 해준다.

ⓤ
allow
허락하다, 허가하다

---

014 ★

portable

adj **휴대용의** **n** **휴대용 제품**

ex It includes a **portable** emergency radio.
그것은 휴대용 비상 라디오를 포함한다.

I bought a **portable** Wi-Fi hotspot at the airport.
공항에서 휴대용 Wi-Fi 핫스팟을 샀다.

---

015 ★

dice

n **주사위(한 쌍)**

ex Players get a chance to unwrap a box by rolling two **dice** with the same number.
참가자들은 두 개의 주사위를 던져 같은 숫자가 나오면 상자를 개봉할 기회를 얻는다.

참고
단수형: die

---

016 ★

failure

n **실패**

ex Such a ship launch **failure** is sad.
그러한 선박 발사의 실패는 슬프다.

They died of heart **failure**.
그들은 심장 부전으로 사망했다.

참고
heart failure
심장 부전

---

017 ★

measure

v **측정하다[재다]**

ex We can **measure** and make one for you.
측정해서 하나를 만들 수 있다.

It **measures** only some aspects of development.
그것은 개발의 몇몇 측면만을 측정한다.

---

018 ★

crate

n **상자**

ex It acknowledges that **crate** confinement is controversial.
그것은 상자 구속이 논란이 되고 있다는 것을 인정한다.

019 ⭐

gain

v 하게[얻게] 되다 / 얻다

ex Plants **gain** most of their energy from the sun.
식물은 태양으로부터 대부분의 에너지를 얻는다.

He **gained** a lot of weight.
그는 살이 많이 쪘다.

(유) **obtain**
얻다[구하다/입수하다]

---

020 ⭐

spoil

v 망치다

ex I think that my aunt and uncle **spoiled** them by never saying no to anything they wanted.
이모와 삼촌은 그들이 원하는 어떤 것도 거절하지 않아 그들을 망친 것 같다.

021

lyrics

n 노랫말

ex Opera has **lyrics**, of course, but the stories are more general.
오페라는 물론 가사가 있지만, 이야기가 더 일반적이다.

참고 **lyric**
adj. 서정시의 노래의

022

composer

n 작곡가

ex Program music is when a **composer** puts writing, like a poem, into musical form.
프로그램 음악은 작곡가가 시와 같은 작문을 음악적인 형태로 만드는 것이다.

023

salvation

n 구원, 구조

ex She prays for the **salvation** of the world everyday.
그녀는 매일 세계의 구원을 기도한다.

The cross represents the **salvation** in some religions.
십자가는 몇몇 종교에서 구원을 상징한다.

(유) **salvage**
구조, 인양 구조하다

024

deck

n 갑판   v 꾸미다, 장식하다

ex In strong winds, the **deck** would shake so much that it fell apart.
강한 바람에 갑판이 너무 많이 흔들려 무너졌다.

DAY ⑭

⭐ 표시는 <u>출제 빈도</u>를 나타냅니다.

025

distinct

| adj | 뚜렷한, 분명한 / 별개의 |

ex The U.K. comprises four **distinct** countries: England, Scotland, Wales, and Northern Ireland.
UK는 잉글랜드, 스코틀랜드, 웨일스, 북아일랜드, 4개의 별개의 국가로 구성되어 있다.

참고
distinguish
v. 구별하다

026

sled

| n | 썰매 |

ex The metal **sled** was very sturdy and fast.
철제 썰매는 매우 튼튼하고 빨랐다.

Do you have a **sled** you can ride here?
이곳에서 탈 수 있는 썰매를 가지고 있니?

027

cheat

| v | 속이다, 사기 치다 |

ex Students left alone in a classroom to take a test will **cheat** at a higher rate.
교실에 혼자 남아 있는 학생들은 더 높은 확률로 부정행위를 할 것이다.

유
deceive
속이다,
기만하다

028

era

| n | 시대 |

ex It is thought to have begun forming in the mid-Cenozoic **era**.
이것은 신생대 중반부터 형성되기 시작한 것으로 생각된다.

유
epoch
시대

029

crime

| n | 범죄, 범행, 죄악 |

ex Has he been convicted of a **crime**?
그는 범죄로 유죄 판결을 받았는가?

Did you commit a serious **crime**?
당신은 심각한 범죄를 저질렀는가?

참고
criminal
adj. 범죄의
n. 범인, 범죄자

030

society

| n | 사회, 집단 |

ex Korean **society** has represented important ideas about life through art.
한국 사회는 예술을 통해 삶에 대한 중요한 생각을 표현해 왔다.

유
community
공동체,
지역 사회

Practice

 1. 다음 단어들을 올바르게 연결하세요.

(1) expect   •   •   (a) 결과

(2) graduate   •   •   (b) 생생한, 선명한

(3) leather   •   •   (c) 사실, 진상

(4) scale   •   •   (d) 도시의

(5) truth   •   •   (e) 가죽(옷)

(6) urban   •   •   (f) 규모[범위]

(7) vivid   •   •   (g) 졸업하다

(8) result   •   •   (h) 예상[기대]하다

 2. 다음 영어 뜻에 맞게 알맞은 단어를 보기에서 찾아 쓰세요.

| society | crime | distinct | composer |

(1) an extended social group having a distinctive cultural and economic organization

(2) not alike; different in nature or quality

(3) someone who composes music as a profession

(4) an act punishable by law; usually considered an evil act

SELF TEST

01		언제든	16	dice	
02	expect		17		측정하다[재다]
03		가죽(옷)	18	crate	
04	graduate		19		하게[얻게] 되다
05		오프라인의	20	spoil	
06	scale		21		작곡가
07		도시의	22	lyrics	
08	vivid		23		구원, 구조
09		사실, 진상	24	deck	
10	whether		25		속이다
11		망토, 곶	26	sled	
12	result		27		시대
13		휴대용의	28	crime	
14	enable		29		뚜렷한, 분명한
15		실패	30	society	

TOSEL 실전문제 ❷

SECTION II. Reading and Writing

PART B. Situational Writing

DIRECTIONS: For questions 1 to 6, look at the pictures and complete the sentences. Choose the option that BEST completes the sentence.

지시 사항: 1번부터 6번까지는 그림을 보고 문장을 완성하는 문제입니다. 가장 알맞은 답을 고르세요.

1. `2020 TOSEL 기출`

The box contains _____ of pizza.

(A) one slice

(B) two slices

(C) four slices

(D) six slices

2.

The bear caught a _____.

(A) seal

(B) scarf

(C) surfer

(D) salmon

3.

Fatima _____ from middle school yesterday.

(A) jumped

(B) skipped

(C) graduated

(D) performed

4.

His suit was perfectly _____.

(A) tailored

(B) deleted

(C) frowned

(D) detected

5.

The girl's face got _____.

(A) gum

(B) foam

(C) sunlight

(D) frostbite

6.

The building is shaking due to _____.

(A) a symphony

(B) an earthquake

(C) a precipitation

(D) an amusement

CHAPTER 03

DAY 15

n	parachute		n	relationship		v	require
n	chance		v	dislike		v	accept
n	essay		n	lane		n	mode
n	rack		n	booth		n	equator
n	attack		adj	herbal		v	force
n	cathedral		adj	optional		n	property
adj	current		n	theme		n	instrument
n	cattle		n	addition		n	grave
n	theater		n	chest		n	toe
adj	slight		n	pace		n	institution

⭐ 표시는 출제 빈도를 나타냅니다.

---

001 ★ ★ ★ ★

parachute

n 낙하산

ex The **parachute** opened up all of a sudden.
낙하산이 갑자기 열렸다.

He was going to put the **parachute** by himself!
그는 낙하산을 스스로 몸에 걸려고 했어!

---

002 ★ ★ ★ ★

relationship

n 관계

ex What is the **relationship** between the two men?
두 남자들의 관계는 무엇인가?

Sometimes **relationship** issues can be hard to resolve.
때때로 관계 문제는 해결하기 어렵다.

참고
relative
친척

---

003 ★ ★ ★ ★

require

v 필요[요구]하다

ex Two courses **require** an administrator's pre-approval.
두 개의 과정은 관리자의 사전 승인이 필요하다.

Reviewing **requires** a lot of time.
복습은 많은 시간을 요구한다.

유
request
n.요청[신청]
v. 요청하다

---

004 ★ ★ ★

chance

n 가능성, 기회

ex You should try to get more experience whenever you have a **chance**.
기회가 있을 때마다 더 많은 경험을 쌓도록 노력해야 한다.

유
opportunity
기회

---

005 ★ ★ ★

dislike

v 싫어하다   **n** 반감, 싫음

ex In many cities, residents **dislike** these birds.
많은 도시에서, 주민들은 이 새들을 싫어한다.

They may disagree with or even actively **dislike**.
그들은 동의하지 않거나 심지어 적극적으로 싫어할 수도 있다.

참고
unlike
~와 다른

---

006 ★ ★

accept

v 받아들이다 / 수락하다 / 인정하다

ex The gallery **accepts** a passport as identification.
그 미술관은 신분증으로 여권을 받는다.

This store doesn't **accept** coupons.
이 가게는 쿠폰을 받지 않는다.

참고
except
prep. 제외하고

007 ⭐⭐	**essay**	**n** 글, 소론, 수필

ex I need to write an **essay** about dinosaurs for a project.
나는 프로젝트를 위해 공룡에 대한 글을 써야 한다.

I wrote a short **essay** about my future job.
나는 나의 미래 직업에 대한 짧은 수필을 썼다.

---

008 ⭐⭐

lane

 n 길, 도로

ex Okay, I'll be here in the slow **lane**.
그래, 여기 서행 차선에 있을게.

There was always space in the left **lane**.
왼쪽 차선에는 항상 공간이 있었다.

참고
line
선[줄]

---

009 ⭐⭐

mode

 n 방식[방법/유형]

ex We need to turn our phones off or set them to a silent **mode**.
우리는 전화기를 끄거나 무음 모드로 설정해야 한다.

---

010 ⭐⭐

rack

 n 받침대

ex The man arranged the shoes by making a **rack** out of two rods.
남자는 두 개의 막대기로 받침대를 만들어 구두를 정돈했다.

참고
lack
부족, 결핍

---

011 ⭐

booth

 n (칸막이를 한)작은 공간, 부스

ex He's going into the **booth** to vote.
남자가 투표를 하러 부스로 들어가고 있다.

She went to a photo **booth**.
그녀는 사진 부스로 갔다.

---

012 ⭐

equator

n 적도

ex The doldrums, the zone with no wind, form near the **equator** in both the Atlantic and Pacific oceans.
적도무풍대는 대서양과 태평양의 적도 부근에서 형성된다.

CHAPTER 03   Day 15

⭐ 표시는 출제 빈도를 나타냅니다.

---

013 ⭐

attack

 폭행, 공격

ex Some people also think that AI may begin to think for themselves and decide to **attack** humans.
어떤 사람들은 또한 AI가 스스로 생각하기 시작하고 인간을 공격하기로 결정할 수도 있다고 생각한다.

---

014 ⭐

herbal

adj **허브(약초)의**

ex It's one hundred percent **herbal**.
그것은 100% 허브로 만들어졌습니다.

This is a really nice **herbal** infusion.
이것은 정말 좋은 허브 추출물입니다.

> 참고
> **herb**
> n. 허브, 약초, 향초

---

015 ⭐

force

v **강요하다** **물리력, 폭력, 힘**

ex Can they actually **force** employees to play a sport like that?
그들이 실제로 직원들에게 그런 스포츠를 하도록 강요할 수 있는가?

> 참고
> **enforce**
> 집행[시행/실시]하다

---

016 ⭐

cathedral

 대성당

ex It has a **cathedral** in it, with statues and prayer places made out of salt.
그것은 소금으로 만든 동상과 기도를 위한 공간이 있는 거대한 대성당을 내부에 가지고 있다.

---

017 ⭐

optional

adj **선택적인**

ex "Disability Laws in the Workplace" is **optional**, but not mandatory.
"직장의 장애인법"은 선택 사항이지만, 필수 사항은 아니다.

> 참고
> **option**
> n. 선택, 선택권

---

018 ⭐

property

 재산, 소유물 / 부동산

ex This violin was the **property** of an Italian violin virtuoso Niccolo Paganini.
이 바이올린은 이탈리아의 바이올린 거장 Niccolo Paganini의 재산이었다.

> 유
> **asset**
> 자산, 재산

019 ⭐

current

adj **현재의, 지금의** n **흐름, 해류, 기류**

ex Who gave the building its **current** name?
누가 그 건물의 현재 이름을 지었는가?

I read the news a lot to keep up with **current** events.
나는 시사문제에 뒤떨어지지 않기 위해 뉴스를 많이 읽는다.

020 ⭐

theme

n **주제, 테마**

ex This year, the **theme** of the parade was "gardens."
올해, 퍼레이드의 주제는 "정원"이었다.

I love visiting a **theme** park.
나는 테마 파크에 가는 것을 좋아한다.

㊌
topic
화제, 주제

021

instrument

n **기구, 악기**

ex Demian improved this **instrument** a little, and called it an "Accordion".
Demian은 이 악기를 약간 개선하여 "아코디언"이라고 불렀다.

022

cattle

n **소(집합적으로)**

ex Sadly, the fascinating signal function of the alphorn and its uses to call or calm **cattle** has been lost.
슬프게도, 알펜호른의 매혹적인 신호 기능과 소를 부르거나 진정시키기 위한 용도는 사라졌다.

023

addition

n **추가, 덧셈**

ex In **addition** to her smartness, she also has a great athletic ability.
그녀는 똑똑함 외에도 운동 능력도 뛰어나다.

㊁
subtraction
빼냄, 삭감, 공제

024

grave

n **무덤, 묘**

ex It was originally built as a **grave** for the king of Egypt.
그것은 원래 이집트의 왕을 위한 무덤으로 지어졌다.

The king is buried in the enormous **grave**.
왕은 거대한 묘에 묻혀 있다.

㊌
tomb
무덤

⭐ 표시는 **출제 빈도**를 나타냅니다.

025

theater

n 공연장, 극장

ex I was nervous because the **theater** was packed.
공연장이 가득 차서 긴장했었다.

What is the biggest **theater** near here?
여기서 가까운 가장 큰 극장이 어디니?

026

chest

n 가슴, 흉부 / 상자

ex Next, cross your arms across your **chest**.
다음, 가슴을 가로질러 팔을 교차하세요.

Look, it's Uncle Larry's old wooden **chest**.
봐, Lally 삼촌의 오래된 나무 상자야.

027

toe

n 발가락

ex I just bumped my **toe** on the coffee table.
나는 단지 커피 테이블에 발을 찧었을 뿐이다.

When I dipped my **toe** in water, I felt like I was freezing.
발가락을 물에 담그니 얼어 붙는 것 같았다.

028

slight

adj 약간의, 조금의

ex There's a **slight** chance that I might have forgotten something important.
내가 무언가 중요한 것을 잊어버렸을 약간의 확률이 있다.

참고
slightly
adv. 약간, 조금

029

pace

n 속도

ex Rather than speeding up, just keep your **pace**.
속도를 내는 것 보다는, 당신의 속도를 유지하세요.

The skeleton is known for its fast **pace**.
스켈레톤 종목은 빠른 속도로 잘 알려져 있다.

030

institution

n 기관[단체/협회]

ex Our **institution** is registered in the certified academic union.
우리 협회는 공인 학업 조합에 가입되어 있다.

참고
institutional
adj. 기관의,
보호 시설의

Practice

 1. 다음 단어들을 올바르게 연결하세요.

(1) parachute •   • (a) 싫어하다, 반감

(2) relationship •   • (b) 받아들이다

(3) require •   • (c) 낙하산

(4) chance •   • (d) 관계

(5) dislike •   • (e) 받침대

(6) accept •   • (f) 적도

(7) rack •   • (g) 가능성, 기회

(8) equator •   • (h) 필요[요구]하다

 2. 우리말 뜻에 맞게 빈칸에 알맞은 단어를 보기에서 찾아 쓰세요.

| property | slightly | instrument | pace |

(1) **You must keep your back** _____ **above the ground.**
등을 바닥 위로 약간 올려 놓아야 한다.

(2) **What** _____ **do you play in the school band?**
너는 학교 밴드에서 무슨 악기를 연주하니?

(3) **I believe the new policy will stabilize** _____ **values.**
새 정책이 부동산 가치를 안정시킬 것이라고 생각한다.

(4) **Rather than speeding up, just keep your** _____ **.**
속도를 내는 것 보다는, 당신의 속도를 유지하세요.

SELF TEST

01	parachute		16		선택적인
02		관계	17	cathedral	
03	require		18		재산, 소유물
04		싫어하다	19	current	
05	chance		20		주제, 테마
06		받아들이다	21	instrument	
07	essay		22		소
08		길, 도로	23	grave	
09	rack		24		덧셈, 추가
10		방식[방법/유형]	25	theater	
11	equator		26		가슴, 흉부
12		부스, 작은 공간	27	toe	
13	attack		28		속도
14		허브(약초)의	29	institution	
15	force		30		약간, 조금

DAY 16

색상으로 8품사 구분하기

n	명사	noun	pron	대명사	pronoun
v	동사	verb	adj	형용사	adjective
adv	부사	adverb	conj	접속사	conjunction
prep	전치사	preposition	int	감탄사	interjection

n	service	n	shopper	n	steel
n	tip	n	plug	adj	natural
n	chief	n	exchange	n	illness
adj	major	n	pirate	v	click
n	angle	n	factor	adj	harmful
n	ban	v	lean	adj	overseas
v	depart	n	progress	adj	up to date
n	curve	n	substance	adj	obvious
v	reveal	n	contract	n	aim
v	excel	adj	aware	n	peer

---

001 ★ ★ ★ ★

service

n 서비스[사업]

ex To sign up for the **service**, consumers needed to pay 90 US dollars a month.
이 서비스에 가입하기 위해 소비자들은 한 달에 90달러를 지불해야 한다.

> 참고
> **serve**
> v. 제공하다, 차려주다

---

002 ★ ★ ★ ★

shopper

n 쇼핑객

ex Attention, **shoppers**! We are having a surprise sale on all shoes.
쇼핑객 여러분, 주목하세요! 우리는 모든 신발을 깜짝 세일하고 있습니다.

---

003 ★ ★ ★ ★

steel

n 강철, 철강업

ex A common type of **steel** includes iron combined with small amounts of carbon.
강철의 일반적인 유형은 소량의 탄소와 결합된 철을 포함한다.

---

004 ★ ★ ★ ★

tip

n 정보, 봉사료 / 끝(부분)

ex I could give you a few **tips** if you want.
네가 원한다면 몇 가지 팁을 줄 수 있다.

I feel like it's just on the **tip** of my fingers.
그것은 바로 내 손가락 끝에 있는 것 같다.

---

005 ★ ★ ★

plug

n 플러그, 마개 **v** 틀어막다, 메우다

ex They made a huge wooden **plug** to stop the oil leak.
그들은 기름 누출을 막기 위해 거대한 나무 마개를 만들었다.

I'll just **plug** it in and reset it.
연결해서 초기화 시킬 예정이다.

> 반
> **unplug**
> (플러그를) 뽑다

---

006 ★ ★ ★

natural

adj 자연[천연]의

ex **Natural** disasters can't be avoided.
자연 재해들은 피할 수 없다.

All animals should live free in their **natural** habitat.
모든 동물들은 그들의 자연 서식지에서 자유롭게 살아야 한다.

> 참고
> **natural disaster**
> 자연 재해

007 ★★

chief

| n | 최고위자[장] | adj | 주된, 최고(위)의 |

ex The **chief** of this village wants to learn English.
이 마을의 촌장은 영어를 배우고 싶어한다.

A queen is the **chief** manager of the whole city.
여왕은 도시 전체의 최고 관리자이다.

참고
chief
요리사(주방장)

---

008 ★★

exchange

| n | 교환, 환전 | v | 교환하다 |

ex the **exchange** rate from won to dollars
원-달러 환율

I need to **exchange** this sweater to another color.
이 스웨터를 다른 색으로 교환해야 한다.

---

009 ★★

illness

| n | 병, 아픔 |

ex A healthy diet is key when you're trying to get over an **illness**.
질병을 이겨내려고 할 때는 건강한 식단이 핵심이다.

---

010 ★★

major

| adj | 주요한, 중대한 |

ex There are **major** constructions on the roads.
도로에는 주요한 공사가 있다.

What are the **major** issues in Korea?
한국의 주요 쟁점들에는 무엇이 있는가?

반
minor
작은, 중요하지 않은

---

011 ★★

pirate

| n | 해적 |

ex They're filming a **pirate** movie.
그들은 해적 영화를 찍고 있는 중이다.

Is there a battle on a **pirate** ship?
해적선에서 전투가 벌어지고 있는가?

---

012 ★

click

| v | 클릭하다 |

ex Where should you double-**click** first?
먼저 어디를 두 번 클릭해야 하는가?

For tickets and fares, **click** here.
입장권과 요금에 관한 정보는 여기를 클릭 하세요.

★ 표시는 출제 빈도를 나타냅니다.

---

013 ★

angle

| n | 각도, 각, 기울기

ex This shift is not a result of refraction from a different viewing **angle**.
이러한 변화는 다른 시야 각에서 오는 굴절의 결과가 아니다.

---

014 ★

factor

| n | 요인, 인자

ex These **factors** help make Europe one of the most popular places with foreign tourists.
이러한 요소들은 유럽을 외국인 관광객들에게 가장 인기 있는 곳 중 하나로 만드는 데 도움을 준다.

유
element
요소, 성분

---

015 ★

harmful

| adj | 해로운

ex Food with a lot of chemicals can be **harmful**.
많은 화학물질을 함유한 음식은 해로울 수 있다.

Hatred can be **harmful** for your mental health.
증오는 당신의 정신건강에 해로울 수 있다.

반
beneficial
유익한, 이로운

---

016 ★

ban

| n | 금지 | v | 금지하다

ex They should definitely lift the **ban**.
그들은 분명히 금지령을 해제해야 한다.

Voting was **banned** for women in 1893.
1893년에 여성들의 투표가 금지됐다.

유
prohibit
금하다

---

017 ★

lean

| v | 기울다[기울이다]

ex To control the scooter, Jenna just needs to **lean** to each side.
스쿠터를 제어하기 위해 Jenna는 양쪽으로 기울일 필요가 있다.

---

018 ★

overseas

| adj | 해외의 | adv | 해외로

ex The woman asked the man for his opinion on how to get a scholarship **overseas**.
여자는 남자에게 해외에서 장학금을 받는 방법에 대한 의견을 물었다.

유
abroad
해외에, 해외로

019 ⭐

depart

v 떠나다[출발하다]

ex The bus has just **departed**.
버스가 막 출발했다.

The flight has a schedule to **depart** at 4:30.
비행기는 4:30에 출발할 예정이다.

참고
departure
n. 출발

---

020 ⭐

progress

n 진척[진행] **v** 진행하다

ex The students will be tested, and their **progress** can be compared to that of their classmates.
학생들은 테스트를 받을 것이고, 그들의 진척 상황은 그들의 동급생과 비교될 수 있다.

㈜
proceed
진행하다

021

up to date

adj 현대식의 / 최신의

ex We should keep **up to date** with the latest issues.
우리는 최신 이슈에 대해 최신 정보를 유지해야 한다.

It's usual to buy the most **up to date** model.
가장 최신 모델을 사는 것이 일반적이다.

022

curve

n 곡선, 커브 **v** 곡선으로 나아가다

ex The surfaces were **curved** like a wavy potato chip.
그 표면은 구불거리는 감자칩처럼 구부러져 있었다.

It has an interesting look because the walls **curve**.
그것은 벽이 휘어져서 흥미로워 보인다.

023

substance

n 물질, 실체 / 본질, 핵심, 요지

ex Diamonds are the hardest **substances** in the world.
다이아몬드는 세계에서 가장 단단한 물질이다.

024

obvious

adj 분명한[명백한] / 너무 빤한

ex It is too **obvious** that he doesn't want to be involved.
그가 연류되고 싶지 않다는 것은 너무나 명백하다.

A white napkin can be too **obvious**.
흰 냅킨은 너무 빤할 수 있다.

㈜
obscure
모호한,
이해하기 힘든

CHAPTER 03　Day 16

DAY  16

★ 표시는 <u>출제 빈도</u>를 나타냅니다.

025

reveal

v 드러내다[밝히다/폭로하다]

ex But a closer look at the issue **reveals** other reasons related to winning.
그러나 이 문제를 자세히 살펴보면 승리와 관련된 다른 이유가 드러난다.

참고
conceal
감추다, 숨기다

026

contract

n 계약[약정]

ex Yeah, they extended my **contract**.
네, 그들이 제 계약을 연장했습니다.

The **contract** take-over is for seven months.
계약 인수 기간은 7개월이다.

참고
contraction
수축, 축소

027

aim

v 목표하다　　n 목적, 목표

ex I **aim** to help your children excel in sports.
나는 당신의 아이들이 스포츠를 잘하도록 돕는 것이 목표이다.

Whoever gets there first, **aim** to get us a booth.
누가 먼저 가든지, 우리 둘 다 부스에 가는 것을 목표로 하자.

⑪
target
목표, 대상

028

excel

v 뛰어나다, 탁월하다

ex This will allow parents to guide them into physical activities that their children are likely to **excel** at.
이것은 부모가 그들의 아이들이 뛰어날 수 있는 신체 활동을 할 수 있도록 안내할 것이다.

⑪
superior
우수한

029

aware

adj 알고[의식/자각하고] 있는

ex I am well **aware** of the situation.
나는 상황에 대해 잘 알고 있다.

Please be **aware** of the possible danger of this sport.
이 스포츠의 위험성에 대해 알고 있어라.

참고
awareness
n. 의식[관심]

030

peer

n 또래[동배], 동료

ex You will learn ways to talk to your kids about avoiding **peer** pressure.
당신은 아이들에게 또래 압박으로부터 피하는 방법을 알려주는 것에 대해 배울 것이다.

참고
peer pressure
또래 압박
(동료 집단으로 부터 받는) 사회적 압박

Practice

 1. 다음 단어들을 올바르게 연결하세요.

(1) service •   • (a) 강철, 철강업

(2) steel •   • (b) 자연[천연]의

(3) tip •   • (c) 정보, 봉사료

(4) natural •   • (d) 서비스[사업]

(5) chief •   • (e) 최고위자[장]

(6) exchange •   • (f) 주요한, 중대한

(7) illness •   • (g) 병, 아픔

(8) major •   • (h) 교환, 환전

 2. 다음 영어 뜻에 맞게 알맞은 단어를 보기에서 찾아 쓰세요.

progress	obvious	reveal	contract

(1) easily perceived by the senses or grasped
by the mind

(2) a binding agreement between two or more
people that is enforceable by law

(3) gradual improvement or growth or development

(4) make known to the public information
that was meant to be kept a secret

SELF TEST

01	service		16		금지하다, 금지
02		쇼핑객	17	overseas	
03	steel		18		기울다
04		자연[천연]의	19	progress	
05	tip		20		떠나다[출발하다]
06		플러그, 소켓	21	up to date	
07	chief		22		곡선, 커브
08		교환, 환전	23	obvious	
09	illness		24		물질, 실체
10		해적	25	reveal	
11	major		26		계약[약정]
12		클릭하다	27	aim	
13	angle		28		뛰어나다
14		요인, 인자	29	aware	
15	harmful		30		또래[동배]

DAY 17

색상으로 8품사 구분하기

n	명사	noun	pron	대명사	pronoun
v	동사	verb	adj	형용사	adjective
adv	부사	adverb	conj	접속사	conjunction
prep	전치사	preposition	int	감탄사	interjection

n	umbrella	v	underline	n	volunteer
v	wonder	n	blog	n	guard
n	director	adj	alert	v	leak
n	captain	adj	muddy	v	cherish
v	examine	n	armrest	n	honesty
n	decade	n	lamb	n	birth
n	maintenance	adj	particular	n	question
adj	legal	n	critic	adj	committed
n	jail	n	mistake	n	mitt
n	horror	n	wealth	v	afford

DAY

★ 표시는 <u>출제 빈도</u>를 나타냅니다.

---

001 ★★★★

umbrella

n 우산

ex Oh, I forgot to bring an **umbrella**.
오, 우산 가지고 오는 것을 깜빡했어.

My new **umbrella** makes me feel better on rainy days.
새 우산은 비 오는 날 나의 기분을 더 낫게 해준다.

---

002 ★★★★

underline

v 밑줄을 긋다 / 강조하다

ex **Underline** the key points.
중요한 부분에 밑줄을 치세요.

Can you show me where to **underline** again?
어디를 밑줄을 그으면 될지 한번 더 보여줄 수 있니?

㊻
underscore
밑줄 표시
강조하다

---

003 ★★★★

volunteer

n 자원 봉사자 **v** 자원[자진]하다

ex This **volunteer** work involves visiting local parks, lakes, and beaches each summer to pick up trash.
이 봉사활동은 매년 여름 쓰레기를 줍기 위해 공원, 호수, 해변을 방문하는 것을 포함한다.

---

004 ★★★★

wonder

v 궁금하다, 궁금해하다 **n** 감탄, 경이

ex No **wonder** his stomach hurts.
그의 배가 아픈 것은 당연하다.

I **wonder** how much we'll accomplish.
얼마나 많은 일을 해낼 수 있을지 궁금하다.

참고
wander
거닐다, 돌아다니다

---

005 ★★★

blog

n 블로그

ex What is the main intention of his **blog** post?
그의 블로그 글의 주요 의도는 무엇인가?

What kind of **blog** was it?
그 블로그는 어떤 종류의 블로그였나?

---

006 ★★★

guard

n 경비 **v** 지키다, 보호하다

ex The palace **guards** searched for the dragon all over the kingdom.
궁전의 경비병들은 왕국 전역에서 용을 수색했다.

㊻
security
보안, 경비

007 ⭐⭐	**n** 임원, 책임자, 감독	참고

director

ex This academy is well-known for its fascinating programs for movie **directors**.
이 학원은 영화 감독들을 위한 매력적인 프로그램으로 잘 알려져 있다.

direct
v. 지휘하다, 총괄하다

---

008 ⭐⭐

alert

adj 기민한, 경계하는　**n** 경계경보

ex This makes you be more **alert** and boosts your energy.
이것은 당신을 더 기민하게 만들고 에너지를 증가 시킨다.

The weather warning **alert** was sent on the phone.
날씨 경계경보가 핸드폰에서 울렸다.

---

009 ⭐⭐

leak

v 새다　**n** 새는 곳

ex Water is **leaking** from the cracks of the boat.
보트의 갈라진 틈에서 물이 새고 있다.

I think the **leak** is coming from a burst pipe.
터진 파이프에서 물이 새는 것 같다.

leakage
n. 누출, 새어나감

---

010 ⭐⭐

captain

n 주장 / 선장, 기장, 대위

ex I am the **captain** of the school football team.
나는 학교 미식축구부의 주장이다.

His friend used to be the **captain** of the team.
그의 친구는 그 팀의 주장이었다.

---

011 ⭐⭐

muddy

adj 진흙투성이인

ex How did they get so **muddy**?
어떻게 그들은 진흙 투성이가 되었는가?

My shoes were really **muddy**.
내 신발은 정말 진흙투성이었다.

---

012 ⭐

cherish

v 소중히 여기다

ex The graph bars indicate the people who **cherish** children.
그래프는 어린이를 소중히 여기는 사람들을 나타낸다.

perish
소멸되다

CHAPTER 03　Day 17

⭐ 표시는 출제 빈도를 나타냅니다.

---

013 ⭐

examine

 조사[검토]하다 / 검사[진찰]하다

ex It is necessary to **examine** all the costs involved in the plan.
그 계획에 관련된 모든 비용을 검토할 필요가 있다.

⊕
investigate
수사[조사]하다

---

014 ⭐

armrest

n 팔걸이

ex Chairs with backs and **armrests** were perhaps invented around 2,700 BCE.
등받이와 팔걸이가 달린 의자는 아마도 기원전 2,700년경에 발명되었을 것이다.

---

015 ⭐

honesty

n 정직, 솔직함

ex His father was impressed by Washington's **honesty**, and forgave him.
그의 아버지는 워싱턴의 정직함에 감동하여 그를 용서했다.

---

016 ⭐

decade

n 10년

ex It takes approximately a **decade** for a body to grow a whole new set of bones.
몸이 완전히 새로운 뼈로 자라기까지는 대략 10년이 걸린다.

참고
century
100년

---

017 ⭐

lamb

n 새끼 양 / 양고기

ex I like **lamb** kebabs.
나는 양고기 케밥을 좋아한다.

The **lamb** is following his mother.
새끼 양이 그의 어미를 따라가고 있다.

---

018 ⭐

birth

n 탄생, 출산 / 가문, 집안

ex He is of noble **birth**.
그는 귀족가문 출신이다.

Please fill out the date of **birth**.
생일 날짜를 기입하세요.

019

maintenance

n 유지[보수], 지속

ex The rental fee includes building **maintenance** fees and Wi-Fi.
임대료에는 건물 관리비와 와이파이가 포함된다.

참고
maintain
v. 유지하다[지키다]

---

020 ⭐

particular

adj 특정한, 특별한

ex When you are describing a **particular** person's feeling, use that person as the subject.
특정한 한 사람의 감정을 묘사할 때, 그 사람을 주어로 삼아야 한다.

ⓤ
specific
구체적인, 명확한

021

question

n 질문, 문제   **v** 질문하다

ex Park, may I ask a **question**?
Park, 질문 하나 해도 될까요?

I wrote out a **question** you could answer.
당신이 대답할 수 있는 질문을 적어놨다.

022

legal

adj 합법적인

ex There are many **legal** and ethical concerns with AI.
AI와 관련하여 법적과 윤리적으로 많은 문제가 있다.

Did they get **legal** permits?
그들은 합법적인 허가를 받았는가?

ⓑ
illegal
불법적인

023

critic

n 비평가

ex I know that many **critics** did not love this movie.
많은 비평가들이 이 영화를 좋아하지 않았다는 것을 알고 있다.

The man is a great **critic** of art.
그는 훌륭한 예술 평론가이다.

024

committed

adj 헌신적인

ex We remain **committed** to responding to inquiries in a timely manner.
우리는 시기적절한 방식으로 질문에 답변을 하기위해 헌신적으로 임하고 있다.

참고
v. commit
저지르다[범하다]

025

jail

n 감옥

ex It was inevitable for him to go to **jail**.
그가 감옥에 가는 것은 불가피했다.

The court put the man in **jail**.
법원은 그 남자를 감옥에 가두었다.

㊫
prison
교도소, 감옥

026

mistake

n 실수, 잘못

ex Our GPS had made a big **mistake**.
우리의 GPS가 큰 문제를 만들었다.

I touched a hot pot by **mistake**.
실수로 뜨거운 냄비를 만졌다.

027

mitt

n 글러브, 미트

ex He had even created an important invention- the catcher's **mitt**.
그는 심지어 중요한 발명품인 포수의 글러브까지 만들었다.

028

horror

n 공포

ex She cannot see a **horror** movie she would like to see.
그녀는 보고 싶은 공포 영화를 볼 수 없다.

I can't see any **horror** movies or thrillers.
나는 공포 영화 또는 스릴러 영화를 볼 수 없어.

029

wealth

n 부, 재산

ex **Wealth** does not solve all your problems.
부가 모든 문제를 해결해주지는 않는다.

Wealth is important but it's not my priority.
부는 중요하지만 나의 최우선순위는 아니다.

참고
worth
~의 가치가 있는
가치, 값어치

030

afford

v 여유가 되다

ex Most people could not **afford** this kind of luxury.
대부분의 사람들은 이런 종류의 사치품을 살 여유가 없다.

I can't **afford** the flight ticket for now.
난 지금은 비행기표를 살 여유가 없다.

참고
affordable
가격이 알맞은

Practice

 1. 다음 단어들을 올바르게 연결하세요.

(1) underline	•	•	(a) 궁금하다
(2) volunteer	•	•	(b) 밑줄을 긋다
(3) wonder	•	•	(c) 경비, 지키다
(4) guard	•	•	(d) 자원 봉사자
(5) director	•	•	(e) 기민한, 경계하는
(6) alert	•	•	(f) 소중히 여기다
(7) leak	•	•	(g) 임원, 감독
(8) cherish	•	•	(h) 새다, 새는곳

 2. 우리말 뜻에 맞게 빈칸에 알맞은 단어를 보기에서 찾아 쓰세요.

| maintenance | birth | particular | legal |

(1) **There are many _____ and ethical concerns with AI.**
AI와 관련하여 법적과 윤리적으로 많은 문제가 있다.

(2) **When you are describing one _____ person's feeling, use that person as the subject.**
특정한 한 사람의 감정을 묘사할 때, 그 사람을 주제로 삼아야 한다.

(3) **The rental fee includes building _____ fees and Wi-Fi.**
임대료에는 건물 관리비와 와이파이가 포함된다.

(4) **Please fill out the date of _____.**
생일 날짜를 기입하세요.

SELF TEST

01	underline		16		10년
02		우산	17	lamb	
03	volunteer		18		탄생, 출산
04		블로그	19	maintenance	
05	wonder		20		질문, 문제
06		경비, 지키다	21	legal	
07	alert		22		비평가
08		감독, 책임자	23	particular	
09	leak		24		헌신적인
10		주장, 선장	25	jail	
11	muddy		26		실수, 잘못
12		소중히 여기다	27	mitt	
13	examine		28		부, 재산
14		팔걸이	29	horror	
15	honesty		30		여유가 되다

DAY 18

n	workshop		n	alloy		n	amount
n	announcement		adj	chemical		n	paw
n	evidence		n	anniversary		adj	political
n	referee		n	sense		v	defend
n	groom		v	judge		n	existence
adj	negative		n	doubt		v	pray
adj	silent		n	tin		n	plot
adj	complex		n	perspective		adj	stunning
n	geometry		n	mascot		adj	sporting
n	courage		n	crane		n	pine

⭐ 표시는 출제 빈도를 나타냅니다.

---

001 ★★★★

workshop

n 워크숍, 연수회

ex The **workshop** has been cancelled.
워크숍이 취소됐다.

Only the professors will have a **workshop**.
오직 교수님들만 워크샵에 참여할 예정이다.

---

002 ★★★★

alloy

n 합금   **v** 합금하다

ex One particularly strong type of **alloy** is steel, which comes in various types.
특히 강한 형태의 합금은 강철이며, 강철은 다양한 형태로 제공된다.

---

003 ★★★★

amount

n 총액, 총계 / 액수, 양

ex She returned the wrong **amount** of change.
그녀는 거스름돈을 잘못 돌려주었다.

A good **amount** of information was given.
적당한 양의 정보가 주어졌다.

유 **quantity**
양, 수량

---

004 ★★★★

announcement

n 발표, 소식

ex This is an **announcement** for passengers on flights MC415 with service to Milan.
Milan으로 가는 MC415편 승객을 위한 안내방송 입니다.

---

005 ★★★

chemical

adj 화학의, 화학적인   **n** 화학 물질

ex A student last year got a **chemical** in his eyes during an experiment.
작년에 한 학생이 실험 중에 화학물질이 눈에 들어갔다.

---

006 ★★★

paw

n (동물의) 발

ex Then, they must see which **paw** their pet uses.
그리고, 그들은 애완동물이 어떤 발을 사용하는지 봐야 한다.

His **paws** can get burnt on the pavement.
그의 발은 길 위에서 화상을 입을 수 있다.

---

007 ★★	**n** 증거, 흔적 **v** 증언[입증]하다
evidence	**ex** This card is **evidence** of your legal stay and is required upon departure. 이 카드는 귀하의 합법적 체류 증거이며 출발 시 필요합니다.

참고
evident
adj. 분명한
눈에 띄는

008 ★★	**n** 기념일
anniversary	**ex** Mom and Dad's **anniversary** is coming up. 어머니와 아버지의 기념일이 곧 다가온다. **ex** Here is a bouquet for your **anniversary**. 여기 당신의 기념일을 위한 부케가 있다.

009 ★★	**adj** 정치적인
political	**ex** He is concerned about **political** conflict in another country. 그는 다른 나라와의 정치적 갈등을 걱정한다.

참고
politics
n. 정치

010 ★★	**n** 심판
referee	**ex** Make sure **referee** contact details are accurate. 심판 연락처가 정확한지 확인하세요. **ex** A lab supervisor could be a good **referee**. 실험실 감독관은 좋은 심판이 될 수 있다.

011 ★★	**n** 감각 **v** 감지하다, 느끼다
sense	**ex** The sensors could **sense** any motion in the room. 그 센서들은 방 안의 어떤 움직임도 감지할 수 있었다. **ex** You have the worst **sense** of balance. 너는 균형감각이 가장 좋지 않다.

012 ★	**v** 방어하다 / 옹호하다
defend	**ex** He gathered a force of 3000 men to **defend** the palace. 그는 궁전을 방어하기 위한 3000명의 병력을 모았다.

반
offend
불쾌하게 하다
범죄를 저지르다

CHAPTER 03 Day 18

★ 표시는 출제 빈도를 나타냅니다.

013　★

groom

| n | 신랑 |

ex He is the **groom** in this marriage.
그는 이 결혼의 신랑이다.

The **groom** did not appear in the wedding.
신랑이 결혼식에 나타나지 않았다.

참고
bride
신부

014　★

judge

| v | 판단하다 | n | 판사, 심판 |

ex We are talking to a municipal court **judge**.
우리는 지방 법원 판사와 이야기하고 있는 중이다.

He told the **judge** that he made mistakes.
그는 판사에게 자신이 실수를 했다고 말했다.

참고
jury
배심원

015　★

existence

| n | 존재, 실재, 현존 |

ex Dinosaurs are no longer in **existence**.
공룡은 더이상 실재하지 않는다.

The bridge has been in **existence** for 500 years.
그 다리는 500년 동안 존재해 왔다.

참고
exist
v. 존재하다

016　★

negative

| adj | 부정적인 |

ex Our **negative** feelings make our lives worse.
우리의 부정적인 감정은 우리의 삶을 더 악화 시킨다.

Negative feelings can serve good purposes.
부정적인 감정은 좋은 목적에 도움이 될 수 있다.

반
positive
긍정적인

017　★

doubt

| n | 의심, 의혹 | v | 의심하다 |

ex There is no **doubt** that the number of cars
will continue to grow.
자동차의 수가 계속 증가할 것이라는 데는 의심의 여지가 없다.

유
suspect
의심하다

018　★

pray

| v | 기도하다 |

ex He meets lots of poor people, and **prays**
for their peace.
그는 많은 가난한 사람들을 만나고 그들의 평화를 위해
기도한다.

참고
prey
먹이, 희생자

019

silent

| adj | 조용한 |

ex Attracted by the lure of the emerging **silent** film industry, Lawrence moved to New York.
떠오르는 무성 영화 산업의 매력에 이끌려, Lawrence는 뉴욕으로 이사했다.

020

tin

| n | 주석, 통조림 |

ex Solder is made out of lead and **tin**.
납땜은 납과 주석으로 만들어졌다.

Do not wash the sides of the **tin** with water.
양철의 옆면을 물로 씻지 마세요.

021

plot

| n | 줄거리, 음모 |

ex The **plot** holes alone were too much.
줄거리 공백만으로는 너무 많았다.

I thought the **plot** was ridiculous.
그 줄거리는 터무니없다고 생각했다.

022

complex

| adj | 복잡한 | n | 복합 건물 단지 |

ex They can use **complex** strategies.
그들은 복잡한 전략을 사용할 수 있다.

There is a big shopping mall in this **complex**.
이 복합 단지 안에는 큰 쇼핑몰이 있다.

023

perspective

| n | 관점, 시각 |

ex It was criticized for their narrow **perspective**.
그것은 그들의 좁은 시각 때문에 다소 비판을 받았다.

He had a different **perspective** on it.
그는 그것에 대해 다른 관점을 가지고 있었다.

024

stunning

| adj | 굉장히 아름다운[멋진] / 충격적인 |

ex The painting has from the **stunning**, bright colors to the parts of the painting made of real gold and silver.
그 그림은 놀랍도록 밝은 색에서부터 실제 금과 은으로 만들어진 그림의 부분까지 가지고 있다.

참고
quiet
조용한

유
complicated
복잡한

참고
stun
v. 기절시키다
큰 감동을 주다

CHAPTER 03 Day 18

DAY 18

025

geometry

n 기하학

ex She worked in a difficult area of **geometry** and studied imaginary surfaces.
그녀는 어려운 기하학 분야에서 일했고 가상의 표면을 연구했다.

026

mascot

n 마스코트

ex The problem is that a **mascot** costume is gone.
문제는 마스코트 복장이 사라졌다는 것이다.

I appeal to you to return our **mascot** immediately.
즉시 저희 마스코트를 반환해 주시기 바랍니다.

027

sporting

adj 스포츠의

ex The Olympics is one of the most well-known **sporting** events in the world.
올림픽은 세계에서 가장 잘 알려진 스포츠 경기 중 하나이다.

028

courage

n 용기

ex You don't have to have great **courage** to start on something.
무언가 시작하는데 큰 용기를 가질 필요는 없다.

참고
encourage
격려하다,
용기를 북돋우다

029

crane

n 학, 두루미 / 기중기, 크레인

ex Another animal symbol, the white **crane**, stands for long life.
또 다른 동물 상징인 흰 학은 장수를 상징한다.

030

pine

n 소나무

ex It smells like **pine** trees.
소나무 냄새가 난다.

In the event, competitors saw through a **pine** log.
이 그 종목에서, 참가자들은 통나무를 톱질한다.

Practice

 1. 다음 단어들을 올바르게 연결하세요.

(1) alloy •
(2) amount •
(3) chemical •
(4) evidence •
(5) political •
(6) sense •
(7) defend •
(8) groom •

• (a) 화학의
• (b) 합금
• (c) 증거, 흔적
• (d) 총액, 총계
• (e) 방어하다
• (f) 감각, 감지하다
• (g) 신랑
• (h) 정치적인

 2. 다음 영어 뜻에 맞게 알맞은 단어를 보기에서 찾아 쓰세요.

| silent | complex | negative | courage |

(1) a quality of spirit that enables you to face danger or pain without showing fear

(2) marked by absence of sound

(3) complicated in structure; consisting of interconnected parts

(4) characterized by or displaying or denial or opposition

SELF TEST

01		워크숍, 연수회
02	alloy	
03		총액, 총계
04	announcement	
05		(동물의) 발
06	chemical	
07		증거, 흔적
08	political	
09		심판
10	anniversary	
11		방어하다
12	sense	
13		신랑
14	judge	
15		부정적인

16	existence	
17		기도하다
18	doubt	
19		주석, 통조림
20	silent	
21		줄거리, 음모
22	complex	
23		관점, 시각
24	stunning	
25		기하학
26	sporting	
27		마스코트
28	courage	
29		학, 두루미
30	pine	

DAY 19

색상으로 8품사 구분하기

n	명사	noun	pron	대명사	pronoun
v	동사	verb	adj	형용사	adjective
adv	부사	adverb	conj	접속사	conjunction
prep	전치사	preposition	int	감탄사	interjection

n	battery	adj	British	adv	else
n	fiction	adj	Olympic	n	range
n	feedback	n	phrase	v	repair
n	spinach	n	version	n	allowance
adj	chilly	v	digest	n	fare
n	intake	n	archery	v	pretend
n	galaxy	v	consider	n	turtle
n	image	n	monument	v	bond
n	auction	adj	worth	v	disagree
v	master	n	form	adj	showy

DAY 19

★ 표시는 <u>출제 빈도</u>를 나타냅니다.

---

001 ★★★★

battery

n 건전지, 배터리

ex I changed the **battery** of the clock.
나는 시계의 건전지를 바꿨다.

Why does my phone **battery** keep dying?
내 휴대폰 배터리가 자꾸 닳는 이유가 무엇일까?

---

002 ★★★★

British

adj 영국의, 영국인의

ex In 1840, New Zealand became a colony of the **British** Empire.
1840년에 뉴질랜드는 대영제국의 식민지가 되었다.

---

003 ★★★★

else

adv 또[그 밖의] 다른

ex Can't filmmakers create anything **else**?
영화제작자들은 다른 것을 창조할 수 없나요?

I don't know how someone **else** can do that for you.
다른 사람이 어떻게 당신을 위해 그렇게 할 수 있는지 모르겠다.

---

004 ★★★★

fiction

n 소설, 허구

ex They usually have a science-**fiction** setting.
그것들은 보통 공상 과학 배경을 가진다.

It's one of the best science **fiction** films.
그것은 최고의 공상 과학 영화 중 하나이다.

유
fantasy
공상[상상]

---

005 ★★★

Olympic

adj 올림픽의

ex In the early 20th century, **Olympic** Games prizes were not just for sports.
20세기 초, 올림픽 수상은 스포츠에만 국한되지 않았다.

---

006 ★★★

range

n 다양성, 범위 v (범위가 …에서 …에) 이르다

ex The price **range** varies depending on its quality.
가격대는 품질에 따라 다양합니다.

Reported injuries **range** from light to critical.
보고된 부상은 가벼운 정도에서 심각한 정도까지 다양하다.

참고
range A from B
(범위가)
A에서 B 사이이다.
[다양하다]

007 ★★	**n** 피드백
feedback	**ex** I'd appreciate your **feedback**. 피드백을 주시면 감사하겠습니다.
	Update product with beta user **feedback**. 베타 테스트 사용자 피드백을 바탕으로 제품을 업데이트한다.

008 ★★	**n** 구, 구절, 관용구
phrase	**ex** We can use it to connect a **phrase** of just a few words, or a complete sentence. 우리는 그것을 단 몇 개의 단어나 완전한 문장의 한 구절을 연결하는 데 사용할 수 있습니다.

참고
clause
절

009 ★★	**v** 수리하다 **n** 수리, 보수
repair	**ex** It's time to **repair** the broken wing of the drone. 드론의 부러진 날개를 수리할 때가 되었다.
	I'll call the **repair** guy. 내가 수리공을 부를게.

유
fix
수리하다,
고정시키다

010 ★★	**n** 시금치
spinach	**ex** Vegetables such as **spinach** and carrots are not produced on trees. 시금치나 당근 같은 야채는 나무에서 생산되지 않는다.

011 ★★	**n** -판[형태]
version	**ex** Make sure to get the paperback **version** so that you can add annotations. 주석을 추가할 수 있도록 페이퍼백 버전을 가져와야 한다.

012 ★	**n** 용돈, 비용[수당]
allowance	**ex** Jackson bought a bike with his **allowance**. Jackson은 그의 용돈으로 자전거를 구매했다.
	My **allowance** is $15 a month. 내 용돈은 한달에 15달러이다.

참고
allow
v. 허락하다

DAY ⑲

표시는 출제 빈도를 나타냅니다.

013 ⭐

chilly

adj 쌀쌀한, 추운 / 냉랭한

ex A **chilly** morning followed by a cloudy afternoon is expected on Saturday.
토요일에는 쌀쌀한 아침에 이어 흐린 오후가 예상된다.

---

014 ⭐

digest

v 소화하다, 소화되다

ex Early humans probably needed an appendix to **digest** plants.
초기 인류는 아마도 식물을 소화시키기 위해 맹장이 필요했을 것이다.

---

015 ⭐

fare

n 요금

ex Passengers who stay in the system beyond this period will be charged an additional **fare**.
이 기간 이후 이 시스템에 체류하는 승객에게는 추가 요금이 부과된다.

fee
수수료, 요금

---

016 ⭐

intake

n 섭취

ex What is a good way to reduce sodium **intake**?
나트륨 섭취를 줄이는 좋은 방법은 무엇일까?

She records calorie **intake** for the diet.
그녀는 식이요법을 위해 칼로리 섭취를 기록한다.

---

017 ⭐

archery

n 궁도, 활쏘기

ex My parents bought me my first **archery** set when I was three.
우리 부모님은 내가 세 살 때 내 첫 양궁 도구를 사주셨다.

---

018 ⭐

pretend

v ~인 척하다 / ~라고 가정하다

ex Players sometimes also **pretend** to swing fast, but slow down their arms at the last second.
선수들도 빠른 스윙을 하는 척하다가 마지막 순간에 팔을 늦추는 경우가 있다.

019

galaxy

| n | 은하계 |

ex There are uncountable stars in our **galaxy**.
우리 은하에는 셀 수 없이 많은 별들이 있다.

I believe that black holes exist in the **galaxy**.
나는 은하계에 블랙홀이 존재한다고 믿는다.

---

020 ★

consider

| v | 사려[고려/숙고]하다 / ~로 여기다 |

ex Another issue to **consider** is where it is appropriate for people to go in a virtual world.
고려해야 할 또 다른 문제는 사람들이 가상 세계에서 어디로 가는 것이 적절한지이다.

⊕
regard
~으로 여기다
관심, 고려

021

turtle

| n | 거북 |

ex What size of **turtle** do you mean?
어떤 크기의 거북이를 말하는 것인가?

Long life is also represented by the **turtle**.
장수 또한 거북이로 대표된다.

022

image

| n | 이미지[인상] / 영상 |

ex Tiger **images** form the base of many monuments.
호랑이 이미지는 많은 기념물의 기초를 형성한다.

It transmits all the **images** to my phone.
그것은 모든 이미지를 내 휴대폰으로 전송한다.

참고
imagine
v. 상상하다

023

monument

| n | 기념물, 건축물 |

ex Through efforts by many countries, large portions of the gigantic **monument** have been largely restored.
여러 나라의 노력으로 이 거대한 기념물의 많은 부분이 복원되었다.

⊕
memorial
기념비

024

bond

| v | 결합시키다, 결합되다 | n | 유대, 끈 |

ex How do the molecules of different chemicals **bond** together?
서로 다른 화학 물질의 분자들은 어떻게 서로 결합하는가?

참고
bind
묶다, 감다[싸다]

⭐ 표시는 출제 빈도를 나타냅니다.

025

auction

n 경매 v 경매로 팔다

ex An artwork from the year 1500 was sold at a famous **auction** house.
1500년도의 예술품이 유명한 경매장에서 팔렸다.

026

worth

adj ~의 가치가 있는

ex He knew it was **worth** a lot of money.
그는 많은 돈이 가치가 있다는 것을 알고 있었다.

I don't think it's **worth** it.
나는 그것이 가치 있다고 생각하지 않는다.

참고
worthy
~을 받을만한
훌륭한

027

disagree

v 의견이 다르다 / 동의하지 않다

ex They were afraid to **disagree**.
그들은 반대하는 것을 두려워했다.

How often do you **disagree** with your friends?
얼마나 자주 친구들과 의견이 다른가?

반
agree
동의하다

028

master

v ~을 완전히 익히다 n 주인

ex The schools can make sure that all students learn to **master** the basics of the subjects they learn.
학교는 모든 학생들이 그들이 배우는 과목의 기본을 완전히 익히는 것을 확실히 할 수 있다.

029

form

v 형성되다 n 서식 / 종류, 유형, 방식

ex They help **form** and strengthen social relationships.
그들은 사회적 관계를 형성하고 강화하는 것을 돕는다.

Your parents should sign the **form**.
당신의 부모님은 그 양식에 서명해야 한다.

030

showy

adj 현란한

ex This festival accompanies lively and **showy** parades on the grounds of Brazil.
이 축제는 브라질에서 활기차고 화려한 퍼레이드를 동반한다.

Practice

  1. 다음 단어들을 올바르게 연결하세요.

(1) British •   • (a) 시금치

(2) else •   • (b) 용돈, 비용

(3) fiction •   • (c) 수리하다

(4) range •   • (d) 다양성, 범위

(5) phrase •   • (e) 구, 구절

(6) repair •   • (f) 영국의, 영국인의

(7) spinach •   • (g) 또 다른

(8) allowance •   • (h) 소설, 허구

  2. 우리말 뜻에 맞게 빈칸에 알맞은 단어를 보기에서 찾아 쓰세요.

worth	form	consider	intake

(1) **What is a good way to reduce sodium _____ ?**

나트륨 섭취를 줄이는 좋은 방법은 무엇일까?

(2) **Another issue to _____ is where it is appropriate for people to go in a virtual world.**

고려해야 할 또 다른 문제는 사람들이 가상 세계에서 어디로 가는 것이 적절한지이다.

(3) **He knew it was _____ a lot of money.**

그는 많은 돈이 가치가 있다는 것을 알고 있었다.

(4) **They help _____ and strengthen social relationships.**

그들은 사회적 관계를 형성하고 강화하는 것을 돕는다.

SELF TEST

01		건전지, 배터리	16	intake	
02	British		17		~인 척하다
03		또[그 밖의] 다른	18	archery	
04	fiction		19		은하계
05		올림픽의	20	consider	
06	range		21		거북
07		피드백	22	monument	
08	phrase		23		이미지[인상]
09		수리하다, 수리	24	bond	
10	spinach		25		~의 가치가 있는
11		용돈, 비용	26	auction	
12	version		27		주인
13		요금	28	disagree	
14	digest		29		종류, 유형, 서식
15		쌀쌀한, 추운	30	showy	

DAY 20

n	ingredient	adj	lucky	n	nail
n	owner	v	stir	v	refuse
v	appear	adj	frequent	n	industry
prep	below	n	errand	n	pleasure
n	resort	n	skull	n	tornado
adj	ultimate	n	drought	n	straw
adj	intelligible	n	prison	adj	miserable
adj	dramatic	adj	humorous	n	opera
adj	crisp	v	highlight	adj	vintage
n	musician	v	interpret	adj	antique

★ 표시는 출제 빈도를 나타냅니다.

---

001 ★★★★

ingredient

| n | 재료[성분] / 구성 요소 |

ex We provide all **ingredients** and materials.
우리는 모든 재료와 기구를 제공한다.

Put in other **ingredients** such as carrot and egg.
당근, 달걀과 같은 다른 재료들을 넣어라.

> 유
> **component**
> (구성)요소, 부품

---

002 ★★★★

lucky

| adj | 운이 좋은, 행운의 |

ex This is **lucky** for the younger son.
이것은 더 어린 아들에게 좋은 기회이다.

How **lucky** for you to have a cat.
고양이를 키우다니 정말 운이 좋다.

---

003 ★★★★

nail

| n | 못 / 손톱 |

ex Attach it with two small **nails** in each corner.
양쪽 구석에 작은 못 두 개를 붙여라.

Have you ever tried **nail** art?
네일 아트를 해본 적 있는가?

---

004 ★★★★

owner

| n | 주인, 소유자 |

ex It gave a shop **owner**, Conrad Hubert, an idea.
그것은 가게 주인인 Conrad Hubert에게 아이디어를 주었다.

If the **owner** isn't found, Tracy can keep the money.
만약 주인이 발견되지 않는다면, Tracy는 그 돈을 가질 수 있다.

---

005 ★★★

stir

| v | 젓다, 섞다 |

ex **Stir** together water, cheese, and biscuit mix.
물, 치즈, 비스킷 혼합물을 함께 저어라.

Pour the vinegar and salt in the bowl and **stir**.
양푼에 식초와 소금을 붓고 저어라.

---

006 ★★★

refuse

| v | 거절하다 |

ex Why does the man **refuse** to answer the woman?
남자는 왜 여자에게 대답하기를 거절하는가?

She **refuses** to see Helga after a fight.
그녀는 싸우고 난 후 Helga와 만나기를 거부한다.

> 유
> **reject**
> 거부[거절]하다

007 ★★	**v** 나타나다, 발생하다 / ~인 것 같다
appear	**ex** The moon **appeared** blue and green. 달은 파랗고 초록색으로 보였다. She **appeared** in 38 movies one year. 그녀는 1년에 38편의 영화에 출연했다.

⊕ **disappear**
사라지다, 없어지다

008 ★★	**adj** 잦은, 빈번한
frequent	**ex** The most **frequent** activity for boys is watching video clips. 남학생들이 가장 많이 하는 활동은 영상을 보는 것이다.

참고
frequency
n. 빈도, 잦음

009 ★★	**n** 산업, 공업
industry	**ex** This business is the tourist **industry**. 이 사업은 여행 관광 산업이다. It is used in the building **industry**. 이것은 건축 산업에 사용된다.

010 ★★	**prep** 아래에 **adv** 아래[밑]에
below	**ex** Click on the destination icon **below** the location. 그 위치 아래의 대상 아이콘을 클릭하여라. There are 80 comments **below** the video. 그 영상 아래에 80개의 댓글이 달려 있다.

⊕ **above**
~보다 위에[위로]

011 ★★	**n** 심부름
errand	**ex** I've got some **errands** to run. 심부름할 일이 좀 있다. Omar will finish **errands** before noon. Omar는 정오 전에 심부름을 마칠 것이다.

⊕ **chore**
(정기적으로 하는)일
하기 싫은[따분한]일

012 ★	**n** 기쁨, 즐거움
pleasure	**ex** As always, it was my **pleasure**. 언제나 그랬듯이, 그것은 나의 즐거움이었다. Chocolate is my guilty **pleasure**. 초콜릿은 나의 죄스러운 낙이다.

참고
pleasant
adj. 즐거운,
기분 좋은

★ 표시는 출제 빈도를 나타냅니다.

---

013 ★

resort

n 휴양지 / 의지, 의존

ex One key purpose of ClauWau is likely just to draw visitors to the ski **resort**.
ClauWaud의 한 가지 주요 목적은 스키 리조트에 방문객들을 끌어들이려는 것 같다.

---

014 ★

skull

n 두개골

ex Haydn's **skull** was placed together in the tomb with Haydn's skeleton.
Haydn의 두개골은 그의 유골과 함께 무덤에 놓여졌다.

---

015 ★

tornado

n 회오리바람, 토네이도

ex Such clouds could be a sign that a **tornado** is approaching.
그러한 구름은 토네이도가 다가오고 있다는 신호일 수 있다.

---

016 ★

ultimate

adj 궁극[최종]적인 / 최고의

ex Flat tire was the **ultimate** cause of this accident.
타이어에 공기가 빠진 것이 이 사고의 궁극적인 원인이었다.

We are waiting for the **ultimate** decision by the CEO.
우리는 CEO의 최종 결정을 기다리는 중이다.

---

017 ★

drought

n 가뭄

ex Scientists believe that **drought** may be responsible.
과학자들은 가뭄이 원인이 될 수 있다고 믿는다.

During the **drought**, we had a hard time.
가뭄 동안에 우리는 어려운 시간을 보냈다.

---

018 ★

straw

n 짚, 지푸라기 / 빨대

ex A **straw** hat could work.
밀짚모자 하나면 될 거야.

Can I have an extra **straw**?
빨대 하나 더 받을 수 있을까요?

반
flood
홍수, 범람

019

intelligible

adj 이해할 수 있는

ex His speech is easily **intelligible** to all.
그의 연설은 모든 사람들이 쉽게 이해할 수 있다.

It's hardly **intelligible**.
이것은 이해하기 매우 어렵다.

020

prison

n 교도소, 감옥

ex She goes free and David goes to **prison** for ten years.
그녀는 석방되고 David은 10년 동안 감옥에 간다.

He was difficult to keep in **prison**.
그는 감옥에 가두기 어려웠다.

021

miserable

adj 비참한

ex It was a **miserable** day.
우울한 하루였다.

I heard that the movie has a **miserable** story.
그 영화가 비참한 이야기를 가지고 있다고 들었다.

참고
misery
n. 고통, 빈곤

022

dramatic

adj 극적인, 인상적인

ex The main character went through the **dramatic** change.
주인공은 극적인 변화를 겪었다.

참고
dramatically
adv. 극적으로

023

humorous

adj 유머러스한, 익살스러운

ex Some musicals, such as "Les Miserables," are more dramatic than **humorous**.
"Les Miserables"와 같은 일부 뮤지컬은 유머러스하기 보다는 극적이다.

참고
humor
n. 유머, 익살, 해학

024

opera

n 오페라, 가극

ex I can hear her singing **opera** songs every day.
나는 매일 그녀가 오페라 노래를 부르는 것을 들을 수 있다.

Didn't they star in that soap **opera**?
그들이 그 드라마에서 주연을 맡지 않았는가?

참고
soap opera
드라마, 연속극

CHAPTER 03 Day 20

★ 표시는 출제 빈도를 나타냅니다.

025

crisp

adj 맑은, 산뜻한 / 바삭바삭한

ex Hearing the **crisp**, beautiful tones of Vivaldi's music in a church was the highlight of our trip to Italy.
교회에서 Vivaldi의 맑고 아름다운 음색을 듣는 것은 우리 이탈리아 여행의 하이라이트였다.

026

highlight

v 강조하다 n 가장 흥미로운 부분, 하이라이트

ex You can then **highlight** a data set in a tree family.
그런 다음 가계도에서 특정 정보를 강조할 수 있다.

The purpose is to **highlight** important regulations.
목적은 중요한 규제를 강조하는 것이다.

㊌ **emphasize** 강조하다

027

vintage

adj 고전적인, 전통적인

ex They played the music on **vintage** instruments from a museum.
그들은 박물관의 고전 악기로 음악을 연주했다.

028

musician

n 음악가

ex By 20 years old, Stevie was a famous singer and **musician**.
20살이 되었을 때, Stevie는 유명한 가수이자 음악가가 되었다.

029

interpret

v 통역하다 / 설명하다, 이해하다

ex The musicians **interpret** the music so vividly.
음악가들은 음악을 생생하게 잘 표현한다.

The teacher asked students to **interpret** the poem.
선생님은 학생들에게 시를 해석할 것을 요청했다.

㊌ **translate** 번역[통역]하다

030

antique

adj 골동품인 n 골동품

ex In that museum, it's the **antique** furniture that's the most impressive.
저 박물관에서, 그것은 가장 인상적인 것은 골동품 가구이다.

참고 **ancient** 고대의, 아주 오래된

Practice

 1. 다음 단어들을 올바르게 연결하세요.

(1) ingredient •   • (a) 젓다, 섞다

(2) nail •   • (b) 재료[성분]

(3) owner •   • (c) 거절하다

(4) stir •   • (d) 손톱, 못

(5) refuse •   • (e) 주인, 소유자

(6) appear •   • (f) 나타나다

(7) frequent •   • (g) 잦은, 빈번한

(8) industry •   • (h) 산업, 공업

 2. 다음 영어 뜻에 맞게 알맞은 단어를 보기에서 찾아 쓰세요.

pleasure	highlight	ultimate	intelligible

(1) the most interesting or memorable part

(2) capable of being apprehended or understood

(3) something or someone that provides a source of happiness

(4) furthest or highest in degree or order

SELF TEST

01	ingredient		16		회오리바람
02		운이 좋은	17	drought	
03	nail		18		짚, 지푸라기
04		주인, 소유자	19	intelligible	
05	stir		20		교도소, 감옥
06		거절하다	21	miserable	
07	appear		22		극적인, 인상적인
08		산업, 공업	23	humorous	
09	frequent		24		오페라, 가극
10		아래에	25	crisp	
11	errand		26		음악가
12		기쁨, 즐거움	27	vintage	
13	resort		28		골동품
14		두개골	29	highlight	
15	ultimate		30		통역하다

DAY 21

prep	per		adv	quickly		n	style
adv	therefore		n	hump		v	lift
n	colony		n	bash		n	larva
n	mayor		n	conclusion		n	pressure
n	signal		adj	playful		v	descend
adj	former		v	invade		n	background
n	lid		adj	diligent		adj	ill
n	echo		adj	positive		n	herd
adj	commercial		n	attraction		n	function
v	spit		adv	anyway		n	wig

DAY 21

⭐ 표시는 출제 빈도를 나타냅니다.

001 ⭐⭐⭐⭐	**per**	`prep` **~당[마다]**	

`ex` Bowling shoes are three dollars extra **per** bowler.
볼링화는 선수 한 명당 3달러가 추가된다.

Hummingbirds beat their wings 50 times **per** minute.
벌새는 1분에 50번 날개짓을 한다.

㈜
each
각각

---

002 ⭐⭐⭐⭐	**quickly**	`adv` **빨리[빠르게], 곧**

`ex` We are working towards a resolution as **quickly** and efficiently as possible.
우리는 가능한 빠르고 효율적으로 해결책을 찾기 위해 노력하고 있다.

---

003 ⭐⭐⭐⭐	**style**	`n` **방식, 스타일**

`ex` I like the **style**, but a different color might be better.
스타일은 마음에 들지만, 다른 색이 더 나을 것 같다.

Each teacher has a different teaching **style**.
각 선생님들은 다른 교육 방식을 가지고 있다.

---

004 ⭐⭐⭐⭐	**therefore**	`adv` **그러므로**

`ex` **Therefore**, she put the gold in a little plastic container to take home.
그래서, 그녀는 집에 가져가기 위해 작은 플라스틱 용기에 금을 넣었다.

㈜
thus
이와 같이
따라서, 그러므로

---

005 ⭐⭐⭐	**hump**	`n` **혹, 툭 솟아 오른 곳** `v` **나르다**

`ex` I have a **hump** on my back.
등에 혹이 생겼다.

What is inside camels' **humps**?
낙타의 혹 안에는 무엇이 있는가?

---

006 ⭐⭐	**lift**	`v` **들어 올리다** `n` **승강기**

`ex` They used to **lift** weights.
그들은 역기를 들곤 했다.

The injured cat is being **lifted** by the rescue team.
부상입은 고양이가 구조팀에 의해 들어올려지고 있다.

㈜
elevate
승진시키다
(들어) 올리다
높이다

007 ⭐⭐

colony

| n | 식민지, 군집 / 집단[거주지] |

ex They are born, live, and work in a community called a **colony**.
그들은 군집이라고 불리는 공동체에서 태어나고, 살고, 일한다.

---

008 ⭐⭐

bash

| n | (큰)파티 | v | 세게 치다 |

ex Our adults-only Summer Rhythm **Bash** features multiple dance floors.
성인 전용 서머 리듬 파티에는 다양한 댄스 무대가 마련되어 있다.

---

009 ⭐⭐

larva

| n | 유충, 애벌레 |

ex The process of becoming a butterfly from a **larva** is truly mysterious.
애벌레에서부터 나비가 되는 과정은 참으로 신비롭다.

---

010 ⭐⭐

mayor

| n | 시장 |

ex The **mayor** of the city sat waving at the crowd.
시장은 관중들을 향해 손을 흔들며 앉아 있었다.

We have a new **mayor** for our town.
우리 마을에 새로운 시장이 있다.

---

011 ⭐⭐

conclusion

| n | 결론, 판단, 결말 |

ex We feel that the case's **conclusion** balances public safety and pet owners' rights.
우리는 이 사건의 결론이 공공 안전과 애완동물 주인의 권리 사이에 균형을 가져다 준다고 생각한다.

---

012 ⭐

pressure

| n | 압박, 압력 |

ex She is good at controlling her **pressure**.
그녀는 자신의 압박감을 조절하는데 능하다.

He is under **pressure** from his job.
그는 직장에서 업무상의 압박감에 시달린다.

㊒
governor
총독, 주지사
운영 위원

참고
conclude
v. 결론을 내리다
끝내다

참고
press
v. 누르다, 밀착되다

DAY 21

⭐ 표시는 출제 빈도를 나타냅니다.

---

013 ⭐

signal

| n | 신호 | v | 신호를 보내다 |

ex Wait until the second **signal** to throw.
두 번째 신호가 떨어질 때까지 기다려.

They could **signal** people in the near village.
그들은 가까운 마을에 있는 사람들에게 신호를 보낼 수 있었다.

참고
sign
징후, 조짐
서명하다

---

014 ⭐

playful

| adj | 장난기 많은, 농담의 |

ex They're so cute and **playful**.
그들은 너무 귀엽고 장난스럽다.

Lola is a **playful** dog.
Lola는 장난기 많은 강아지이다.

참고
joyful
아주 기뻐하는,
기쁜

---

015 ⭐

descend

| v | 내려오다, 내려가다 |

ex Please be careful to use the back stairs and **descend** in a single line to the designated area outside.
뒷계단을 이용하여 지정된 구역까지 한 줄로 내려갈 수 있도록 주의 바랍니다.

반
ascend
오르다

---

016 ⭐

former

| adj | 예전[옛날]의 / 전자의 |

ex It is likely that the latter threaten the **former** even more.
후자가 전자를 더욱 위협할 가능성이 높다.

반
latter
후자의, 마지막의

---

017 ⭐

invade

| v | 침입하다 |

ex In many parts of the world, plants from other countries have **invaded** and killed local crops.
세계의 많은 지역에서, 다른 나라의 식물들이 침입하여 지역의 농작물을 죽였다.

유
intrude
침범하다, 방해하다

---

018 ⭐

background

| n | 배경 |

ex You probably don't think about the many sounds that are in the **background**.
여러분은 아마도 많은 배경음악에 신경 쓰지 못할 수 있다.

019 ⭐

lid

n **뚜껑 / 눈꺼풀**

ex A bottle **lid** looks like a pig's nose!
병뚜껑은 돼지코처럼 생겼다!

My **lid** is closing slowly due to lack of sleep.
수면 부족으로 나의 눈꺼풀이 천천히 감기고 있다.

020

diligent

adj **근면한, 성실한**

ex He is **diligent** in his work.
그는 일에 성실하다.

The prize is for a **diligent** employee.
그 상은 근면한 직원을 위한 것이다.

반 lazy 게으른, 느긋한

021

ill

adj **아픈, 병 든**

ex Some people think he was **ill**.
어떤 사람들은 그가 아팠다고 생각한다.

One of my aunts was severely **ill**.
나의 고모들 중 한 명이 심각하게 아팠다.

참고 illness n. 병, 아픔

022

echo

n **울림, 메아리**

ex It is very effective in areas with natural **echoes**, such as mountains and valleys.
산이나 계곡 등 자연 메아리가 있는 지역에서 매우 효과적이다.

023

positive

adj **긍정적인**

ex There were **positive** effects of construction.
건설의 긍정적인 효과들이 있었다.

You need a **positive** mindset.
너는 긍정적인 마음가짐이 필요하다.

반 negative 부정적인, 비관적인

024

herd

n **떼, 대중**

ex They were mostly used by people who kept cattle **herds**.
그것들은 주로 소떼를 기르는 사람들에 의해 사용되었다.

유 flock 떼, 무리

★ 표시는 <u>출제 빈도</u>를 나타냅니다.

025

commercial

| adj | **상업의, 상업적인** | n | **광고(방송)** |

ex   They get their **commercial** value mainly through artificial scarcity and marketing.
그들은 주로 인위적인 희소성과 마케팅을 통해 그들의 상업적 가치를 얻는다.

참고
commerce
n. 무역, 상업

026

attraction

| n | **끌림, 명소[명물] / 매력** |

ex   Krishna's Butterball is now a major tourist **attraction** and an environmental wonder in the area.
Krishna의 Butterball은 현재 그 지역의 주요 관광명소이며 자연경관의 경이로움이다.

참고
attract
v. 마음을 끌다

027

function

| n | **기능, 행사, 의식** | v | **기능하다** |

ex   Does his phone have a timer **function**?
그의 전화기에 타이머 기능이 있나요?

This fan is not **functioning** at the moment.
이 선풍기가 지금은 작동하지 않는다.

028

spit

| v | **뱉다** | n | **침** |

ex   Most don't eat it but actually **spit** it.
대부분은 먹지 않고 실제로 뱉는다.

If you want, **spit** a watermelon seed.
원한다면, 수박씨를 뱉어.

029

anyway

| adv | **게다가, 그래도 / 어쨌든** |

ex   But I became popular **anyway**.
하지만 어쨌든 나는 인기가 많아졌다.

He kept eating **anyway**.
그래도 그는 계속 먹었다.

참고
anyhow
되는대로,
아무렇게나

030

wig

| n | **가발** |

ex   This **wig** is made of artificial hair.
그 가발은 인조 털로 만들어졌다.

I bought a new **wig** with a different color.
나는 다른 색으로 새 가발을 샀다.

Practice

 1. 다음 단어들을 올바르게 연결하세요.

(1) per •   • (a) 시장

(2) therefore •   • (b) 유충, 애벌레

(3) hump •   • (c) 세게 치다

(4) lift •   • (d) 들어 올리다

(5) colony •   • (e) 식민지, 군집

(6) bash •   • (f) 혹, 나르다

(7) larva •   • (g) 그러므로

(8) mayor •   • (h) ~당[마다]

 2. 우리말 뜻에 맞게 빈칸에 알맞은 단어를 보기에서 찾아 쓰세요.

diligent	former	positive	signal

(1) **There were _____ effects of construction.**
건설의 긍정적인 효과들이 있었다.

(2) **It is likely that the latter threaten the _____ even more.**
후자가 전자를 더욱 위협할 가능성이 높다

(3) **He is _____ in his work.**
그는 일에 성실하다.

(4) **They could _____ people in the near village.**
그들은 가까운 마을에 있는 사람들에게 신호를 보낼 수 있었다.

SELF TEST

01	per		16		예전[옛날]의
02		빨리, 곧	17	invade	
03	therefore		18		배경
04		방식, 스타일	19	lid	
05	hump		20		근면한, 성실한
06		들어 올리다	21	ill	
07	colony		22		울림, 메아리
08		세게 치다	23	positive	
09	larva		24		떼, 대중
10		시장	25	commercial	
11	conclusion		26		끌림, 명소[명물]
12		압박, 압력	27	spit	
13	signal		28		기능, 행사, 의식
14		장난기 많은	29	anyway	
15	descend		30		가발

TOSEL 실전문제 ❸

SECTION II. Reading and Writing

PART B. Situational Writing

DIRECTIONS: For questions 1 to 6, look at the pictures and complete the sentences. Choose the option that BEST completes the sentence.

지시 사항: 1번부터 6번까지는 그림을 보고 문장을 완성하는 문제입니다. 가장 알맞은 답을 고르세요.

1. ● 2019 TOSEL 기출

Her gloves protect her from the _____.

(A) wind

(B) snow

(C) animals

(D) chemicals

2.

Dinosaur bones are _____ the ground.

(A) below

(B) behind

(C) next to

(D) across from

3.

The height of the mountain _____ low to high.

(A) asks for

(B) brings out

(C) turns back

(D) ranges from

4.

People are _____ in the park.

(A) refusing

(B) examining

(C) disagreeing

(D) volunteering

5.

Boxes are delivered by _____.

(A) grooms

(B) shoppers

(C) parachutes

(D) perspectives

6.

The employee is _____ to complete the task on time.

(A) by accident

(B) on progress

(C) under pressure

(D) with the substances

CHAPTER 04

DAY 22

v	trust	v	act	adj	extra
n	file	v	knock	n	champion
n	environment	n	excellence	n	nutrient
n	embassy	n	celebrity	n	barrow
adj	fake	n	harvest	n	portrait
n	sibling	n	template	adj	viral
adj	sensitive	conj	whereas	n	accent
adj	foreign	n	syndrome	n	rumor
n	movement	n	physics	n	project
n	problem	v	translate	v	suffer

⭐ 표시는 <u>출제 빈도</u>를 나타냅니다.

---

001 ⭐⭐⭐⭐

trust

`v` 신뢰하다   `n` 신뢰, 신임

`ex` It is important to **trust** others.
다른 사람을 신뢰하는 것은 중요하다.

The man doesn't **trust** the woman.
그 남자는 그 여자를 신뢰하지 않는다.

⑮
faith
믿음[신뢰]

---

002 ⭐⭐⭐⭐

act

`v` 행동하다, 행동을 취하다   `n` 행동, 법률

`ex` This furry skin **acts** like wings, catching the wind.
털이 많은 피부는 바람을 잡으며 날개의 역할을 한다.

The new **act** will be valid from next month.
새 법률은 다음달부터 유효하다.

---

003 ⭐⭐⭐⭐

extra

`adj` 추가의   `n` 추가되는 것

`ex` Do we have some **extra** batteries somewhere?
어딘가에 배터리 남는 거 있나요?

We do not have **extra** sleeping time.
우리는 여분의 수면 시간이 없다.

⑮
additional
추가의

---

004 ⭐⭐⭐⭐

file

`n` 파일, 서류   `v` 보관하다

`ex` I cannot save it as a PDF **file**.
PDF파일로 저장할 수 없다.

Let me just take a look in your **file**.
당신의 파일을 좀 볼게요.

---

005 ⭐⭐⭐

knock

`v` 두드리다, 노크하다

`ex` I'll **knock** it a few times on the floor.
바닥에 몇번 두드릴 것이다.

When they **knock** you down, get back up.
그들이 당신을 쓰러뜨리면, 다시 일어나라.

---

006 ⭐⭐

champion

`n` 챔피언, 우승자

`ex` That's why one **champion** had his teeth surgically removed.
그래서 한 챔피언이 외과적으로 자신의 이를 제거한 것이다.

007 ⭐⭐
environment

n 환경

ex It's good for the **environment**.
그것은 환경에 좋다.

These projects helped make the **environment** better.
이 프로젝트들은 더 나은 환경을 만드는데 도움을 주었다.

008 ⭐⭐
excellence

n 뛰어남, 탁월함

ex She won the prize for **excellence** in the workplace.
그녀는 직장 내 뛰어남으로 상을 받았다.

He is famous for his academic **excellence**.
그는 학문적 우수성으로 유명하다.

참고
excellent
adj. 훌륭한, 탁월한

009 ⭐⭐
nutrient

n 영양소, 영양분

ex It is a food that contains most of the **nutrients** required by humans.
그것은 인간에게 필요한 영양소의 대부분을 함유하고 있는 음식이다.

참고
nutrition
영양

010 ⭐⭐
embassy

n 대사관

ex The Greek **embassy** in Pakistan gave Huma a visa to travel to Greece.
파키스탄에 있는 그리스 대사관은 Huma에게 그리스 여행을 위한 비자를 주었다.

참고
ambassador
대사

011 ⭐
celebrity

n 유명인사 / 명성

ex I've never seen a **celebrity**.
나는 연예인을 본 적이 없다.

His company is owned by a **celebrity**.
그의 회사는 유명인사의 소유이다.

012 ⭐
barrow

n 수레

ex He was pushing his **barrow**.
그는 손수레를 밀고 있었다.

The man rolls his **barrow** to the city.
남자가 손수레를 끌고 도시로 간다.

⭐ 표시는 출제 빈도를 나타냅니다.

---

013 ⭐

fake

| adj | 가짜의, 거짓된 | n | 모조품 |

ex The director didn't like how the **fake** blood looked.
감독은 가짜 피가 어떻게 보이는지가 마음에 들지 않았다.

He tried making **fake** dollar bills.
그는 가짜 달러 지폐를 만들려고 시도했다.

유 **counterfeit**
위조의, 모조의

---

014 ⭐

harvest

| n | 수확 | v | 수확하다 |

ex Demeter was the goddess of the **harvest**.
Demeter는 수확의 여신이었다.

They pray for a good **harvest**.
그들은 풍년을 기원한다.

유 **reap**
거두다, 수확하다

---

015 ⭐

portrait

| n | 초상화, 묘사 |

ex You will see the **portrait** of Benjamin Franklin.
당신은 Benjamin Franklin의 초상화를 볼 수 있을 것이다.

Chris prepared a **portrait** of his grandparents.
Chris는 그의 조부모의 초상화를 준비했다.

참고 **portray**
v. 그리다[묘사하다]

---

016 ⭐

sibling

| n | 형제자매 |

ex When I was young, I used to fight with my **siblings**.
내가 어릴 때, 나의 형제와 자주 싸우곤 했다.

How many **siblings** do you have?
형제자매가 몇 명이니?

---

017 ⭐

template

| n | 형판, 견본 |

ex Follow the **template** to complete the document.
서류를 완성하려면 견본을 따르세요.

Can you send me the **template** for the project?
프로젝트 견본을 보내줄래?

---

018 ⭐

viral

| adj | 구전의, 입소문의 / 바이러스성의 |

ex The story behind Huma's honeymoon photos has gone **viral** on the Internet.
Huma의 신혼여행 사진 이야기는 인터넷에서 입소문이 났다.

019 ⭐

sensitive

`adj` 세심한, 감성 있는 / 예민한

`ex` It is for those who have **sensitive** skins.
그것은 민감한 피부를 가진 사람들을 위한 것이다.

I could feel how **sensitive** the musician is.
나는 음악가의 세심함을 느낄수 있었다.

참고
sensible
분별있는, 합리적인

020

whereas

`conj` 반면에

`ex` Tigers live and hunt alone, **whereas** lions hunt in groups.
호랑이는 혼자 살고 사냥하는 반면, 사자는 무리를 지어 사냥한다.

021

accent

`n` 말씨[악센트] / 강조, 역점 `v` 강조하다

`ex` I feel bad when he mocks my French **accent**.
그가 내 프랑스 억양을 비웃을 때 나는 기분이 나쁘다.

They sound like they have a foreign **accent**.
그들은 마치 외국 억양을 가지고 있는 것 같이 들린다.

↔
intonation
억양

022

foreign

`adj` 외국의, 대외의

`ex` Many European tourists visit **foreign** countries.
많은 유럽 관광객들이 외국을 방문한다.

He has studied many **foreign** languages.
그는 많은 외국어들을 공부했다.

023

syndrome

`n` 증후군

`ex` People are suffering from foreign accent **syndrome**.
사람들은 외국인 억양 증후군을 앓고 있다.

This **syndrome** is prevalent among people.
이 증후군은 사람들 사이에 만연해 있다.

024

rumor

`n` 소문, 유언비어 `v` 소문내다

`ex` He began a **rumor** that Lawrence had died in a traffic accident.
그는 Lawrence가 교통사고로 죽었다는 소문을 퍼뜨렸다.

↔
gossip
소문, 험담

025

movement

| n | 움직임, 이동, 운동 |

ex The Green Belt **Movement** encouraged planting trees.
그린벨트 운동은 나무 심는 것을 권장했다.

She also explored the **movement** of the balls.
그녀는 공과 같은 모양의 움직임도 탐색했다.

026

physics

| n | 물리학 |

ex I am in your 9 AM **physics** class.
나는 당신의 오전 9시 물리학 수업을 듣는다.

Did you go to **physics** class yesterday?
어제 물리학 수업 갔었어?

참고
physical
adj. 육체의,
물리적인

027

project

| n | 계획, 과제 |

ex Your ideas for the **project** are impressive.
그 프로젝트에 대한 당신의 아이디어는 인상적이다.

The **project** deadline is coming up.
프로젝트의 마감일이 다가오고 있다.

028

problem

| n | 문제 |

ex Please feel free to contact me if there's any **problem**.
문제가 있으면 편하게 연락하세요.

What is the man's **problem**?
남자의 문제는 무엇인가?

㉠
trouble
문제, 곤란

029

translate

| v | 번역[통역]하다 |

ex They do not **translate** very well.
그들은 번역을 잘하지 못한다.

Translate the following into Korean.
다음을 한국어로 번역하시오.

030

suffer

| v | 시달리다, 고통받다 / 겪다[당하다] |

ex They tend to **suffer** a lot of job-related stresses.
그들은 직업과 관련된 스트레스를 많이 받는 경향이 있다.

They would **suffer** from skin damage.
그들은 피부 손상을 겪을 것이다.

참고
suffer from
~로 고통 받다

Practice

 1. 다음 단어들을 올바르게 연결하세요.

(1) trust •　　　　　　　　　　　• (a) 대사관

(2) extra •　　　　　　　　　　　• (b) 영양소

(3) environment •　　　　　　　　　　　• (c) 수레

(4) excellence •　　　　　　　　　　　• (d) 유명인사, 명성

(5) nutrient •　　　　　　　　　　　• (e) 뛰어남, 탁월함

(6) embassy •　　　　　　　　　　　• (f) 환경

(7) celebrity •　　　　　　　　　　　• (g) 신뢰, 신임

(8) barrow •　　　　　　　　　　　• (h) 추가의

 2. 다음 영어 뜻에 맞게 알맞은 단어를 보기에서 찾아 쓰세요.

portrait　　　accent　　　syndrome　　　rumor

(1) gossip passed around by word of mouth

(2) a pattern of symptoms indicative of something

(3) a picture of a person's appearance and character

(4) distinctive manner of oral expression

SELF TEST

01	trust		16		형판, 견본
02		행동	17	viral	
03	extra		18		세심한, 예민한
04		파일, 서류	19	whereas	
05	knock		20		말씨[악센트]
06		챔피언, 우승자	21	foreign	
07	environment		22		증후군
08		영양소	23	rumor	
09	excellence		24		움직임, 이동
10		유명인사, 명성	25	physics	
11	barrow		26		계획, 과제
12		수확, 수확하다	27	problem	
13	fake		28		겪다[당하다]
14		초상화, 묘사	29	translate	
15	sibling		30		대사관

DAY 23

adj	ancient	n	lake
adj	local	n	email
adj	overall	n	biography
n	haircut	n	graphic
n	canvas	n	marriage
adj	painful	adj	rapid
v	get rid of	n	college
n	cliff	n	experiment
adj	nuclear	v	confuse
adj	imaginary	n	billiard

n	performance
n	favor
n	invention
v	assume
n	brake
adj	basic
n	brain
n	molecule
n	solution
n	bravery

★ 표시는 출제 빈도를 나타냅니다.

---

001 ★★★★

ancient

adj 고대의, 아주 오래된   n 고대인

ex The **ancient** Chinese used papyrus to write.
고대 중국인들은 글을 쓰기 위해 파피루스를 사용했다.

In **Ancient** Egypt, chairs were only for rulers.
고대 이집트에서 의자는 통치자들만을 위한 것이었다.

반 **modern**
현대의, 근대의

---

002 ★★★★

lake

n 호수

ex The fish in the **lake** are very big.
호수에 있는 물고기는 매우 크다.

There are many ducks in the **lake**.
호수에는 많은 오리들이 있다.

---

003 ★★★★

performance

n 공연, 연주회 / 실적, 성과

ex How much of an athlete's **performance** comes from strength and ability?
운동선수의 성과는 얼마나 많은 힘과 능력에서 나오는가?

---

004 ★★★★

local

adj 지역의, 현지의   n 주민, 현지인

ex She asked a **local** alien.
그녀는 지역에 사는 외국인에게 물어봤다.

Profits will be donated to support **local** artists.
수익금은 지역 예술가들을 지원하기 위해 기부될 것이다.

반 **foreign**
외국의, 대외의

---

005 ★★★

email

n 전자 우편

ex You will receive an **email** acknowledgement each time a letter of recommendation is submitted to our system.
시스템에 추천서가 제출될 때마다 이메일 승인을 받게 된다.

---

006 ★★★

favor

n 호의, 친절, 부탁

ex Can I ask you a **favor** as a friend?
친구로서 부탁할 수 있을까?

You did her a great **favor**.
당신이 그녀에게 큰 친절을 베풀었다.

참고 **in favor of**
~에 찬성하여

007 ★★

overall

| adj | **종합적인** | adv | **전반적으로** |

ex It has fewer **overall** health benefits.
전반적인 건강상의 이점은 적다.

Overall, 25 students have reported the same issue.
전반적으로, 25명의 학생들이 같은 문제를 보고했다.

 general
전반적인, 총체적인

---

008 ★★

biography

n **전기**

ex He has read a number of **biographies**.
그는 많은 전기를 읽었다.

She decided to write her own **biography**.
그녀는 자신의 전기를 쓰기로 결심했다.

참고 autobiography
자서전

---

009 ★★

invention

n **발명품, 발명**

ex I think the greatest **invention** in history is numbers.
나는 역사상 가장 위대한 발명품은 숫자라고 생각한다.

He taught her about his newest **invention**.
그는 그녀에게 그의 최신 발명품에 대해 가르쳤다.

 creation
창조

---

010 ★★

haircut

n **머리 깎기 / 머리 모양**

ex The girl needs a **haircut**.
그 소녀는 머리를 잘라야 한다.

The boy's **haircut** isn't good.
그 소년의 머리 모양은 보기 좋지 않다.

---

011 ★★

graphic

| n | **그래픽** | adj | **그래픽의, 생생한** |

ex The **graphic** behind it really makes it difficult to see.
뒤에 있는 그래픽은 정말 보기 어렵게 만든다.

Do we need to add some kind of **graphic**?
그래픽을 추가할 필요가 있나요?

---

012 ★

assume

v **추정하다**

ex We will **assume** that you are a scammer and will remove your listing.
우리는 당신이 사기꾼이라고 가정하고 당신의 목록을 제거할 것이다.

 presume
가정하다, 상상하다

⭐ 표시는 출제 빈도를 나타냅니다.

---

013 ⭐

canvas

| n | 캔버스 천 / 화폭 |

ex Soon sport companies started to connect rubber soles together with **canvas** material.
곧 스포츠 회사들은 캔버스 재료와 함께 고무 밑창을 연결하기 시작했다.

---

014 ⭐

marriage

| n | 결혼 생활, 결혼 |

ex They are pleased to announce the **marriage** of their children, Elizabeth and David.
그들은 그들의 자녀인 Elizabeth와 David의 결혼을 발표하게 되어 기쁘다.

---

015 ⭐

brake

| n | 제동 장치, 제동 | v | 속도를 줄이다 |

ex Sam's Auto Services provide **brake** replacement.
Sam's 자동차 수리업체는 브레이크 교체 서비스를 제공한다.

Get the check up service for your **brake**.
브레이크를 위해 검사 서비스를 받아라.

---

016 ⭐

painful

| adj | 아픈, 괴로운 |

ex It was so **painful** that I went to see a doctor.
그것은 너무 고통스러웠기에 나는 의사를 찾아갔다.

The wound is still **painful**.
상처가 여전히 아프다.

---

017 ⭐

rapid

| adj | 빠른 |

ex There has been a **rapid** build up in carbon dioxide emission in the recent years.
최근 몇 년 동안 이산화탄소 배출량이 급증 해왔다.

㊨
swift
빠른, 신속한

---

018 ⭐

basic

| adj | 기본적인 |

ex Here are some **basic** rules for finding oxygen super-producers.
여기 산소 생산자를 찾기 위한 몇 가지 기본 규칙이 있다.

㊨
fundamental
근본적인, 필수적인

019

get rid of

v 제거하다

ex A little bleach will help you **get rid of** that unsightly stain.
표백제를 조금만 바르면 보기 흉한 얼룩을 없앨 수 있다.

참고
rid
없애다, 제거하다

020

college

n (전문)대학

ex Reading this book, I felt like I was back in **college** again.
이 책을 읽으면서 나는 다시 대학으로 돌아간 것 같았다.

유
university
대학

021

brain

n 뇌

ex Using the feet helps your **brain** get smarter.
발을 사용하는 것은 여러분의 뇌가 똑똑해지게 해준다.

I feel like my **brain** isn't working properly today.
오늘은 머리가 잘 돌아가지 않는 것 같다.

022

cliff

n 절벽

ex The car was discovered hanging over a **cliff**.
그 차는 절벽에 매달려 있는 것으로 발견되었다.

It is dangerous to build a house near a **cliff**.
절벽 근처에 집을 짓는 것은 위험하다.

023

experiment

n 실험 **v** 실험을 하다

ex Can you check up on our potato **experiment**?
우리의 감자에 관한 실험 좀 봐주시겠어요?

The **experiment** was about flowers.
그 실험은 꽃에 관한 것이었다.

024

molecule

n 분자

ex He mostly researched how the **molecules** of different chemicals bond together.
그는 다른 화학 물질들의 분자들이 어떻게 서로 결합하는지 주로 연구했다.

참고
atom
원자

CHAPTER 04　Day 23

★ 표시는 출제 빈도를 나타냅니다.

025

nuclear

adj **원자력의, 핵의**

ex The army tests **nuclear** weapons.
군대는 핵무기를 실험한다.

Nuclear power is important among countries.
원자력은 국가들 사이에서 중요하다.

026

confuse

v **혼란시키다, 혼동하다**

ex These secrets were made to **confuse** robbers trying to steal jewels.
이 비밀들은 보석을 훔치려는 강도들을 혼란스럽게 하기 위해 만들어졌다.

027

solution

n **해결책, 해법 / 용액**

ex Before he could make a **solution**, he had to notice the problem.
그는 해결책을 찾기 전에 그 문제를 알아차려야 했다.

참고
resolution
결의안, 해결

028

imaginary

adj **가상적인, 상상의**

ex The real world is much smaller than the **imaginary** one.
실제 세계는 상상의 세계보다 훨씬 작다.

참고
imagine
v. 상상하다

029

billiard

n **당구** adj **당구의**

ex There are a lot of **billiard** cues in his house.
그의 집에는 당구큐가 많이 있다.

The man bought a new **billiard** table.
남자는 새로운 당구대를 샀다.

030

bravery

n **용감, 화려함**

ex The men have to prove their **bravery** when they reach a certain age.
남자들은 일정한 나이가 되면 그들의 용감함을 증명해야 한다.

유
courage
용기

Practice

 1. 다음 단어들을 올바르게 연결하세요.

[1] ancient •   • [a] 발명품

[2] lake •   • [b] 전기

[3] performance •   • [c] 종합적인

[4] local •   • [d] 지역의, 현지의

[5] favor •   • [e] 호의, 친절, 부탁

[6] overall •   • [f] 고대의, 오래된

[7] biography •   • [g] 공연, 연주회

[8] invention •   • [h] 호수

 2. 우리말 뜻에 맞게 빈칸에 알맞은 단어를 보기에서 찾아 쓰세요.

| basic | experiment | painful | rapid |

[1] **Can you check up on our potato _____ .**

우리 감자에 관한 실험 좀 봐주시겠어요?

[2] **That's a _____ right of being human.**

그것은 인간으로서의 기본권이다.

[3] **There has been a _____ build up in carbon dioxide emission in the recent years.**

최근 몇 년 동안 이산화탄소 배출량이 급증 해왔다.

[4] **He has a very _____ toothache.**

그는 매우 아픈 치통을 가지고 있다.

SELF TEST

01	ancient		16		아픈, 괴로운
02		호수	17	rapid	
03	performance		18		기본적인
04		전자 우편	19	get rid of	
05	local		20		(전문)대학
06		호의, 친절, 부탁	21	brain	
07	overall		22		절벽
08		발명품, 발명	23	experiment	
09	biography		24		분자
10		그래픽의, 생생한	25	nuclear	
11	haircut		26		혼란시키다
12		추정하다	27	imaginary	
13	marriage		28		해결책, 해법
14		캔버스 천, 화폭	29	bravery	
15	brake		30		당구의, 당구

DAY 24

n	application	adj	born	v	increase
adj	central	n	degree	n	fiber
v	assist	v	determine	n	tool
adj	blank	n	system	n	danger
v	depend	adj	enjoyable	adj	cheesy
v	astound	adj	hilarious	n	disgust
n	instance	adj	circular	n	scholarship
v	reject	n	particle	n	revolution
n	success	v	establish	n	institute
n	poet	n	lord	n	tutor

⭐ 표시는 <u>출제 빈도</u>를 나타냅니다.

---

001 ⭐⭐⭐⭐

application

| n | 지원[신청](서) / 적용, 응용 |

ex The school rejected his **application**.
학교는 그의 신청을 거절했다.

The **application** deadline is soon.
지원 마감일이 곧 다가온다.

참고
apply
v. 신청하다,
지원하다

---

002 ⭐⭐⭐⭐

born

| adj | 태생[출신]의 |

ex Where was Jorge Bergoglio **born**?
Jorge Bergoglio가 태어난 곳은 어디인가?

She was **born** in a small village in Russia.
그녀는 러시아의 작은 마을에서 태어났다.

---

003 ⭐⭐⭐⭐

increase

| v | 증가하다 |

ex A cold shower can **increase** body temperature.
찬물로 샤워를 하면 체온이 올라갈 수 있다.

This one will **increase** its battery power.
이것은 배터리 전원을 증가시킬 것이다.

반
decrease
줄다, 감소하다

---

004 ⭐⭐⭐⭐

central

| adj | 중심되는, 가장 중요한 |

ex It is controlled by a **central** bank.
이것은 중앙은행에 의해 통제된다.

These seem quite **central**.
이것들은 꽤나 중요해 보인다.

유
significant
중요한

---

005 ⭐⭐⭐

degree

| n | (각도, 온도 단위인) 도 / 정도 |

ex A bachelor's **degree** in biochemistry, biology,
or chemistry is required.
생화학, 생물학, 화학 학사 학위가 필요하다.

---

006 ⭐⭐⭐

fiber

| n | 섬유, 섬유질 |

ex **Fiber** is good for your health.
섬유질은 건강에 좋다.

Mongee bananas grow by adding **fiber** to the tree.
Mongee 바나나는 나무에 섬유질을 첨가함으로써 자란다.

| 007 ★★ | **v** 돕다, 도움이 되다 | 참고
assistance
n. 도움, 원조, 지원 |

007 ★★

assist

ex He's too busy to **assist** us.
그는 너무 바빠서 우리를 도와줄 수 없다.

To **assist** your partner is your main duty.
너의 파트너를 돕는 것이 너의 주된 임무이다.

---

008 ★★

determine

v 알아내다, 밝히다 / 결정하다

ex How can owners **determine** if their pet is right-handed or left-handed?
주인들은 그들의 애완동물이 오른손잡이인지 왼손잡인지 어떻게 결정할 수 있는가?

---

009 ★★

tool

n 연장, 도구

ex Whenever I do research projects, it has been a good **tool** for me to get useful ideas without wasting time.
연구 프로젝트를 진행할 때마다, 그것은 시간을 낭비하지 않고 유용한 아이디어를 얻을 수 있는 좋은 도구가 되었다.

---

010 ★★

blank

adj 비어 있는   **n** 빈칸, 여백

ex They contain the same number of **blank** discs.
그것들은 같은 수의 빈 디스크를 포함하고 있다.

You should fill up a **blank**.
당신은 빈칸을 채워야 한다.

---

011 ★★

system

n 제도, 체제

ex It had the world's first voting **system**.
그것은 세계 최초의 투표 시스템을 가지고 있었다.

There is a **system** for dumping garbage.
쓰레기를 버리는 제도가 있다.

---

012 ★

danger

n 위험

ex My friend Mariska's shop is in **danger** of foreclosure.
내 친구 Mariska의 가게는 압류 위기에 처해 있다.

Are you in **danger**?
당신은 위험에 처해 있는가?

★ 표시는 <u>출제 빈도</u>를 나타냅니다.

---

013 ★

depend

v 의존하다, 의지하다

ex The popularity of a country with tourists **depends** on a number of factors.
관광객이 많은 나라의 인기는 여러 가지 요인에 달려 있다.

> 참고
> **dependent**
> adj. 의존[의지]하는

---

014 ★

enjoyable

adj 즐거운

ex The city turns the hard and cold winters into something **enjoyable**.
그 도시는 힘들고 추운 겨울을 즐거운 것으로 바꾼다.

---

015 ★

cheesy

adj 싸구려의, 가식적인 / 치즈 냄새[맛]가 나는(느끼한)

ex I don't like the **cheesy** flavor.
나는 느끼한 맛을 좋아하지 않는다.

This cake is so **cheesy**.
이 케이크는 너무 느끼하다.

---

016 ★

astound

v 큰 충격을 주다, 경악시키다

ex He continues to **astound** people around the world.
그는 계속해서 전 세계 사람들에게 충격을 준다.

He just **astounds** her, as always.
그는 언제나 그렇듯이, 그녀를 경악시킨다.

> 참고
> **astonish**
> 깜짝 놀라게 하다

---

017 ★

hilarious

adj 아주 우스운[재미있는]

ex All of her friends think she is **hilarious** and tells funny jokes.
그녀의 모든 친구들은 그녀가 재미있고 재미있는 농담을 한다고 생각한다.

> 類
> **ridiculous**
> 웃기는, 터무니없는

---

018 ★

disgust

n 혐오감 **v** 혐오감을 유발하다

ex She runs away in **disgust**.
그녀는 혐오감을 느끼고 도망간다.

He describes it as **disgusting**.
그는 그것을 혐오스럽다고 묘사한다.

019

instance

| n | 사례, 경우 | v | ~을 예로 들다 |

ex For **instance**, it can cost anywhere from $700 to $3,000 a year to properly feed and care for a dog.
예를 들어, 개를 제대로 먹이고 돌보는 데 연간 700달러에서 3000달러가 들 수 있다.

참고
for instance
예를 들어

020

circular

| adj | 원형의, 둥근 / 순회하는 |

ex Rub wax on the wood in small **circular** clockwise movements.
왁스를 작은 원형 시계 방향으로 나무에 문질러라.

참고
circulate
v. 순환하다

021

scholarship

| n | 장학금, 학문 |

ex My sister got the **scholarship** she applied for!
내 여동생이 지원한 장학금을 받았어!

Maybe you could get a **scholarship** or grant?
장학금이나 보조금을 받을 수 있지 않을까?

022

reject

| v | 거부[거절]하다 |

ex I'm sorry but I have to **reject** your offer.
미안하지만 당신의 제안을 거절해야 한다.

Jean sends an email to **reject** an invitation.
Jean은 초대를 거절하기 위해 이메일을 보낸다.

유
object
반대하다

023

particle

| n | 입자[조각] |

ex This discovery helped prove that light is made of small **particles** called "photons."
이 발견은 빛이 "광자"라고 불리는 작은 입자로 만들어졌다는 것을 증명하는데 도움을 주었다.

024

revolution

| n | 혁명[변혁] / 공전 |

ex It was about the French **Revolution**.
그것은 프랑스 혁명에 관한 것이었다.

It was a true **revolution** in door technology.
그것은 문 기술의 진정한 혁명이었다.

025

success

n 성공, 성과

ex I tried it for two summers, but I didn't have much **success**.
두 번의 여름 동안 해봤지만 큰 성공을 거두지는 못했다.

> 참고
> **succeed**
> v. 성공하다

026

establish

v 설립하다

ex He helped to **establish** many research institutes in India.
그는 인도에 많은 연구소를 설립하는 것을 도왔다.

027

institute

n 기관[협회] **v** 도입하다

ex He is working as a research manager of the **institute**.
그는 그 연구소의 연구 책임자로 일하고 있다.

The new system has been **instituted** this year.
올해 새로운 시스템이 도입됐다.

028

poet

n 시인

ex She is a **poet** from Russia.
그녀는 러시아 출신의 시인이다.

Especially **poets** and writers come to spend time.
특히 시인과 작가들은 시간을 보내기 위해 온다.

> 참고
> **poem**
> 시

029

lord

n 귀족, 경 / 주인, 영주

ex **Lord** Krishna used to enjoy butter when he was just a baby.
Krishna경은 그가 어렸을 때 버터를 즐겨먹곤 했다.

030

tutor

n 가정교사

ex Lovelace's mother hired **tutors** to teach those subjects to her daughter at home.
Lovelace의 어머니는 집에서 딸에게 그 과목들을 가르치기 위해 가정교사를 고용했다.

> 참고
> **tuition**
> 수업, 교습

Practice

  1. 다음 단어들을 올바르게 연결하세요.

(1) application •   • (a) 연장, 도구

(2) born •   • (b) 알아내다, 밝히다

(3) increase •   • (c) 정도, 도

(4) central •   • (d) 돕다, 도움이 되다

(5) degree •   • (e) 지원, 신청, 적용

(6) assist •   • (f) 태어나다, 타고난

(7) determine •   • (g) 증가하다

(8) tool •   • (h) 중심되는

  2. 다음 영어 뜻에 맞게 알맞은 단어를 보기에서 찾아 쓰세요.

particle	astound	hilarious	disgust

(1) affect with wonder or shock

(2) strong feelings of dislike

(3) a relatively small amount of something

(4) extremely funny

SELF TEST

01	application		16		큰 충격을 주다
02		태어나다, 타고난	17	hilarious	
03	central		18		사례, 경우
04		증가하다	19	disgust	
05	degree		20		원형의, 둥근
06		섬유, 섬유질	21	scholarship	
07	assist		22		거부[거절]하다
08		연장, 도구	23	particle	
09	determine		24		혁명[변혁], 공전
10		비어 있는, 빈칸	25	success	
11	danger		26		설립하다
12		제도, 체제	27	institute	
13	depend		28		시인
14		즐거운	29	lord	
15	cheesy		30		가정교사

DAY 25

n	fact		n	article		v	state
n	trick		n	pajamas		n	mind
n	pocket		n	observer		conj	nor
adj	marine		v	lay		v	exaggerate
adj	crucial		v	distress		n	aroma
n	boxer		v	dare		v	indicate
v	ease		v	argue		n	passion
prep	via		adj	automatic		adj	potential
v	suggest		n	comment		adj	direct
v	label		n	rival		adj	alternate

DAY 25

★ 표시는 출제 빈도를 나타냅니다.

---

001 ★★★★

fact

n 사실, 실상, 실제

ex An interesting **fact** about crows is that they tend to have one main mate.
까마귀에 대한 흥미로운 사실은 까마귀들이 한마리의 주 짝을 갖는 경향이 있다는 것이다.

---

002 ★★★★

article

n 글, 기사, 조항

ex Some of the things in this **article** are facts.
이 글의 몇 가지는 사실이다.

This is an interesting **article** in the newspaper.
이것은 신문에 난 흥미로운 기사이다.

---

003 ★★★★

state

v 말하다, 진술하다   **n** 상태, 국가, 나라

ex It is clearly **stated** on the invoice.
명세서에 분명히 명시되어 있습니다.

Your current **state** of registration can be checked online.
당신의 현재 등록 상태는 온라인에서 확인 가능합니다.

---

004 ★★★★

trick

n 속임수, 장난[농담]

ex The **trick** is to hold the cup like this.
속임수는 컵을 이렇게 잡는 것이다.

That was the coolest card **trick** I've ever seen!
그것은 내가 본 것 중 가장 멋진 카드 속임수였다!

참고
tricky
adj. 까다로운,
곤란한, 교묘한

---

005 ★★★

pajamas

n 잠옷, 파자마

ex My **pajamas** are in the wash.
내 잠옷은 세탁 중이다.

I think I need new **pajamas**.
새 잠옷이 필요할 것 같다.

---

006 ★★★

mind

n 마음, 정신

ex She has a lovely **mind**.
그녀는 아름다운 마음을 가졌다.

I'll keep that only in my **mind**.
나는 그것을 마음 속에만 간직할 것이다.

007 ⭐⭐

pocket

n 주머니

ex Did you check your **pocket**?
당신의 주머니를 확인해봤는가?

Maybe it's in the inside **pocket** of my bag.
아마 내 가방 안주머니에 있을 것이다.

---

008 ⭐⭐

observer

n 보는 사람, 목격자, 관찰자

ex The police and other **observers** tried to stop him.
경찰과 다른 목격자들은 그를 막으려고 애썼다.

The clouds could look green to the **observer**.
관찰자에게 구름은 녹색으로 보일 수 있다.

---

009 ⭐⭐

nor

conj ~도 아니다

ex Neither gender **nor** race should play a role
in determining how much an employee gets paid.
성별이나 인종이 직원이 얼마의 돈을 받는지 결정하는 역할을
해서는 안된다.

---

010 ⭐⭐

marine

adj 바다의, 해양의

ex The Keys location offers **marine** activities.
Keys 지역은 해양 활동을 제공합니다.

Where do **marine** mammals get water in the sea?
해양 포유류는 바다 어디에서 물을 얻는가?

참고
submarine
잠수함

---

011 ⭐⭐

lay

v 놓다[두다] / (알을) 낳다

ex I've been trying to get it to **lay** flat all morning.
나는 아침 내내 그것을 평평하게 하려고 노력하고 있다.

In spring, they **lay** eggs on the leaves of plants.
봄에, 그들은 식물의 잎에 알을 낳는다.

---

012 ⭐

exaggerate

v 과장하다

ex Don't **exaggerate** on what it truly is.
그것이 진짜로 무엇이었는지를 과장하지마.

He tends to **exaggerate** his words.
그는 말을 과장하는 경향이 있다.

⑭
overstate
과장하다

013 ⭐

crucial

adj 중대한, 결정적인

ex Genetics are **crucial** in determining fingerprint patterns.
유전학은 지문 패턴을 결정하는데 매우 중요하다.

㈜
critical
중요한, 중대한

---

014 ⭐

distress

v 괴롭히다, 고통스럽게 하다   **n** 고통, 괴로움 / 곤경

ex I thought she looked a little **distressed**.
나는 그녀가 약간 괴로워 보인다고 생각했다.

Robocop has an SOS button for people in **distress**.
Robocop은 곤경에 처한 사람들을 위한 SOS버튼을 가지고 있다.

㈜
anguish
괴로움, 고통

---

015 ⭐

aroma

n (기분 좋은)향기, 방향

ex Cilantro is an herb with a strong **aroma**.
고수는 향이 강한 식물이다.

I could smell the **aroma** filling the room.
나는 방 안에 가득 찬 향기를 맡을 수 있었다.

---

016 ⭐

boxer

n 권투 선수

ex As a **boxer**, he had no advantages.
권투 선수로서, 그는 이점이 없었다.

The **boxer** practices hard for a competition.
그 권투선수는 경기를 위해 열심히 연습한다.

---

017 ⭐

dare

v ~할 용기가 있다 / 감히 ~하다

ex How **dare** you say that I'm not talented in art?
네가 감히 내가 예술에 재능이 없다고 말할 수 있는가?

I **dare** you to talk to that guy!
감히 저 남자랑 얘기해 봐!

---

018 ⭐

indicate

v 나타내다[보여주다]

ex These circles can be used to **indicate** the quantity of an uncountable noun.
이 원들은 셀 수 없는 명사의 양을 나타내는 데 사용될 수 있다.

019

ease

ⓥ 편해지다, 편하게 해 주다   ⓝ 쉬움, 용이함, 편의성

ⓔ Auxiliary languages are designed to **ease** communication between the speakers.
보조 언어는 사람들 간의 의사소통을 용이하게 하기 위해 고안되었다.

---

020 ★

argue

ⓥ 언쟁을 하다, 다투다 / 주장하다, 논증하다

ⓔ They **argue** that many students are already very busy with classes and after school activities.
그들은 많은 학생들이 이미 수업과 방과후 활동으로 매우 바쁘다고 주장한다.

021

passion

ⓝ 격정, 격노

ⓔ I think I'm going to follow my **passion**.
나는 내 열정을 따라갈 것 같다.

She had a deep **passion** for mathematics.
그녀는 수학에 대한 깊은 열정을 가지고 있었다.

022

via

ⓟ (어떤 장소를) 경유하여[거쳐] / 통하여

ⓔ Your package will be delivered **via** mail.
당신의 소포는 우편으로 배달될 것이다.

Could you send it **via** text message?
그것을 문자메시지로 보내줄 수 있니?

023

automatic

adj 자동의

ⓔ It's too bad we don't have **automatic** deposits here.
이곳에서 자동 입금이 되지 않아서 아쉽다.

They have **automatic** timer functions.
그것들은 자동 타이머 기능을 가지고 있다.

024

potential

adj 가능성이 있는, 잠재적인   ⓝ 가능성

ⓔ Most people do not know their **potential**.
대부분의 사람들은 그들의 잠재력을 모른다.

She read about **potential** candidates to vote for.
그녀는 투표할 잠재 후보들에 대해 읽었다.

ⓤ
chance
가능성

DAY 25

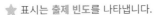

⭐ 표시는 출제 빈도를 나타냅니다.

025

suggest

| v | 제안[제의]하다 |

ex She **suggests** that families bring extra clothing for students in need.
그녀는 가족들이 불우한 학생들을 위해 여분의 옷을 가져오라고 제안한다.

> ㈜ **propose**
> 제안[제의]하다

026

comment

| n | 논평, 언급 | | v | 논평하다 |

ex It was a social website where people could leave **comments** about the books.
그것은 사람들이 책에 대한 댓글을 남길 수 있는 소셜 웹사이트였다.

> ㈜ **remark**
> 발언[말/논평]

027

direct

| adj | 직접적인 |

ex If problems continue, you should talk to him in a **direct** way.
만약 문제가 계속 된다면, 너는 그에게 직접적인 방법으로 말해야 한다.

> 참고 **directly**
> adv. 곧장, 똑바로

028

label

| v | 표를 붙이다 | | n | 표[라벨/상표] |

ex We had to **label** a model of a frog skeleton.
우리는 개구리 골격의 모형이라는 라벨을 붙여야 했다.

We need to buy some **labels** for the names.
이름을 위한 표들을 사야 해.

029

rival

| n | 경쟁자, 경쟁상대 |

ex I consider my brother as my **rival** whenever we eat something nice.
나는 맛있는 것을 먹을 때마다 동생을 라이벌로 생각한다.

> 참고 **rivalry**
> n. 경쟁(의식)

030

alternate

| adj | 번갈아 생기는 |

ex We offer the guests **alternate** menus for breakfast.
우리는 손님들에게 아침메뉴를 번갈아가며 제공한다.

Words will come out in an **alternate** pattern.
단어들은 번갈아 나오는 패턴으로 나올 것이다.

Practice

1. 다음 단어들을 올바르게 연결하세요.

(1) **fact** •   • (a) 나타내다

(2) **article** •   • (b) 바다의, 해양의

(3) **state** •   • (c) 놓다[두다]

(4) **trick** •   • (d) 사실, 실상, 실제

(5) **mind** •   • (e) 글, 기사, 조항

(6) **marine** •   • (f) 마음, 정신

(7) **lay** •   • (g) 상태, 국가, 나라

(8) **indicate** •   • (h) 속임수

2. 우리말 뜻에 맞게 빈칸에 알맞은 단어를 보기에서 찾아 쓰세요.

aroma	potential	exaggerate	passion

(1) **He tends to _____ his words.**
그는 말을 과장하는 경향이 있다.

(2) **Most people do not know their _____.**
대부분의 사람들은 그들의 잠재력을 모른다.

(3) **Cilantro is an herb with a strong _____.**
고수는 향이 강한 식물이다.

(4) **She had a deep _____ for mathematics.**
그녀는 수학에 대한 깊은 열정을 가지고 있었다.

CHAPTER 04   Day 25

SELF TEST

01	fact		16		권투 선수
02		글, 기사, 조항	17	dare	
03	state		18		나타내다
04		속임수, 장난	19	ease	
05	mind		20		언쟁을 하다
06		잠옷, 파자마	21	passion	
07	pocket		22		경유하여, 통하여
08		목격자, 관찰자	23	automatic	
09	nor		24		잠재적인
10		바다의, 해양의	25	suggest	
11	lay		26		논평, 언급
12		과장하다	27	direct	
13	crucial		28		표[라벨/상표]
14		고통, 괴로움	29	rival	
15	aroma		30		번갈아 생기는

DAY 26

v	treat	adj	musical	adj	average
n	process	v	destroy	v	combine
n	individual	n	fridge	n	executive
n	custom	n	documentary	v	beg
n	difficulty	n	pollution	v	rank
n	scenery	v	congratulate	v	tease
v	deny	v	revive	v	persist
n	debate	n	newspaper	adj	false
n	recipient	adj	terrible	n	scandal
n	site	v	recover	v	soak

DAY 26

★ 표시는 출제 빈도를 나타냅니다.

---

001 ★★★★

treat

v 대하다, 여기다, 치료하다

ex It is used to **treat** back pain and knee problems.
그것은 요통과 무릎 문제를 치료하는데 사용된다.

Many people use ice packs to **treat** injuries.
많은 사람들은 부상을 치료하기 위해 얼음 팩을 사용한다.

---

002 ★★★★

musical

adj 음악의, 음악적인

ex I like to play **musical** instruments.
나는 악기 연주하는 것을 좋아한다.

She likes hanging out with **musical** artists.
그녀는 음악 아티스트들과 어울리는 것을 좋아한다.

---

003 ★★★★

average

adj 평균의, 보통의 **n** 평균

ex The **average** Americans eat about 3.5 kilograms of cheese every year.
평균적인 미국인들은 매년 약 3.5 킬로그램의 치즈를 먹는다.

---

004 ★★★★

process

n 과정[절차] **v** 가공[처리]하다

ex All humans have a common **process** in the course of their lives.
모든 인간은 삶의 과정에서 공통적인 과정을 가지고 있다.

---

005 ★★★

destroy

v 파괴하다

ex They **destroy** many houses and other buildings.
그들은 많은 집과 다른 건물들을 파괴한다.

Is the scarf totally **destroyed**?
스카프가 완전히 망가졌는가?

---

006 ★★★

combine

v 결합하다

ex These are metals that **combine** at least two elements.
이것들은 적어도 두 개의 원소를 결합하는 금속이다.

007 ⭐⭐

individual

n 개인 adj 각각[개개]의 / 개인의

ex All of these factors together determine an **individual**'s fingerprints.
이 모든 요소들이 함께 개인의 지문을 결정한다.

---

008 ⭐⭐

fridge

n 냉장고

ex The **fridge** was wide open.
냉장고가 활짝 열려 있었다.

The apples go in the **fridge**.
사과는 냉장고 안에 들어간다.

유
refrigerator
냉장고

---

009 ⭐⭐

executive

n 경영[운영]간부 / 경영[운영]진

ex The **executives** have a meeting regularly to make a crucial decision on the management.
경영진들은 경영의 중요한 결정을 하기 위해 주기적으로 미팅을 가진다.

참고
execute
v. 실행하다,
처형하다

---

010 ⭐⭐

custom

n 관습, 풍습

ex One interesting **custom** is the use of lips to point to things.
한 가지 흥미로운 관습은 사물을 가리키기 위해 입술을 사용하는 것이다.

---

011 ⭐⭐

documentary

n 기록물, 다큐멘터리

ex The library has **documentary** video tapes about animals.
그 도서관에는 동물에 관한 다큐멘터리 비디오 테이프가 있다.

---

012 ⭐

beg

v 간청[애원]하다 / 구걸하다

ex I **beg** of you to forgive me.
용서해주시기를 간청합니다.

She **begged** her parents for a puppy.
그녀는 부모님께 강아지를 달라고 애원했다.

⭐ 표시는 출제 빈도를 나타냅니다.

---

013 ⭐

difficulty

n 어려움, 곤경, 장애

ex It would be suitable for a family travelling with elders who have **difficulty** walking.
거동이 불편한 어르신들과 함께 여행하는 가정에 적합할 것이다.

---

014 ⭐

pollution

n 오염, 공해

ex Tap water is not safe to drink due to **pollution** caused by human waste.
수돗물은 사람의 쓰레기로 인한 오염으로 마시기에 안전하지 않다.

참고
pollute
v. 오염시키다

---

015 ⭐

rank

v 매기다[평가하다]   **n** 지위, 계급

ex The stone still **ranks** high in lists of the rarest gemstones on Earth.
그 돌은 여전히 지구상에서 가장 희귀한 원석 목록에서 높은 순위를 차지하고 있다.

---

016 ⭐

scenery

n 경치, 풍경 / 배경, 무대 장치

ex He decided to bring the lush **scenery** of the media to her.
그는 매체의 풍성한 풍경을 그녀에게 보여주기로 결심했다.

유
landscape
풍경

---

017 ⭐

congratulate

v 축하하다

ex Marco wrote a message to **congratulate** her.
Marco는 그녀를 축하하기 위해 메시지를 썼다.

I'd like to **congratulate** you on winning the race.
당신이 경주에서 이긴 것을 축하하고 싶다.

---

018 ⭐

tease

v 놀리다[장난하다] / 괴롭히다

ex My friends will all **tease** me for being slow.
내 친구들은 모두 내가 느리다고 놀릴 것이다.

You need to stop **teasing** your sister.
여동생을 괴롭히는 것을 그만 둬라.

유
bother
신경 쓰다,
괴롭히다

019 ⭐

deny

v 부인[부정]하다

ex We'll **deny** all charges.
우리는 모든 혐의를 부인할 것이다.

He **denied** saying that it was actually helpful.
그는 그것이 실제로 도움이 된다고 말한 것을 부인했다.

🔄 **admit**
인정[시인]하다

---

020 ⭐

revive

v 회복[소생]하다 / 부활시키다

ex After the new president came, the economy is beginning to **revive**.
새 대통령이 온 뒤 경제가 살아나기 시작하고 있다.

참고 **revival**
n. 회복, 부활

021

persist

v (없어지지 않고) 계속되다

ex Our effort will be **persisted** unless we face a major obstacle.
우리의 노력은 큰 방해물에 닥치지 않는 한 계속될 것이다.

022

debate

n 토론[토의/논의]   **v** 논의하다

ex There was a heated **debate** over the mandatory P.E. class.
의무적인 체육 수업에 대해 열띤 토론이 있었다.

🔄 **controversy**
논란

023

newspaper

n 신문

ex Then he took out a **newspaper** ad declaring she was alive.
그리고 나서 그는 그녀가 살아있음을 알리는 신문광고를 꺼냈다.

024

false

adj 틀린, 사실이 아닌 / 인조의[가짜의]

ex Why can't you tell that his statement is **false**?
왜 그의 진술이 사실이 아닌 것을 알지 못하니?

I really like wearing **false** eyelashes.
나는 속눈썹 붙이는 것을 정말 좋아한다.

🔄 **true**
사실인, 참인

⭐ 표시는 출제 빈도를 나타냅니다.

025

recipient

n **받는 사람, 수령인**

ex The best presents are those that show knowledge of the **recipient**'s likes and dislikes.
가장 좋은 선물은 받는 사람의 호불호에 대한 지식을 보여주는 것이다.

참고
receipt
영수증

026

terrible

adj **끔찍한**

ex It was a **terrible** accident.
그것은 끔찍한 사고였다.

The traffic was **terrible**.
교통체증이 심했다.

㊠
horrible
끔찍한, 소름끼치는

027

scandal

n **스캔들**

ex In spite of the **scandal**, she still remains one of the most popular singers in Asia.
스캔들에도 불구하고, 그녀는 여전히 아시아에서 가장 인기 있는 가수 중 한 명으로 남아 있다.

028

site

n **위치[장소], 현장[부지]**

ex It is a world heritage **site**.
그것은 세계 문화 유산 구역이다.

This **site** is being developed for a complex.
이 장소는 복합단지로 개발되는 중이다.

029

recover

v **회복되다**

ex Also, they drank a beverage made out of plant ashes to **recover** from the tiring game.
또한, 그들은 피곤한 경기를 회복하기 위해 약초 가루로 만든 음료를 마셨다.

㊠
restore
회복시키다,
복원하다

030

soak

v **담그다[담기다] / 흠뻑 적시다**

ex First they **soak** the cow and sheep leather for two days in salt water.
먼저 그들은 소와 양가죽을 소금물에 이틀 동안 담근다.

Practice

 1. 다음 단어들을 올바르게 연결하세요.

(1) treat · · (a) 냉장고

(2) musical · · (b) 개인

(3) average · · (c) 과정, 처리하다

(4) process · · (d) 파괴하다

(5) destroy · · (e) 음악의, 음악적인

(6) combine · · (f) 대하다, 여기다

(7) individual · · (g) 결합하다

(8) fridge · · (h) 평균의, 보통의

 2. 다음 영어 뜻에 맞게 알맞은 단어를 보기에서 찾아 쓰세요.

difficulty	pollution	deny	revive

(1) refuse to accept or believe

(2) requiring great physical or mental effort
to accomplish

(3) get new life or energy to

(4) undesirable state of the natural environment
being contaminated with harmful substances

SELF TEST

01	treat		16		축하하다
02		음악의	17	scenery	
03	average		18		괴롭히다
04		과정[절차]	19	deny	
05	destroy		20		계속되다
06		결합하다	21	revive	
07	individual		22		토론, 논의하다
08		냉장고	23	newspaper	
09	executive		24		틀린
10		관습, 풍습	25	recipient	
11	documentary		26		끔찍한
12		간청[애원]하다	27	scandal	
13	difficulty		28		위치, 현장
14		오염, 공해	29	recover	
15	rank		30		담그다, 적시다

DAY 27

n	tourist	n	placebo	n	conversation
n	athlete	adj	right	n	departure
n	condition	n	account	n	empress
v	annoy	n	treatment	n	disease
n	chorus	n	blister	n	Atlantic
v	exclude	n	carton	adj	familiar
n	genre	adv	hardly	adj	intense
adj	drunk	n	humanity	adj	hostile
n	experience	n	foundation	v	criticize
n	representative	n	impact	v	claim

DAY 27

⭐ 표시는 출제 빈도를 나타냅니다.

---

001 ⭐⭐⭐⭐

tourist

n 관광객

ex Those **tourists** are walking on the railway.
저 관광객들은 철도를 걷고 있다.

The charts reveal information about domestic **tourists**.
그 차트들은 국내 관광객들에 대한 정보를 보여준다.

> 참고
> **tourist attraction**
> 관광 명소

---

002 ⭐⭐⭐⭐

placebo

n 위약, 플라시보

ex Such a pill or shot is known as a "**placebo**."
그런 알약이나 주사는 "위약"으로 알려져 있다.

The **placebo** effect does not usually last a long time.
위약 효과는 보통 오래 지속되지 않는다.

---

003 ⭐⭐⭐⭐

conversation

n 대화, 회화

ex We had a full **conversation** in English the other day.
요전 날 우리는 영어로 완전한 대화를 나누었다.

The **conversation** is so dull at the moment.
지금 대화가 너무 재미없다.

---

004 ⭐⭐⭐⭐

athlete

n 선수

ex This prevents the **athletes** from only focusing on one of the two sports.
이것은 선수들이 두 스포츠 중 오직 한 종목에만 집중하는 것을 막는다.

> 참고
> **athletics**
> 육상 경기, 운동 경기

---

005 ⭐⭐⭐⭐

right

adj 옳은, 올바른 **adv** 바로, 꼭, 정확히

ex She is the **right** person for the position.
그녀는 그 자리에 적임자다.

I'll grab a quick bite **right** after calculus class.
나는 미적분학 수업이 끝나고 바로 간단히 먹을 것이다.

---

006 ⭐⭐⭐⭐

departure

n 떠남, 출발

ex Please check in at least an hour before **departure**.
적어도 출발 한 시간 전에 체크인 하십시오.

The airplane's **departure** was delayed.
비행기 출발이 지연되었다.

> 반
> **arrival**
> 도착

007 ★★★

condition

n 상태

ex Such **condition** can be dangerous for drivers.
그러한 상태는 운전자에게 위험할 수 있다.

The **condition** seems to be genetic.
그 병세는 유전적인 것 같다.

---

008 ★★

account

n 계좌, 장부 **v** 간주하다, 여기다

ex The **account** has been closed.
계정이 정지되었다.

Take into **account** different word meanings.
다른 단어 뜻을 고려해봐야 한다.

참고
take into account
~을 고려하다

---

009 ★★

empress

n 여자 황제, 황후

ex She moved to the imperial court to be an aid to the **Empress**.
그녀는 황후의 조력자가 되기 위해 황궁으로 갔다.

참고
emperor
황제

---

010 ★★

annoy

v 짜증나게 하다 / 귀찮게 하다

ex You **annoy** me sometimes.
넌 가끔 날 짜증나게 한다.

Why is the man **annoyed**?
남자는 왜 화가 났는가?

⊕
irritate
짜증나게 하다

---

011 ★★

treatment

n 치료, 대우 / 논의, 처리

ex Don't worry, this **treatment** is painless.
걱정하지 마라, 이 치료법은 고통스럽지 않다.

The man received poor **treatment**.
그 남자는 형편없는 대우를 받았다.

참고
treat
v. 대하다, 다루다

---

012 ★★

disease

n 질병, 질환

ex One of our dogs died because of a **disease**.
우리 개들 중 한 마리가 질병 때문에 죽었다.

Thousands of people die from **diseases** every year.
매년 수천 명의 사람들이 질병으로 죽는다.

⊕
illness
병, 아픔

⭐ 표시는 <u>출제 빈도</u>를 나타냅니다.

---

013 ⭐

chorus

 n 후렴, 합창곡

ex Then there was a **chorus**.
그러고 나서 합창이 있었다.

We joined a **chorus** club.
우리는 합창 동아리에 가입했다.

참고
choir
합창단, 성가대

---

014 ⭐

blister

 n 물집, 수포

ex Apply tape to hot spots on the foot in order to avoid **blisters**.
발바닥의 뜨거운 곳에 물집이 생기지 않도록 테이프를 붙여라.

---

015 ⭐

Atlantic

 n 대서양 **adj** 대서양의

ex The Bermuda Triangle is located in the **Atlantic** Ocean.
버뮤다 삼각지대는 대서양에 위치해 있다.

The airplane is crossing the **Atlantic** ocean.
비행기가 대서양을 건너고 있다.

참고
Pacific
태평양의

---

016 ⭐

exclude

 v 제외[배제]하다

ex There are ten people **excluding** our class members.
우리 반 구성원들을 제외하고 10명이 있다.

This **excludes** the one we learned yesterday.
이것은 우리가 어제 배운 것을 제외한다.

반
include
포함하다

---

017 ⭐

carton

 n 통, 상자

ex One **carton** is for an adult a maximum of one day.
한 상자는 성인 한 명이 최대 하루까지 버틸 수 있다.

The **carton** should be stored in the fridge.
그 상자는 냉장고에 보관해야 한다.

유
crate
상자

---

018 ⭐

familiar

adj 익숙한, 친숙한

ex Curling may not seem like a **familiar** sport to people in many countries.
컬링은 많은 나라 사람들에게 친숙한 스포츠처럼 보이지 않을 수도 있다.

019

genre

n 장르

ex Rock is a **genre** of music that started in America in the 1950s.
락은 1950년대에 미국에서 시작된 음악의 한 장르이다.

020

hardly

adv 거의~아니다

ex That **hardly** seems fair.
그것은 거의 공평해 보이지 않는다.

As he is old, he can **hardly** walk.
그는 나이가 많아서 거의 걷지 못한다.

021

intense

adj 극심한, 강렬한

ex The liquid he produced left an **intense** purple color when it touched cloth.
그가 생성한 액체는 천에 닿았을 때 강렬한 보라색을 남겼다.

참고
intensity
n. 강렬함, 격렬함

022

drunk

adj 술이 취한

ex He can't remember what he says when he is **drunk**.
그는 술에 취하면 그가 말한 것을 기억하지 못한다.

I've never seen her **drunk**.
나는 그녀가 술에 취한 것을 본 적이 없다.

023

humanity

n 인류, 인간성

ex Her discovery was so important to **humanity** that Tu won the Nobel Prize for Medicine in 2015.
그녀의 발견은 인류에게 매우 중요했기 때문에 Tu는 2015년에 노벨 의학상을 수상했다.

024

hostile

adj 적대적인

ex The government was **hostile** against them.
정부는 그들에게 적대적이었다.

She has never been **hostile** to others.
그녀는 지금까지 남에게 적대시해 본 적이 없다.

참고
hostility
n. 적의, 적대감

CHAPTER 04   Day 27

★ 표시는 출제 빈도를 나타냅니다.

025

experience

n 경험[경력]

ex Money is important, but job **experience** is important by itself.
돈도 중요하지만, 직업 경험도 그 자체로 중요하다.

026

foundation

n 토대[기초], 재단

ex They got scholarships from her family's **foundation**.
그들은 그녀의 가족 재단에서 장학금을 받았다.

His words have no **foundation**.
그의 말은 근거가 없다.

027

criticize

v 비판[비난]하다 / 비평하다

ex Pop art was heavily **criticized**.
팝아트는 혹평을 받았다.

He was **criticized** because he wanted fame too much.
그는 그가 명성을 지나치게 원했기 때문에 비판받았다.

참고
critic
n. 비평가, 평론가

028

representative

n 대표, 대리인

ex He is advised to wait to speak to the **representative**.
그는 대표에게 말할 때까지 기다려야 한다.

Jack became a class **representative** this year.
Jack이 올해 반 대표가 되었다.

참고
represent
v. 대표[대신]하다

029

impact

n 영향, 충격 **v** 영향[충격]을 주다

ex Her life proves that even someone born in a small village can have a giant **impact** on the entire world.
그녀의 삶은 작은 마을에서 태어난 사람조차도 전 세계에 큰 영향을 미칠 수 있다는 것을 증명한다.

유
influence
영향, 영향력

030

claim

v 주장하다 / 요구[요청]하다

ex Sellers **claim** that there are no stocks left.
판매자들은 재고가 남아 있지 않다고 주장한다.

The customer **claims** that the fries are too thick.
고객은 튀김이 너무 두껍다고 주장한다.

Practice

 1. 다음 단어들을 올바르게 연결하세요.

(1) tourist   •   •   (a) 짜증나게 하다

(2) conversation   •   •   (b) 계좌, 장부

(3) athlete   •   •   (c) 여자 황제, 황후

(4) representative   •   •   (d) 대표, 대리인

(5) condition   •   •   (e) 상태

(6) account   •   •   (f) 관광객

(7) empress   •   •   (g) 대화, 회화

(8) annoy   •   •   (h) 선수

 2. 우리말 뜻에 맞게 빈칸에 알맞은 단어를 보기에서 찾아 쓰세요.

representative   hardly   familiar   hostile

(1) **The government was**   **against them.**

정부는 그들에게 적대적이었다.

(2) **As he is old, he can**   **walk.**

그는 나이가 많아서 거의 걷지 못한다.

(3) **Jack became a class**   **this year.**

Jack이 올해 반 대표가 되었다.

(4) **Curling may not seem like a**   **sport to people in many countries.**

컬링은 많은 나라 사람들에게 친숙한 스포츠처럼 보이지 않을 수도 있다.

SELF TEST

01	tourist		16		제외[배제]하다
02		위약, 플라시보	17	carton	
03	conversation		18		익숙한, 친숙한
04		선수	19	hardly	
05	right		20		장르
06		떠남, 출발	21	intense	
07	condition		22		술이 취한
08		계좌, 장부	23	humanity	
09	empress		24		적대적인
10		짜증나게 하다	25	experience	
11	disease		26		토대[기초]
12		치료, 대우	27	criticize	
13	chorus		28		대표, 대리인
14		물집, 수포	29	impact	
15	Atlantic		30		주장하다

DAY 28

n emergency	n machine	n scooter
n thunder	n flyer	n eruption
n paleontology	v overcome	adj northern
n mansion	n jellyfish	n ache
v conquer	n bumper	adj hesitant
v appoint	n mess	v pinch
adj regular	adj puffy	adj catholic
adj curvy	n wave	n activist
adj ethnic	n village	v achieve
n seed	n monarchy	n spaceship

DAY 28

★ 표시는 출제 빈도를 나타냅니다.

001 ★★★★

emergency

n **비상(사태)**

ex I added a blanket to the **emergency** kit.
나는 비상키트에 담요를 추가했다.

Why is the red **emergency** light on?
왜 붉은색 비상등이 켜져있는가?

002 ★★★★

machine

n **기계**

ex You can add items while the **machine** is running.
당신은 기계가 작동되는 도중에 물품을 추가할 수 있다.

The **machine** only takes quarters.
그 기계는 오직 25센트 동전만을 받는다.

003 ★★★★

scooter

n **스쿠터(소형 오토바이)**

ex I'd like a **scooter** for my birthday.
나는 생일선물로 스쿠터를 받고 싶다.

What does Jenna like about her **scooter**?
Jenna가 그녀의 스쿠터의 어떤 점을 좋아하는가?

004 ★★★★

thunder

n **천둥**

ex There is **thunder** and rain now in Australia.
지금 호주에는 천둥이 치고 비가 내린다.

The **thunder** continued for over 30 minutes.
천둥은 30분 넘게 계속되었다.

005 ★★★

flyer

n **전단**

ex It was announced in the **flyer** last week.
그것은 지난주에 전단지에 발표되었다.

This week's **flyer** contained a mistake.
이번주의 전단지는 실수를 포함했다.

006 ★★★

eruption

n **분출, 폭발**

ex They are caused by the **eruption** of magma.
그것들은 마그마의 분출에 의해 야기된다.

A volcano **eruption** can be seen in this area.
이 지역에서 화산 폭발이 발견될 수 있다.

㊌ **explosion** 폭발

007 ⭐⭐

paleontology

| n | 고생물학, 화석학 |

ex She knew about fossils well, but never studied **paleontology** in school.
그녀는 화석에 대해 잘 알고 있었지만 학교에서 고생물학을 공부한 적은 없었다.

---

008 ⭐⭐

overcome

| v | 극복하다 |

ex Thanks to him, I was able to **overcome** hardships.
나는 그 덕분에 고난을 극복할 수 있었다.

Whales **overcome** the low oxygen level by doing so.
고래는 그렇게 함으로써 낮은 산소 농도를 극복한다.

---

009 ⭐⭐

northern

| adj | 북쪽에 위치한 |

ex The **northern** part of Europe has long winters.
유럽의 북부는 긴 겨울을 가진다.

Korea is in the **Northern** Hemisphere.
한국은 북반구에 있다.

---

010 ⭐⭐

mansion

| n | 대저택 |

ex Fans can explore the **mansion** while listening to songs from the latest album.
팬들은 최신 앨범의 노래를 들으며 대저택을 탐험할 수 있다.

---

011 ⭐⭐

jellyfish

| n | 해파리 |

ex Stay away from the **jellyfish** to avoid getting hurt.
다치고 싶지 않으면 해파리에서 멀리 떨어져라.

Its diet mainly consists of **jellyfish**.
그것의 먹이는 주로 해파리로 이루어져 있다.

---

012 ⭐

ache

| n | 아픔, 통증 |

ex I have a serious **ache** in my right knee.
내 오른쪽 무릎이 심각하게 아프다.

She has an **ache** in the left leg.
그녀는 왼쪽 다리에 통증이 있다.

참고
hemisphere
반구

⭐ 표시는 출제 빈도를 나타냅니다.

---

013 ⭐

conquer

| v | 정복하다 |

ex The French **conquered** the British in 1066 A.D.
프랑스는 서기 1066년에 영국을 정복했다.

My dream is to **conquer** Everest someday.
내 꿈은 언젠가 에베레스트를 정복하는 것이다.

유
defeat
패배시키다

---

014 ⭐

bumper

| n | 범퍼 |

ex The **bumper** in the car is essential since it absorbs shock on impact.
차 안의 범퍼는 충돌 시 충격을 흡수하기 때문에 필수적이다.

---

015 ⭐

hesitant

| adj | 망설이는 |

ex Yes, I am also a little **hesitant** to try.
응, 나도 시도하기가 조금 망설여져.

I was **hesitant** to meet new people.
나는 새로운 사람들을 만나는 것을 망설였다.

유
reluctant
꺼리는

---

016 ⭐

appoint

| v | 임명하다, 정하다 |

ex Our boss **appointed** a new secretary.
우리 사장은 새 비서를 임명했다.

Pickup will occur on the **appointed** day.
픽업은 지정된 날짜에 이루어진다.

참고
secretary
비서

---

017 ⭐

mess

| n | 엉망(진창)인 상태 |

ex The country was a **mess** after the storm.
폭풍이 지나간 후 그 나라는 엉망진창이었다.

We made a bit of a **mess**.
우리는 약간 엉망진창을 만들었다.

---

018 ⭐

pinch

| v | 꼬집다 |

ex Don't **pinch** me anymore, it hurts.
더 이상 꼬집지 마, 아파.

Buy food in bulk and split the costs to **pinch** pennies.
음식을 대량으로 사서 지출을 최대한 줄여보아라.

참고
pinch pennies
지출을 최대한 줄이다

019

regular

adj 정기적인, 규칙적인

ex We are **regular** customers of this restaurant.
우리는 이 식당을 정기적으로 방문하는 손님이다.

I take a walk on a **regular** basis.
나는 규칙적으로 산책을 한다.

020 ⭐

puffy

adj 부어있는 것 같은 / 뭉게뭉게 피어오른

ex These **puffy** clouds are the ones that many children first learn to draw.
이 뭉게구름은 많은 어린이들이 처음으로 그리는 것을 배우는 구름이다.

021

catholic

adj 가톨릭교회의

ex The "Sagrada Familia" is a giant **Catholic** church.
Sagrada Familia는 거대한 가톨릭 교회이다.

Some **Catholic** leaders suggested banning coffee.
일부 가톨릭 지도자들은 커피 금지를 제안했다.

022

curvy

adj 굴곡이 많은

ex Instead, they look like **curvy** waves.
대신, 그것들은 곡선의 파도처럼 보인다.

It is well-known for a balanced, **curvy** shape.
그것은 균형있고 굴곡이 있는 모양으로 유명하다.

023

wave

n 파도, 물결 **v** 흔들다

ex The **waves** become bigger during a storm.
파도는 폭풍우 동안 더 커진다.

Make sure you **wave** to your parents before you leave.
떠나기 전에 부모님께 손을 흔들어 드리도록 해라.

024

activist

n 운동가, 활동가

ex Yousafzai is a very brave **activist** from Pakistan.
Yousafzai는 파키스탄 출신의 매우 용감한 운동가이다.

She was a respected environmental **activist**.
그녀는 훌륭한 환경 운동가였다.

025

ethnic

adj **민족[종족]의**

ex People from the two countries are in the same **ethnic** group.
두 나라에서 온 사람들은 같은 인종 집단에 속한다.

026

village

n **촌락, 마을**

ex This **village** has a very unique wedding ceremony.
이 마을에는 매우 독특한 결혼식이 있다.

The population in many Italian **villages** is aging.
많은 이탈리아 마을들의 인구는 고령화되고 있다.

027

achieve

v **달성하다, 이루다**

ex The purple team has **achieved** the victory!
보라색 팀이 승리를 달성했다!

You can **achieve** that by cutting out some words.
당신은 몇 개의 단어를 잘라냄으로써 그것을 이룰 수 있다.

⟱
accomplish
성취하다

028

seed

n **씨앗**

ex You must water the **seed** to make it grow.
씨앗이 자라게 하려면 물을 주어야 한다.

You must plant a **seed** before you reap anything.
어떤 것이든 수확하기 전에 씨를 뿌려야 한다.

029

monarchy

n **군주제**

ex The UK is an example of a constitutional **monarchy**.
영국은 입헌군주제의 한 예이다.

The country has kept the **monarchy** for a long time.
그 나라는 군주제를 긴 시간 동안 유지해왔다.

030

spaceship

n **우주선**

ex The NASA **spaceship** is in orbit around the moon.
NASA 우주선은 달 주위를 공전하고 있다.

She flew into space in a **spaceship**.
그녀는 우주선을 타고 우주로 날아갔다.

Practice

 1. 다음 단어들을 올바르게 연결하세요.

(1) emergency •   • (a) 극복하다

(2) wave •   • (b) 아픔, 통증

(3) achieve •   • (c) 비상(사태)

(4) pinch •   • (d) 망설이는

(5) hesitant •   • (e) 임명하다

(6) ache •   • (f) 꼬집다

(7) overcome •   • (g) 파도, 물결

(8) appoint •   • (h) 달성하다, 이루다

 2. 다음 영어 뜻에 맞게 알맞은 단어를 보기에서 찾아 쓰세요.

| thunder | conquer | machine | seed |

(1) a small object produced by a plant and from which, when it is planted, a new plant can grow

(2) the sound that follows a flash of lightning and is caused by sudden

(3) overcome and take control of (a place or people) by use of military force

(4) an apparatus using or applying mechanical power and having several parts

SELF TEST

01	monarchy		16	극복하다
02		망설이는	17	curvy
03	spaceship		18	고생물학, 화석학
04		범퍼	19	catholic
05	seed		20	분출, 폭발
06		정복하다	21	puffy
07	achieve		22	전단
08		아픔, 통증	23	regular
09	village		24	천둥
10		해파리	25	pinch
11	ethnic		26	스쿠터
12		대저택	27	mess
13	activist		28	기계
14		북쪽에 위치한	29	appoint
15	wave		30	비상(사태)

TOSEL 실전문제 ④

SECTION II. Reading and Writing

PART B. Situational Writing

DIRECTIONS: For questions 1 to 6, look at the pictures and complete the sentences. Choose the option that BEST completes the sentence.

지시 사항: 1번부터 6번까지는 그림을 보고 문장을 완성하는 문제입니다. 가장 알맞은 답을 고르세요.

---

1. ● 2020 TOSEL 기출

The girl is _____ about her early bedtime.

(A) happy

(B) tearful

(C) excited

(D) annoyed

2. ● 2019 TOSEL 기출

We put our family _____ in a frame.

(A) motto

(B) garden

(C) degree

(D) portrait

3.

They are _____ together.

(A) fixing a machine

(B) presenting a project

(C) doing an experiment

(D) analyzing an artwork

4.

She is _____ her nose.

(A) hurting

(B) washing

(C) smelling

(D) pinching

5.

Whales are one of the _____ mammals.

(A) tame

(B) flying

(C) marine

(D) mythological

6.

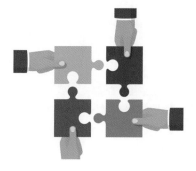

_____ all the pieces to make one puzzle.

(A) Combine

(B) Continue

(C) Empress

(D) Translate

CHAPTER 05

DAY 29

adj	powerful	adj	salty	v	unite
adj	artificial	n	prince	n	opinion
n	artwork	n	destination	v	beat
n	fame	n	basement	adj	drowsy
n	biology	v	exercise	v	frustrate
n	hatchet	n	lecture	prep	beneath
n	mystery	n	personality	n	train
adj	intelligent	n	cradle	n	manager
adj	industrial	n	fantasy	adj	magical
n	realism	n	bestseller	n	literature

DAY

⭐ 표시는 출제 빈도를 나타냅니다.

---

001 ⭐⭐⭐⭐

powerful

`adj` **영향력 있는, 강력한**

`ex` The president is a very **powerful** individual.
대통령은 매우 영향력이 있는 인물이다.

A **powerful** boat was brought in to take the ship away.
그 배를 보내기 위해 강력한 보트가 들어왔다.

> 㛅
> **influential**
> 영향력이 있는

---

002 ⭐⭐⭐⭐

salty

`adj` **짭짤한**

`ex` Fresh fish from the sea taste **salty**.
바다에서 나는 신선한 생선은 짭짤하다.

Put some more water to reduce **salty** taste.
짠 맛을 줄이려면 물을 더 넣어라.

---

003 ⭐⭐⭐⭐

unite

`v` **연합하다**

`ex` The workers **united** to bargain for better pay.
근로자들이 연합하여 임금 인상을 협상했다.

The particles I observed tend to **unite**.
내가 관찰한 입자들이 합쳐지려는 경향을 보인다.

---

004 ⭐⭐⭐⭐

artificial

`adj` **인공의**

`ex` These **artificial** diamonds are very small.
이 인공 다이아몬드는 매우 작다.

The **artificial** milk is environmentally friendly.
인공 우유는 환경 친화적이다.

---

005 ⭐⭐⭐

prince

`n` **왕자**

`ex` The young **prince** and his wife live in the castle.
어린 왕자와 그의 부인은 성에 산다.

Once upon a time, there was a brave **prince**.
옛날 옛적에, 용감한 왕자가 있었다.

> 참고
> **princess**
> 공주

---

006 ⭐⭐⭐

opinion

`n` **의견**

`ex` I have a different **opinion** from yours.
나는 당신과 다른 의견이 있다.

She is open to new ideas and **opinions**.
그녀는 새로운 아이디어와 의견에 열려있다.

007 ⭐ ⭐

artwork

n 공예품

ex Some of the **artworks** look strange to me.
몇몇 공예품은 나에게는 이상해보인다.

The **artworks** lost a lot of their original colors.
이 공예품들은 원래의 색깔을 많이 잃었다.

---

008 ⭐ ⭐

destination

n 목적지

ex They reached their **destination** at midnight.
그들은 자정에 그들의 목적지에 도착했다.

Please wake me up when we reach our **destination**.
우리가 목적지에 다다르면 저를 깨워주세요.

---

009 ⭐ ⭐

beat

v 이기다 / 때리다 / 심장이 고동치다

ex He beat a snake to **death**.
그는 뱀을 죽을 때까지 때렸다.

The pulse **beats** very fast.
심장 맥박이 매우 빨리 뛴다.

참고
pulse
맥박

---

010 ⭐ ⭐

fame

n 명성

ex He had a passion for money and **fame**.
그는 돈과 명예에 대한 열정이 있었다.

Gagarin achieved instant international **fame**.
Gagarin은 즉각적인 국제적 명성을 얻었다.

---

011 ⭐ ⭐

basement

n 지하층

ex Water has leaked into the **basement**.
물이 지하층으로 스며들었다.

The **basement** of my house was flooded yesterday.
내 집의 지하층은 어제 물에 잠겼다.

---

012 ⭐

drowsy

adj 졸리는

ex I am feeling a little **drowsy**.
나는 조금 졸리다.

I feel **drowsy** due to the pills that I took.
나는 내가 먹은 알약 때문에 졸리다.

DAY 29

★ 표시는 **출제 빈도**를 나타냅니다.

---

013 ★

biology

`n` 생물학

`ex` We studied the parts of the body in our **biology** class.
우리는 생물 시간에 신체의 부분에 대해 배웠다.

She had a college degree in **biology**.
그녀는 대학에서 생물학 학위를 받았다.

---

014 ★

exercise

`v` 운동하다 `n` 운동

`ex` He **exercised** regularly to lose weight.
그는 살을 빼기 위해 규칙적으로 운동을 했다.

I tried to **exercise** as often as possible.
나는 가능한 한 자주 운동하려고 노력했다.

---

015 ★

frustrate

`v` 좌절감을 주다 / 불만스럽게 만들다

`ex` One of the painters became **frustrated**.
화가들 중 한 명은 좌절했다.

I was **frustrated** because of his intentional mistake.
나는 그의 고의적인 실수가 불만스러웠다.

---

016 ★

hatchet

`n` 손도끼

`ex` He cut down his father's favorite cherry tree with the **hatchet**.
그는 손도끼로 아버지가 좋아하시는 체리 나무를 베었다.

---

017 ★

lecture

`n` 강의

`ex` I have a **lecture** early tomorrow morning.
나는 내일 아침 일찍 강의가 있다.

After the **lecture**, we will have time for questions.
강의가 끝난 후에 우리는 질문할 시간을 가질 것이다.

---

018 ★

beneath

`prep` 아래[밑]에

`ex` The cups are on the shelf **beneath** the plates.
컵들이 접시 아래 선반에 있다.

Do not place items **beneath** tree limbs.
나뭇가지들 아래에 물건을 놓지 말아라.

(반)
beyond
…저편에[너머]

019

mystery

> **n** 수수께끼

> **ex** It is a **mystery** why the Mona Lisa is smiling.
> 모나리자가 왜 웃고 있는지는 수수께끼이다.
>
> The murder **mystery** story was very interesting.
> 살인 수수께끼 이야기는 매우 흥미로웠다.

020 ⭐

personality

> **n** 성격

> **ex** My boyfriend has such a nice **personality**.
> 내 남자친구는 성격이 참 좋다.
>
> She has an outgoing **personality**.
> 그녀는 외향적인 성격이다.

참고
personal
adj. 개인적인

021

train

> **n** 기차 **v** 교육시키다

> **ex** Our city has a new **train** system.
> 우리 도시는 새로운 열차 시스템을 가지고 있다.
>
> Let's construct this model **train** set together.
> 이 모형 열차 세트를 함께 만들어 보자.

022

intelligent

> **adj** 똑똑한

> **ex** You are more **intelligent** than any other students.
> 당신은 다른 어떤 학생들보다 더 똑똑하다.
>
> The discovery of **intelligent** alien life is important.
> 똑똑한 외계 생명체의 발견은 중요하다.

참고
intellectual
adj. 지능의

023

cradle

> **n** 요람, 발상지 **v** 부드럽게 안다

> **ex** Greece was the **cradle** of new civilization.
> 그리스는 새로운 문명의 발상지였다.
>
> She **cradled** her child in her arms.
> 그녀는 아이를 팔에 부드럽게 안았다.

024

manager

> **n** 경영자

> **ex** She informed her **manager** of the weekly schedule.
> 그녀는 경영자에게 이번주 스케줄을 알렸다.
>
> A sports **manager** gave drugs to athletes.
> 스포츠 매니저는 운동선수들에게 약을 주었다.

CHAPTER 05   Day 29

★ 표시는 출제 빈도를 나타냅니다.

025

industrial

adj 산업의

ex I'm not sure about **industrial** engineering as a major anymore.
나는 산업공학을 전공으로 하는 것에 대해 더 이상 확신이 없다.

참고
industrious
adj. 근면한

026

fantasy

n 공상

ex This game is set in a **fantasy** world.
이 게임은 환상의 세계에서 일어난다.

The genre of the movie was romantic **fantasy**.
그 영화의 장르는 로맨틱 판타지였다.

유
daydream
공상

027

magical

adj 마법의

ex This story is about a boy who travels by train to a **magical** world.
이 이야기는 기차를 타고 마법의 세계로 여행하는 한 소년에 관한 이야기이다.

028

realism

n 사실주의

ex He gave up completing his plans because of his **realism**.
그는 현실주의 때문에 계획을 완성하는 것을 포기했다.

반
idealism
이상주의

029

bestseller

n 베스트셀러

ex It became a **bestseller** immediately.
그것은 즉시 베스트셀러가 되었다.

The book was a **bestseller**.
그 책은 베스트셀러였다.

030

literature

n 문학

ex What is the benefit of studying English **literature**?
영문학 공부의 이점은 무엇인가?

Literature involves reading made-up stories.
문학은 지어낸 이야기를 읽는 것을 포함한다.

Practice

 1. 다음 단어들을 올바르게 연결하세요.

(1) drowsy •   • (a) 인공의

(2) manager •   • (b) 지하층

(3) fantasy •   • (c) 졸리는

(4) cradle •   • (d) 좌절감을 주다

(5) personality •   • (e) 성격

(6) basement •   • (f) 요람, 발상지

(7) artificial •   • (g) 경영자

(8) frustrate •   • (h) 공상

 2. 우리말 뜻에 맞게 빈칸에 알맞은 단어를 보기에서 찾아 쓰세요.

literature	opinion	lecture	industrial

(1) **After the** _____ **we will have time for questions.**
강의가 끝난 후에 우리는 질문할 시간을 가질 것이다.

(2) **I'm not sure about** _____ **engineering as a major anymore.**
나는 산업공학을 전공으로 하는 것에 대해 더 이상 확신이 없다.

(3) **I have a different** _____ **from yours.**
나는 당신과 다른 의견이 있다.

(4) **What is the benefit of studying English** _____ **?**
영문학 공부의 이점은 무엇인가?

SELF TEST

01	literature		16		목적지
02		손도끼	17	intelligent	
03	bestseller		18		공예품
04		운동, 운동하다	19	train	
05	realism		20		의견
06		생물학	21	personality	
07	powerful		22		왕자
08		졸리는	23	mystery	
09	magical		24		인공의
10		지하층	25	beneath	
11	industrial		26		연합하다
12		명성	27	lecture	
13	beat		28		짭짤한
14		경영자	29	frustrate	
15	cradle		30		공상

DAY 30

v	hire		n	caffeine		n	prize
v	explain		adj	sturdy		n	rose
v	adopt		v	cancel		adv	nowadays
v	depress		v	operate		v	deserve
n	expression		v	frighten		n	gloss
n	household		v	juggle		n	lifetime
n	nutrition		n	locker		n	freedom
adj	talented		adj	awful		adj	realistic
v	transform		v	cast		n	lifestyle
n	value		n	coast		v	trade

⭐ 표시는 출제 빈도를 나타냅니다.

---

001 ⭐⭐⭐⭐

hire

| v | 고용하다 |

ex I'll **hire** somebody to shovel it off.
나는 그것을 퍼낼 사람을 고용할 것이다.

They **hired** two new employees.
그들은 두 명의 새로운 직원들을 고용했다.

유
employ
고용하다

---

002 ⭐⭐⭐⭐

caffeine

| n | 카페인 |

ex Does that tea have **caffeine** in it?
그 차에 카페인이 들어 있는가?

Caffeine in coffee beans makes you stay awake.
커피에 들어있는 카페인은 당신을 깨어있게 만든다.

---

003 ⭐⭐⭐⭐

prize

| n | 상, 상품 |

ex The winner gets a million dollars as a **prize**.
우승자는 상금으로 백만 달러를 받는다.

He received a **prize** for literature.
그는 문학상을 받았다.

---

004 ⭐⭐⭐⭐

explain

| v | 설명하다 |

ex It is hard to **explain** what I mean right now.
지금은 내 말뜻을 설명하기 어렵다.

Let me **explain** what the plan is for the picnic.
소풍계획이 어떻게 되는지 내가 설명할게.

유
account for
설명하다

---

005 ⭐⭐⭐

sturdy

| adj | 튼튼한, 견고한 |

ex The ship was very **sturdy** and could sail in icy waters.
그 배는 매우 튼튼했고 얼음물 속을 항해할 수 있었다.

Don't worry because this rope is **sturdy**.
이 밧줄은 튼튼하니 걱정하지 마라.

---

006 ⭐⭐⭐

rose

| n | 장미 |

ex Thorns are what makes **roses** special.
가시들은 장미를 특별하게 만든다.

Whenever I see a **rose**, I always think of you.
장미꽃을 볼 때마다 나는 항상 너를 생각해.

| 007 ★★ | **v** 채택하다 |
| **adopt** | **ex** If a quarter of a group **adopts** a new social norm, change can be brought about.
만약 집단의 4분의 1이 새로운 사회적 규범을 채택한다면, 변화를 가져올 수 있다. |

| 008 ★★ | **v** 취소하다 |
| **cancel** | **ex** I need to **cancel** an appointment with a client.
나는 거래처와의 약속을 취소해야 한다.

Unfortunately, the event has been **canceled**.
불행히도, 행사는 취소되었다. |

| 009 ★★ | **adv** 요즘에는 |
| **nowadays** | **ex** The weather **nowadays** is very different from the past.
요즘 날씨가 과거와는 매우 다르다.

Death from the common cold is a rare thing **nowadays**.
감기로 인한 죽음은 요즘 보기 드문 일이다. |

| 010 ★★ | **v** 우울하게 만들다 |
| **depress** | **ex** Thinking of your mistake can **depress** you.
당신의 실수를 생각하는 것은 당신을 우울하게 만든다.

Don't get **depressed**. Your score wasn't too bad.
우울해하지 마. 네 점수는 그리 나쁘지 않았어. |

| 011 ★★ | **v** 작동하다, 가동하다 |
| **operate** | **ex** It is a car that is **operated** by itself.
그것은 스스로 작동되는 자동차이다.

Meantime, our store will continue to **operate**.
한편, 우리의 가게는 계속 가동될 것이다. |

| 012 ★ | **v** …을 받을 만하다 |
| **deserve** | **ex** Her teacher keeps giving her lower grades than she **deserves**.
그녀의 선생님은 계속해서 그녀가 받을 만한 점수보다 낮은 점수를 준다. |

⭐ 표시는 출제 빈도를 나타냅니다.

---

013 ⭐

expression

`n` 표현, 표정

`ex` I'm having trouble with the **expressions** in this essay.
나는 에세이를 쓰는 데 표현에 어려움을 겪고 있다.

Looking at her **expression**, I could tell she was angry.
그녀의 표정을 보고, 나는 그녀가 화가 났다는 것을 알 수 있었다.

---

014 ⭐

frighten

`v` 겁먹게 만들다

`ex` The shadow that **frightened** the children was not a ghost.
아이들을 겁먹게 한 그림자는 유령이 아니었다.

 유
terrify
무섭게하다

---

015 ⭐

gloss

`n` 광택, 빛 `v` 광택을 내다

`ex` I had the photos with a **gloss** finish.
나는 사진들에 대한 마무리로 광택처리를 했다.

The rumor has taken the **gloss** off the event.
이 소문으로 그 행사가 빛을 잃었다.

 유
polish
광택, 윤

---

016 ⭐

household

`n` 가정

`ex` They have a maid to run their **household**.
그들은 가정을 꾸려 나갈 하녀가 있다.

Does anyone in your **household** smoke?
네 집에 담배 피우는 사람이 있니?

참고
maid
하녀

---

017 ⭐

juggle

`v` 저글링하다

`ex` The crown easily **juggled** six balls.
그 광대는 여섯개의 공을 쉽게 저글링했다.

She was good at **juggling**.
그녀는 저글링을 잘 했다.

---

018 ⭐

lifetime

`n` 일생

`ex` You should do voluntary service at least once in your **lifetime**.
당신은 일생에 적어도 한 번은 자원봉사를 해야 한다.

참고
lifespan
수명

019

nutrition

n 영양

ex Refer to the following product **nutrition** label.
다음 제품 영양 라벨을 참조하여라.

He gave a lecture about **nutrition**.
그는 영양에 대해 강의를 했다.

---

020 ★

locker

n 로커, 사물함

ex I thought it was in my **locker**, but it wasn't.
사물함에 있는 줄 알았는데 아니었어.

I left my **locker** key at home.
사물함 열쇠를 집에 두고 왔다.

021

freedom

n 자유

ex **Freedom** after class feels so good.
수업을 마친 후의 자유가 너무 좋다.

Everyone wants to have true **freedom**.
모두들 진정한 자유를 가지고 싶어 한다.

022

talented

adj 재능이 있는

ex That guy is a **talented** actor.
저 남자는 재능 있는 배우이다.

She's definitely a **talented** writer.
그녀는 확실히 재능 있는 작가이다.

㊂
gifted
타고난

023

awful

adj 끔찍한

ex The fruit tastes good, but it has an **awful** smell.
그 과일은 맛은 좋지만 냄새가 끔찍하다.

It has been really **awful** since I started taking the bus.
버스를 타기 시작한 이후로 정말 끔찍했다.

㊂
disgusting
역겨운

024

realistic

adj 현실적인

ex The sets were beautiful but not **realistic**.
그 세트들은 아름다웠지만 현실적이지는 않았다.

Realistic decisions are not always easy to make.
현실적인 결정은 항상 쉽지만은 않다.

㊉
impractical
비현실적인

⭐ 표시는 <u>출제 빈도</u>를 나타냅니다.

025

transform

> v 변형시키다

> ex The young actress **transformed** the film industry.
> 그 젊은 여배우는 영화 산업을 변화시켰다.
>
> That event completely **transformed** my life.
> 그 사건은 내 인생을 완전히 바꿔놓았다.

참고
transformation
변형

026

cast

> v 던지다 n 출연자들

> ex She **cast** doubt on the subject we were learning.
> 그녀는 우리가 배운 주제에 의문을 제기했다.
>
> It features a great **cast** of actors.
> 그것은 대단한 배우 출연진들을 특색으로 삼는다.

참고
cast doubt
의문을 던지다

027

lifestyle

> n 생활방식

> ex Scientists can learn about the habits and **lifestyles** of people from history.
> 과학자들은 역사적 인물들의 생활 습관에 대해 배울 수 있다.

028

value

> n 가치

> ex The **value** of this item exceeds the price.
> 이 품목의 가치가 가격을 초과합니다.
>
> That painting has a high **value**.
> 그 그림은 가치가 높다.

유
worth
…의 가치가 있는

029

coast

> n 해안

> ex The town is on the **coast**.
> 그 도시는 해안에 있다.
>
> The **coast** is filled with people during summer.
> 그 해안은 여름 동안 사람들로 가득 차 있다.

030

trade

> v 거래하다 n 거래, 일

> ex Let's **trade** your drink for two of my biscuits.
> 네 음료를 내 비스킷 두 개랑 거래하자.
>
> What do **trade** unions do for workers?
> 노동조합은 노동자들을 위해 무엇을 하는가?

참고
trade union
노동 조합

Practice

 1. 다음 단어들을 올바르게 연결하세요.

(1) operate   •   • (a) 겁먹게 만들다

(2) frighten   •   • (b) 작동하다

(3) lifestyle   •   • (c) 저글링하다

(4) trade   •   • (d) 로커, 사물함

(5) cast   •   • (e) 끔찍한

(6) awful   •   • (f) 생활방식

(7) locker   •   • (g) 던지다, 출연자들

(8) juggle   •   • (h) 거래,일, 거래하다

 2. 다음 영어 뜻에 맞게 알맞은 단어를 보기에서 찾아 쓰세요.

realistic	adopt	sturdy	deserve

(1) do something or have or show qualities worthy of

(2) strongly and solidly built

(3) choose to take up, follow, or use

(4) accepting things as they are in fact

CHAPTER 05   Day 30

SELF TEST

01	coast	
02		광택
03	trade	
04		겁먹게 만들다
05	value	
06		표현, 표정
07	lifestyle	
08		…을 받을 만하다
09	cast	
10		작동하다
11	transform	
12		우울하게 만들다
13	awful	
14		요즘에는
15	realistic	

16		취소하다
17	talented	
18		채택하다
19	freedom	
20		장미
21	locker	
22		튼튼한, 견고한
23	nutrition	
24		설명하다
25	lifetime	
26		상, 상품
27	juggle	
28		카페인
29	household	
30		고용하다

DAY 31

v	attach	n	cash	n	honeymoon
v	burn	adj	electric	n	knowledge
v	compare	n	acrobat	n	plumber
v	ignore	n	climate	adj	greedy
v	exhaust	v	compliment	n	agency
n	producer	n	slump	adj	toxic
n	combo	n	Arabic	n	importance
n	disappearance	v	disguise	adj	divorced
n	stance	n	ornament	adj	mythical
v	remain	n	dwarf	adj	magnetic

DAY ③①

---

001 ★ ★ ★ ★

attach

> v 첨부하다, 붙이다
>
> ex I've **attached** a picture of our teacher.
> 나는 우리 선생님의 사진을 첨부했다.
>
> **Attach** the uploaded file in the email.
> 업로드된 파일을 이메일에 첨부해라.

반
detach
떼어내다

---

002 ★ ★ ★ ★

cash

> n 현금
>
> ex This store requires you to use physical **cash**.
> 이 상점에서는 실제 현금을 사용해야 한다.
>
> I'm short on **cash** now.
> 나는 지금 현금이 부족하다.

---

003 ★ ★ ★ ★

honeymoon

> n 신혼여행
>
> ex Why did Huma go on her **honeymoon** alone?
> Huma는 왜 혼자 신혼여행을 갔을까?
>
> Let's decide where to go for the **honeymoon**.
> 신혼여행으로 어디를 갈지 정하자.

---

004 ★ ★ ★ ★

burn

> v 태우다
>
> ex He **burned** his toast and spilled his juice.
> 그는 그의 토스트를 태웠고 그의 주스를 엎질렀다.
>
> I watched the wood **burn** slowly.
> 나는 나무가 천천히 타는 것을 보았다.

---

005 ★ ★ ★

electric

> adj 전기의
>
> ex I need to buy an **electric** kettle.
> 나는 전기 주전자를 사야 한다.
>
> When it is bent, an **electric** reaction can occur.
> 이것이 구부러지면 전기 반응이 일어날 수 있다.

참고
electronic
adj. 전자의

---

006 ★ ★ ★

knowledge

> n 지식
>
> ex Her **knowledge** on the topic surprised me.
> 그 주제에 대한 그녀의 지식이 나를 놀라게 했다.
>
> They pass on **knowledge** to the next generation.
> 그들은 지식을 대대로 전수한다.

007 ★ ★

compare

| v | 비교하다 |

ex Use this table to **compare** the two ways of living.
이 표를 사용하여 두 가지 생활 방식을 비교하여라.

The diamond is a common stone **compared** to other gems.
다이아몬드는 다른 보석들에 비해 흔한 돌이다.

유
contrast
대조하다

008 ★ ★

acrobat

| n | 곡예사 |

ex We went to a great circus where only **acrobats** performed on the stage.
우리는 무대 위에서 곡예사들만 공연하는 멋진 서커스에 갔다.

009 ★ ★

plumber

| n | 배관공 |

ex I waited until the **plumber** came to fix water leakage.
나는 배관공이 누수를 고치러 올 때까지 기다렸다.

The **plumber** tried to join the pipes.
배관공이 파이프를 연결하려고 했다.

010 ★ ★

ignore

| v | 무시하다 |

ex They need to **ignore** all the unnecessary comments.
그들은 모든 불필요한 논평들을 무시할 필요가 있다.

He even **ignores** me when I say "Hi."
그는 심지어 내가 "안녕"이라고 말해도 무시한다.

011 ★ ★

climate

| n | 기후 |

ex Death Valley has a unique **climate** because of its location.
죽음의 계곡은 위치 때문에 독특한 기후를 가지고 있다.

참고
drastic
급격한

012 ★

greedy

| adj | 탐욕스러운 |

ex I heard that he is too **greedy**.
나는 그가 너무 욕심이 많다고 들었어.

She looked at it with **greedy** eyes.
그녀는 탐욕스러운 눈으로 그것을 바라보았다.

CHAPTER 05   Day 31

DAY ③

---

013 ★

exhaust

v 기진맥진하게 만들다

ex I was so **exhausted** from client meetings.
나는 고객 미팅 때문에 너무 지쳤다.

I play with my kids even when I'm **exhausted**.
나는 지쳤을 때도 아이들과 논다.

---

014 ★

compliment

v 칭찬하다   **n** 칭찬

ex She often **compliments** the writer's efforts.
그녀는 종종 작가의 노력을 칭찬한다.

His **compliments** made me happy.
그의 칭찬은 나를 행복하게 했다.

---

015 ★

agency

n 단체 / 대리점

ex The head of the police **agency** apologized
to the victim's family.
경찰청장이 피해자 가족에게 사과했다.

---

016 ★

producer

n 생산자

ex It became the largest **producer** of hydroelectric power.
그것은 수력 발전의 최대 생산자가 되었다.

Venezuela is the leading **producer** of petroleum.
베네수엘라는 석유의 주요 생산국이다.

⊕ **consumer**
소비자

---

017 ★

slump

v 급감하다   **n** 급감, 폭락 / 슬럼프

ex The **slump** in oil revenue affected the economy
seriously.
석유 수입의 급감은 경제에 심각하게 영향을 미쳤다.

⊕ **plunge**
급락하다

---

018 ★

toxic

adj 유독성의

ex It's going to spew **toxic** chemicals everywhere!
그것은 독성이 있는 화학물질을 사방에 뿜어낼 것이다!

The set contains **toxic** chemicals.
그 세트에는 독성 화학 물질이 들어 있다.

⊕ **poisonous**
유독한

019

combo

n 콤보

ex It's because we just ordered the $10.00 **combo** deal.
방금 10달러 콤보를 주문했기 때문이다.

I'll have the beef and chicken **combo** platter.
나는 소고기와 닭고기 콤보 플래터로 할게.

---

020 ★

Arabic

n 아랍어 **adj** 아랍어의

ex One day, I want to learn **Arabic**.
언젠가, 나는 아랍어를 배우고 싶어.

They could not learn **Arabic** culture and history.
그들은 아랍 문화와 역사를 배울 수 없었다.

021

importance

n 중요성

ex Our boss stressed the **importance** of teamwork.
우리 사장은 팀워크의 중요성을 강조했다.

I will remind you of the **importance** of safety.
내가 안전의 중요성을 상기시켜줄게.

ⓤ
significance
중요성

022

disappearance

n 실종

ex This **disappearance** is rather mysterious.
이 실종은 다소 불가사의하다.

Her sudden **disappearance** made everyone panic.
그녀의 갑작스런 실종은 모두를 공포에 떨게 했다.

023

disguise

v 변장하다

ex She **disguised** in men's clothing and ran away.
그녀는 남성복 차림으로 변장하고 도망갔다.

He **disguised** as a security guard and robbed a bank.
그는 경비원으로 변장하고 은행을 털었다.

024

divorce

v 이혼하다

ex They were married for ten years, but they got **divorced** last year.
그들은 10년동안 결혼생활을 했으나, 작년에 이혼하였다.

 DAY **31**

⭐ 표시는 출제 빈도를 나타냅니다.

025

stance

n 입장, 자세

ex The newspaper's **stance** toward the issue was rather biased.
그 문제에 대한 신문의 입장은 다소 편파적이었다.

026

ornament

n 장식품 v 장식하다

ex He will remove his lawn **ornaments**.
그는 그의 잔디 장식품을 제거할 것이다.

I made a key **ornament** using clay.
나는 점토로 열쇠 장식을 만들었다.

유 **embellish**
장식하다

027

mythical

adj 신화 속에 나오는

ex The tusk of this animal's head looks similar to the **mythical** unicorn.
이 동물의 머리의 상아는 신화 속의 유니콘과 비슷해보인다.

참고 **mythology**
n. 신화

028

remain

v 계속[여전히]…이다

ex You should **remain** seated due to turbulence.
당신은 난기류 때문에 자리에 앉아 있어야한다.

Please **remain** calm until further notice.
추후 공지가 있을 때까지 침착하세요.

참고 **remains**
n. 유적, 유해

029

dwarf

n 난쟁이 adj 소형의

ex One of the **dwarfs** in the story "Snow White" was called Clumsy.
백설공주에 나오는 난쟁이들 중 하나는 서투른 사람이라고 불렸다.

030

magnetic

adj 자성의

ex Tap the card against the black **magnetic** reader.
카드를 검은색 자성 판독기에 대어라.

There is a charge to replace **magnetic** strips on cards.
카드의 자석 조각을 교체하는데에는 비용이 든다.

Practice

 1. 다음 단어들을 올바르게 연결하세요.

(1) **ignore** •	• (a) 태우다
(2) **burn** •	• (b) 비교하다
(3) **compare** •	• (c) 무시하다
(4) **slump** •	• (d) 급감하다, 급감
(5) **Arabic** •	• (e) 아랍어, 아랍어의
(6) **dwarf** •	• (f) 장식품, 장식하다
(7) **ornament** •	• (g) 변장하다
(8) **disguise** •	• (h) 난쟁이, 소형의

 2. 우리말 뜻에 맞게 빈칸에 알맞은 단어를 보기에서 찾아 쓰세요.

disappearance	stance	plumber	knowledge

(1) **I waited until the _____ came to fix water leakage.**
나는 배관공이 누수를 고치러 올 때까지 기다렸다.

(2) **Her _____ on the topic surprised me.**
그 주제에 대한 그녀의 지식이 나를 놀라게 했다.

(3) **This _____ is rather mysterious.**
이 실종은 다소 불가사의하다.

(4) **The newspaper's _____ toward the issue was rather biased.**
그 문제에 대한 신문의 입장은 다소 편파적이었다.

SELF TEST

01	dwarf		16		곡예사
02		대리점, 단체	17	disappearance	
03	remain		18		비교하다
04		칭찬, 칭찬하다	19	importance	
05	mythical		20		지식
06		생산자	21	arabic	
07	ornament		22		전기의
08		탐욕스러운	23	combo	
09	stance		24		태우다
10		기후	25	toxic	
11	divorce		26		신혼여행
12		무시하다	27	slump	
13	disguise		28		현금
14		배관공	29	exhaust	
15	magnetic		30		첨부하다

DAY 32

색상으로 8품사 구분하기

n	명사	noun	pron	대명사	pronoun
v	동사	verb	adj	형용사	adjective
adv	부사	adverb	conj	접속사	conjunction
prep	전치사	preposition	int	감탄사	interjection

n	hummingbird	n	inspection	n	iron
v	lower	n	bulb	n	pipe
n	thousand	prep	underneath	n	volume
adj	stiff	n	posture	adj	alive
v	dine	n	ballpoint	n	forehead
n	calculator	v	predict	n	qualification
n	chemistry	v	publish	v	settle
n	dye	n	empire	n	memorial
n	independence	n	puppet	v	govern
v	observe	n	dusk	n	dawn

⭐ 표시는 출제 빈도를 나타냅니다.

---

001 ⭐⭐⭐⭐

hummingbird

n 벌새

ex Where did the **hummingbird**'s name come from?
벌새의 이름이 어디서 유래되었는가?

Hummingbirds breathe 10 times per second.
벌새들은 1초에 10번씩 숨을 쉰다.

---

002 ⭐⭐⭐⭐

inspection

n 점검

ex An **inspection** by a technician began on Monday.
기술자에 의한 점검이 월요일에 시작되었다.

Car **inspection** is not included in the receipt.
자동차 점검은 영수증에 포함되어 있지 않다.

㊒
examination
검사

---

003 ⭐⭐⭐⭐

iron

n 철, 쇠 / 철분

ex The strong giant lifted the **iron** ball with one hand.
그 강한 거인은 한 손으로 쇠공을 들어올렸다.

Red meat contains a high amount of **iron**.
붉은 고기는 많은 양의 철분을 함유한다.

---

004 ⭐⭐⭐⭐

lower

adj 더 낮은 쪽의　**v** 낮추다

ex Please come to the **lower** deck for a better look.
더 잘 보기 위해 아래 갑판으로 오세요.

The customer wants the price to be **lowered**.
고객은 제품을 더 낮은 가격에 구입하기를 원한다.

---

005 ⭐⭐⭐

bulb

n 전구

ex Thomas Edison made the first light **bulb**.
토마스 에디슨은 최초의 전구를 만들었다.

I need to replace all the broken light **bulbs**.
나는 고장 난 전구를 모두 교체해야 한다.

---

006 ⭐⭐⭐

pipe

n 관, 파이프

ex The water **pipe** often bursts during winter.
그 물 파이프는 겨울동안 종종 터진다.

That **pipe** leaks less gas.
그 파이프는 가스가 덜 샌다.

참고
leak
새다

007 ⭐⭐	**n** 천
thousand	**ex** There are **thousands** of tree species. 몇천 개가 넘는 나무 종류가 있다. Our nation has **thousands** of great soldiers. 우리 나라는 몇천명의 대단한 군인들이 있다.

008 ⭐⭐	**prep** ···의 밑에
underneath	**ex** Your purse is **underneath** the table. 네 지갑은 책상 밑에 있다. I think I saw your key **underneath** the seat of the car. 자동차 좌석 밑에서 네 키를 본 것 같다.

009 ⭐⭐	**n** 용량 / 볼륨
volume	**ex** It is the largest tree by **volume** in the world. 그것은 전 세계에서 부피가 가장 큰 나무이다. Could you turn down the **volume** a little? 볼륨을 조금만 낮춰줄 수 있니?

010 ⭐⭐	**adj** 뻣뻣한 / 힘든
stiff	**ex** The concrete pillars became very **stiff** after a while. 얼마 후 콘크리트 기둥이 매우 뻣뻣해졌다. The competition for the interview looked **stiff**. 인터뷰 경쟁은 힘들어 보였다.

참고
steep
가파른

011 ⭐	**n** 자세
posture	**ex** Maintaining straight body **posture** is so important. 몸의 자세를 바로 유지하는 것은 매우 중요하다. He changed his **posture** because it was uncomfortable. 그는 불편해서 자세를 바꾸었다.

🔄
position
자세

012 ⭐	**adj** 살아 있는
alive	**ex** The fox was caught **alive**. 그 여우는 산채로 잡혔다. Both the twins are **alive**. 쌍둥이 둘 다 살아있다.

⭐ 표시는 <u>출제 빈도</u>를 나타냅니다.

---

013 ⭐

dine

 식사를 하다

ex My family and I often **dine** in an Italian restaurant.
나와 나의 가족은 이탈리안 식당에서 종종 식사를 한다.

They used to **dine** out once a week.
그들은 일주일에 한 번씩 외식을 하곤 했다.

참고
dining
n. 식사, 정찬

---

014 ⭐

ballpoint

n 볼펜

ex Until **ballpoint** pens came along, people wrote with ink.
볼펜이 나오기 전까지 사람들은 잉크를 이용해서 썼다.

---

015 ⭐

forehead

n 이마

ex If I hold my **forehead** like this when I laugh, it prevents wrinkles.
내가 웃을 때 이마를 이렇게 잡으면, 이것은 주름을 예방해준다.

---

016 ⭐

calculator

n 계산기

ex Calculate this question without a **calculator**.
계산기 없이 이 문제를 계산해보아라.

Students cannot use **calculators** during math class.
학생들은 수학시간 동안 계산기를 쓸 수 없다.

---

017 ⭐

predict

 예측하다

ex I **predict** that by next year we won't see them anymore.
나는 내년에는 그들을 볼 수 없을 것이라고 예측한다.

The calendar was used to **predict** eclipses.
그 달력은 식을 예측하기 위해 이용되었다.

㈜
anticipate
예측하다

---

018 ⭐

qualification

n 자격

ex I should have improved my **qualifications** last year.
나는 작년에 내 자격을 향상시켰어야 했다.

You can participate if you meet the **qualifications**.
네가 자격을 만족한다면 참여할 수 있다.

참고
qualify
v. 자격을 얻다

019 ⭐

chemistry

n 화학

ex We learned about metals in **chemistry** class today.
우리는 오늘 화학 시간에 금속에 대해 배웠다.

I am receiving my diploma in **chemistry** course in June.
나는 6월에 화학 과정 수료증을 받는다.

020

publish

v 출판하다

ex I was so happy that the magazine **published** my poem.
그 잡지가 내 시를 출판해서 너무 기뻤다.

How often is the newspaper **published**?
얼마나 자주 신문이 출판되는가?

021

settle

v 자리를 잡다 / 해결하다

ex Our family plans to **settle** in Canada soon.
우리 가족은 캐나다에 곧 자리를 잡으려고 계획중이다.

The intruders **settled** in our neighborhoods.
침입자들은 우리 동네에 정착했다.

022

dye

n 염료   **v** 염색하다

ex Hair **dye** products may contain harmful ingredients.
머리 염색 제품은 위험한 재료들을 포함할 수도 있다.

The man will **dye** his jeans red.
그 남자는 그의 청바지를 붉은색으로 염색할 것이다.

023

empire

n 제국

ex The United States was a colony of the British **Empire**.
미국은 대영제국의 식민지였다.

The Romans built an amazing **empire**.
로마인들은 엄청난 제국을 지었다.

참고
emperor
황제

024

memorial

n 기념비   **adj** 추모의

ex This museum also serves as a war **memorial**.
이 박물관은 또한 전쟁 기념비의 역할을 한다.

The **memorial** ceremony was held at a local church.
추도식은 지역의 한 교회에서 치러졌다.

⭐ 표시는 출제 빈도를 나타냅니다.

025

independence

n **독립**

ex A century has passed since our nation's **independence**.
우리 나라의 독립으로부터 한 세기가 흘렀다.

026

puppet

n **인형, 꼭두각시**

ex It is fun to watch shadow **puppets** move.
그림자 인형이 움직이는 것을 보는 것은 즐겁다.

They could make hand **puppets** in art class.
그들은 예술 수업 시간에 꼭두각시 인형을 만들 수도 있다.

027

govern

v **통치하다**

ex Our president is **governing** our country well.
우리의 대통령은 우리나라를 잘 통치하고 있다.

This region is **governed** by a well-trained leader.
이 지역은 잘 훈련받은 리더로부터 통치되고 있었다.

028

observe

v **관찰하다**

ex We **observed** the full moon last night.
우리는 지난 밤 보름달을 관찰했다.

You can **observe** the class for an hour.
너는 한시간 동안 수업을 관찰할 수 있다.

참고
observance
n. (법률 등의) 준수,
의식

029

dusk

n **황혼, 땅거미**

ex In Ramadan, the fasting time is from dawn to **dusk**.
라마단에서는 새벽부터 황혼까지 금식 시간이 있다.

We waited until the **dusk** to see the sunset.
우리는 일몰을 보기 위해 황혼까지 기다렸다.

030

dawn

n **새벽**

ex I like the fresh scent of the **dawn**.
나는 새벽의 상쾌한 향기가 좋다.

My parents start work at **dawn**.
나의 부모님은 동틀 쯤에 일을 시작한다.

Practice

1. 다음 단어들을 올바르게 연결하세요.

(1) qualification •   • (a) 관, 파이프

(2) settle •   • (b) …의 밑에

(3) memorial •   • (c) 용량, 볼륨

(4) volume •   • (d) 자격

(5) pipe •   • (e) 자리를 잡다

(6) underneath •   • (f) 기념비, 추모의

(7) posture •   • (g) 인형, 꼭두각시

(8) puppet •   • (h) 자세

2. 다음 영어 뜻에 맞게 알맞은 단어를 보기에서 찾아 쓰세요.

inspection	independence	empire	predict

(1) The domain ruled by an emperor or empress

(2) to watch carefully especially with attention to details

(3) say or estimate that something will happen in the future

(4) the fact or state of not being subject to control by others

SELF TEST

01	dusk		16		…의 밑에
02		이마	17	dye	
03	dawn		18		천
04		볼펜	19	settle	
05	observe		20		관, 파이프
06		식사를 하다	21	publish	
07	puppet		22		전구
08		살아 있는	23	chemistry	
09	govern		24		낮추다, 더 낮은
10		자세	25	qualification	
11	independence		26		철, 쇠
12		뻣뻣한, 힘든	27	predict	
13	empire		28		점검
14		용량, 볼륨	29	calculator	
15	memorial		30		벌새

DAY 33

색상으로 8품사 구분하기

n	명사	noun		pron	대명사	pronoun
v	동사	verb		adj	형용사	adjective
adv	부사	adverb		conj	접속사	conjunction
prep	전치사	preposition		int	감탄사	interjection

n	market	n	motorcyclist	adj	normal
n	note	n	war	n	suitcase
n	rent	n	death	n	curry
n	bride	adj	abstract	n	consultation
n	legion	n	influence	n	misunderstanding
n	committee	n	saint	v	sniff
adv	first	n	teammate	adv	overnight
n	humidity	v	roar	n	tentacle
n	shade	n	puddle	n	tobacco
n	shepherd	n	breed	n	cicada

001 ★★★★

market

n 시장

ex She went to the **market** to buy some food.
그녀는 음식을 사기 위해 시장에 갔다.

The **market** is active during this period.
이 기간에 그 시장은 활발하다.

002 ★★★★

motorcyclist

n 오토바이를 타는 사람

ex People took the injured **motorcyclist** to a nearby hospital.
사람들은 다친 오토바이 운전자를 근처 병원으로 데려갔다.

003 ★★★★

normal

adj 보통의, 평범한

ex The river rose five feet high above **normal**.
강은 보통보다 5피트보다 높이 올라왔다.

There's no such thing as a "**normal**" life.
'평범한' 인생이라는 것은 없다.

⊕
ordinary
보통의

004 ★★★★

note

n 메모, 쪽지

ex Could you pass this **note** to James?
이 메모를 James에게 전해줄 수 있니?

Write down some **notes** to remember.
기억하기 위해 메모를 남겨라.

005 ★★★

war

n 전쟁

ex All of us must unite to end **wars** once and for all.
우리 모두는 연합해서 전쟁을 최종적으로 끝내야 한다.

The two countries are fighting a **war**.
두 나라는 전쟁을 하고 있다.

006 ★★★

suitcase

n 여행가방

ex Don't forget to bring your **suitcase** on weekends.
주말에 네 여행가방을 가지고 오는 것을 잊지 말아라.

Have you packed your **suitcase** already?
여행 가방을 이미 쌌니?

007			
	n 집세, 지대 **v** 임대하다		

rent

ex The new landlord is raising the **rent** on our place.
새로운 주인은 우리 주택의 집세를 올린다.

We **rented** a truck for moving.
우리는 이사를 위해 트럭을 임대했다.

참고
landlord
주인

008

n 죽음

death

ex Give me liberty or give me **death**.
자유가 아니면 죽음을 달라.

His **death** was a great shock to her.
그의 죽음은 그녀에게 큰 충격이었다.

009

n 카레

curry

ex The chef made a spicy **curry** sauce.
요리사는 매운 카레 소스를 만들었다.

My uncle can cook delicious chicken **curry**.
나의 삼촌은 맛있는 치킨 카레를 요리할 수 있다.

010

n 신부

bride

ex The **bride** of the wedding looks so beautiful.
결혼식의 신부는 아주 아름다워보인다.

The **bride** was late for the wedding.
그 신부는 결혼식에 늦었다.

참고
groom
신랑

011

adj 추상적인

abstract

ex It's an **abstract** painting by Douglas.
이것은 Douglas가 그린 추상화이다.

The painter's new work is too **abstract**.
이 화가의 새로운 작품은 너무 추상적이다.

반
concrete
구체적인

012

n 협의, 상담

consultation

ex One-to-one trainer **consultation** will be on this Saturday.
1대 1 트레이너 상담은 토요일에 있을 것이다.

DAY 33

⭐ 표시는 <u>출제 빈도</u>를 나타냅니다.

---

013 ⭐

legion

> **n** 군단,부대 / 많은 사람들

> **ex** The French **legion** was well-known for its military power.
> 프랑스 군단은 군사력으로 잘 알려져 있다.

---

014 ⭐

influence

> **n** 영향 **v** 영향을 주다

> **ex** Wealthy people have a lot of **influence** on society.
> 부유한 사람들은 사회에 많은 영향을 끼친다.

> I hope his act doesn't **influence** you badly.
> 그의 행동이 너에게 나쁜 영향을 주지 않기를 바란다.

---

015 ⭐

misunderstanding

> **n** 오해

> **ex** The **misunderstanding** caused conflict between lovers.
> 오해는 연인들 사이의 갈등을 유발했다.

> There obviously was a **misunderstanding**.
> 분명히 오해가 있었다.

㋓
misconception
오해

---

016 ⭐

committee

> **n** 위원회

> **ex** The **committee** said the company should streamline processes.
> 위원회는 회사가 과정을 간소화해야한다고 말했다.

---

017 ⭐

saint

> **n** 성자, 성인

> **ex** People call him a living **saint** because he is very kind.
> 사람들은 그가 매우 착해서 그를 살아있는 성자라고 부른다.

> In the Catholic faith, all the **saints** are holy.
> 카톨릭 신념에서, 모든 성인들이 신성하다고 생각한다.

018

sniff

> **v** 코를 킁킁거리다, 냄새를 맡다

> **ex** The dog **sniffed** at the stranger.
> 그 개는 낯선 사람에게 코를 킁킁거렸다.

> Odor testers **sniff** products like paper towels.
> 냄새 검사자들은 종이타월 같은 제품의 냄새를 맡는다.

참고
odor
냄새, 향기

019

first

adv 우선, 맨 먼저

ex We need to pitch the tent **first**.
우리는 우선 텐트를 먼저 쳐야한다.

I will present **first** and then you will be next.
내가 먼저 발표를 하고 그 다음에 너가 할 것이다.

020

teammate

n 팀 동료

ex Most importantly, show respect to your **teammates**.
가장 중요한 것은 팀 동료들에게 존경을 표하는 것이다.

He stole many things from his **teammates**.
그는 그의 팀 동료로부터 많은 것을 훔쳤다.

021

overnight

adv 하룻밤 동안

ex The students stayed **overnight** at the camp.
그 학생들은 캠프에서 하룻밤 동안 지냈다.

I got five mosquito bites **overnight**!
나는 하룻밤 동안 모기에 다섯 방이나 물렸다!

022

humidity

n 습기

ex One can feel the **humidity** in the air during the rainy season.
장마철에는 공기 중의 습기를 느낄 수 있다.

023

roar

v 으르렁거리다, 굉음을 내다   n 으르렁거림

ex A huge truck **roared** away.
큰 트럭이 굉음을 내며 사라졌다.

Did you hear that big **roar**?
그 큰 으르렁거리는 소리를 들었니?

유
growl
으르렁거리다

024

tentacle

n 촉수

ex An octopus has eight **tentacles**.
문어는 8개의 촉수를 가지고 있다.

It uses its **tentacles** to catch food.
이것은 촉수를 이용해 먹잇감을 잡는다.

⭐ 표시는 출제 빈도를 나타냅니다.

025

shade

> n 그늘
>
> ex Trees give us cool **shade** on hot sunny days.
> 나무는 뜨겁고 더운날에 우리에게 시원한 그늘을 제공한다.
>
> I like to sit in the **shade** on hot days.
> 나는 더운 날에 그늘에 앉아 있는 것을 좋아한다.

026

puddle

> n 물웅덩이
>
> ex There were **puddles** of mud on the road after the rain.
> 비가 온 후에 진흙 물웅덩이들이 있었다.
>
> Stay away from the **puddles**.
> 물웅덩이로부터 떨어져라.

027

tobacco

> n 담배
>
> ex **Tobacco** contains nicotine, which is an addictive material.
> 담배는 중독물질인 니코틴을 포함하고 있다.

⊛ **cigarette** 담배

028

shepherd

> n 양치기
>
> ex The **shepherd** is looking for his missing sheep.
> 양치기는 잃어버린 양을 찾고 있다.
>
> A **shepherd** found strange beans.
> 양치기는 수상한 콩을 찾았다.

029

breed

> n 품종   v 새끼를 낳다
>
> ex Their dog is from a rare **breed**.
> 그들의 개는 희귀한 품종이다.
>
> A queen can **breed** many newborn ants at once.
> 여왕개미는 한번에 많은 새로 태어난 개미들을 낳을 수 있다.

030

cicada

> n 매미
>
> ex **Cicadas** sleep for most of their lives.
> 매미는 그들 일생의 대부분을 잠을 잔다.
>
> The average lifespan of **cicadas** is short.
> 매미의 평균 수명은 짧다.

참고
lifespan 수명

Practice

 1. 다음 단어들을 올바르게 연결하세요.

(1) misunderstanding   •   • (a) 군단, 부대

(2) shepherd   •   • (b) 신부

(3) committee   •   • (c) 위원회

(4) breed   •   • (d) 촉수

(5) legion   •   • (e) 양치기

(6) bride   •   • (f) 품종, 새끼를 낳다

(7) tentacle   •   • (g) 매미

(8) cicada   •   • (h) 오해

 2. 우리말 뜻에 맞게 빈칸에 알맞은 단어를 보기에서 찾아 쓰세요.

abstract	rent	influence	roar

(1) **Did you hear that big   ?**
그 큰 으르렁거리는 소리를 들었니?

(2) **It's an   painting by Douglas.**
그것은 Douglas가 그린 추상화이다.

(3) **Wealthy people have a lot of   on society.**
부유한 사람들은 사회에 많은 영향을 끼친다.

(4) **The new landlord is raising the   on our place.**
새로운 주인은 우리 주택의 집세를 올린다.

SELF TEST

01	breed	
02		오해
03	cicada	
04		영향
05	shepherd	
06		물웅덩이
07	legion	
08		협의, 상담
09	tobacco	
10		추상적인
11	shade	
12		신부
13	roar	
14		카레
15	tentacle	
16		죽음
17	rent	
18		습기
19	overnight	
20		여행가방
21	teammate	
22		전쟁
23	first	
24		메모, 쪽지
25	saint	
26		보통의, 평범한
27	sniff	
28		위원회
29	motorcyclist	
30		시장

DAY 34

색상으로 8품사 구분하기

n	명사	noun		pron	대명사	pronoun
v	동사	verb		adj	형용사	adjective
adv	부사	adverb		conj	접속사	conjunction
prep	전치사	preposition		int	감탄사	interjection

adj	original		n	protein		n	screen
n	turkey		adj	possible		n	footprint
adj	politic		n	nickname		adj	military
n	poison		n	checkout		n	creature
n	hallway		adj	rude		n	scrap
v	twist		n	victim		adj	smoggy
v	dispose		adj	fertile		adv	indeed
n	evil		v	surmise		n	sentence
n	pronunciation		adv	alike		adj	shaggy
v	mean		n	quiz		n	precaution

⭐ 표시는 <u>출제 빈도</u>를 나타냅니다.

---

001 ⭐⭐⭐⭐

original

| adj | **원래의 / 독창적인** |

ex We travelled far from our **original** position.
우리는 원래의 위치에서부터 먼 곳으로 여행했다.

Always buy **original** music and video CDs.
항상 음악과 비디오 CD 원본을 구매해라.

㊌
ingenious
독창적인

---

002 ⭐⭐⭐⭐

protein

| n | **단백질** |

ex Beef is rich in **protein**.
소고기에는 단백질이 풍부하다.

The white potato has some fiber and **protein**.
감자에는 섬유질과 단백질이 있다.

---

003 ⭐⭐⭐⭐

screen

| n | **화면** | v | **가리다** |

ex The new theaters have huge **screens**.
새로운 극장들에는 큰 화면이 있다.

Her phone **screen** cracked.
그녀의 핸드폰 화면에 금이 갔다.

---

004 ⭐⭐⭐⭐

turkey

| n | **칠면조** |

ex My family usually eats **turkey** on Christmas.
우리 가족은 크리스마스에 주로 칠면조를 먹는다.

Many Americans eat **turkey** on that day.
대부분의 미국인은 그 날에 칠면조를 먹는다.

---

005 ⭐⭐⭐

possible

| adj | **가능한** |

ex It is **possible** for us to achieve something great.
우리가 무언가 대단한 것을 성취하는 것은 가능하다.

Don't worry about the **possible** consequence.
일어날 수 있는 결과에 대해 걱정하지마라.

㊌
feasible
가능한

---

006 ⭐⭐⭐

footprint

| n | **발자국** |

ex The cat left the tiny **footprints** in the snow.
고양이가 눈에 아주 작은 발자국을 남겼다.

You are making muddy **footprints** all over the floor!
네가 바닥 전체에 진흙 발자국을 남기고 있어!

---

007 ★★	adj 현명한, 신중한	참고 **political** 정치적인 **politics** 정치

politic

ex I tried to be **politic** in that frustrating situation.
나는 그 짜증나는 상황에 현명하게 행동하려고 노력했다.

It is **politic** not to say anything on the issue.
그 문제에 대해 아무것도 말하지 않는 것이 현명하다.

---

008 ★★

nickname

n 별명

ex He got this **nickname** because he made parachutes.
그는 낙하산을 만들었기 때문에 이 별명을 얻었다.

My sister had a **nickname** "acorn" when she was young.
내 여동생은 어렸을 때 "도토리"라는 별명을 가졌었다.

---

009 ★★

military

adj 군사의   n 군대

참고
march
행군

ex We are going on a march today for **military** training.
우리는 오늘 군사훈련으로 행군을 간다.

A country with a strong **military** force is safe.
강한 군사력이 있는 나라는 안전하다.

---

010 ★★

poison

n 독

ex Scientists have identified most of the **poison** that exists on Earth.
과학자들은 지구에 존재하는 대부분의 독을 발견했다.

---

011 ★★

checkout

n 체크아웃 / 계산대

ex A new grocery store that removes the need for **checkouts** will be opened soon.
계산대의 필요성이 없어진 새로운 식료품 잡화점은 곧 개업할 것이다.

---

012 ★

creature

n 생물

ex We are often afraid of **creatures** too small to harm us.
우리는 종종 너무 작아서 우리를 해칠 수 없는 생물체들을 무서워한다.

⭐ 표시는 출제 빈도를 나타냅니다.

---

013 ⭐

hallway

n 복도

ex There's a fire in the **hallway**!
복도에 불이 났어!

Clean the facilities including **hallways**.
복도를 포함한 시설들을 청소해라.

㊀
corridor
복도

---

014 ⭐

rude

adj 무례한

ex Don't be so **rude** in front of your grandparents.
너의 조부모님 앞에서 무례하게 굴지 말아라.

His **rude** act makes me frown.
그의 무례한 행동이 나를 찌푸리게 한다.

---

015 ⭐

scrap

n 조각 **v** 버리다

ex She wrote her ideas on **scraps** of paper.
그녀는 종이 조각에 그녀의 생각들을 적었다.

I scribbled her phone number on a **scrap** of paper.
나는 종이 조각에 그녀의 전화번호를 휘갈겨 썼다.

참고
scrape
v. 긁다

---

016 ⭐

twist

v 비틀다

ex **Twist** the cap to open the bottle.
뚜껑을 비틀어 병을 열어라.

I **twisted** the wire into a circle.
나는 동그라미 모양으로 철사를 비틀었다.

---

017 ⭐

victim

n 피해자

ex They provided essential items for typhoon **victims**.
그들은 태풍 피해자들에게 필수적인 물건을 제공했다.

Police are protecting the **victim** safely.
경찰이 피해자를 안전하게 보호 중이다.

---

018 ⭐

smoggy

adj 스모그가 많은

ex She could not stand the noisy traffic, the **smoggy** air, and the crowded city.
그녀는 시끄러운 교통체증, 스모그가 낀 공기, 그리고 붐비는 도시를 견딜 수 없었다.

019

dispose

| v | 배치하다 |

ex He taught me how to **dispose** of plastic packaging.
그는 어떻게 플라스틱 포장을 처리하는지 나에게 가르쳐주었다.

You can safely **dispose** of a broken glass by putting it here.
너는 부서진 유리를 이곳에 놓음으로써 안전하게 처리 할 수 있다.

[참고]
dispose of
~을 처리하다

020

fertile

| adj | 비옥한 |

ex He is cultivating potatoes in this **fertile** land.
그는 이 비옥한 땅에서 감자를 경작하고 있다.

I have **fertile** soil for planting crops.
나는 곡식을 심을 수 있는 비옥한 토양을 가지고 있다.

(반)
barren
불모의

021

indeed

| adv | 정말 |

ex Did you **indeed** finish the job?
너 정말로 그 일을 끝냈니?

Indeed, that's my given name.
정말로, 그것이 나의 이름이야.

022

evil

| n | 악 | adj | 사악한 |

ex Bugs are **evils** with slimy bodies and yucky habits.
벌레들은 끈적끈적한 몸과 구역질나는 습관을 가진 악이다.

Evil actions never succeed.
사악한 행동은 결코 성공하지 못한다.

(유)
wicked
사악한

023

surmise

| v | 추측하다 | n | 추정 |

ex I **surmised** that the note may have come from you.
나는 그 노트가 네게서부터 왔을거라고 추측했다.

They **surmised** that the wind had blown the door open.
그들은 바람이 문을 열었다고 추측했다.

(유)
conjecture
추측

024

sentence

| n | 문장 |

ex The **sentence** structure is awkward.
그 문장구조는 어색하다.

A **sentence** can be as short as just one word long.
문장은 한 단어의 길이만큼 짧을 수 있다.

★ 표시는 출제 빈도를 나타냅니다.

025

pronunciation

n 발음

ex Reading a book aloud will improve your **pronunciation**.
책을 크게 읽는 것은 당신의 발음을 개선할 수 있다.

026

alike

adv 비슷하게　adj 비슷한

ex You and your sister look **alike**.
너와 네 여동생은 비슷해 보인다.

I felt that we are very **alike** in many parts.
우리는 많은 부분들에서 아주 비슷하다고 느꼈다.

027

shaggy

adj 텁수룩한

ex **Shaggy** dogs must be given a bath often.
텁수룩한 강아지들은 종종 목욕을 시켜야한다.

Have you finally gotten rid of your **shaggy** hairstyle?
결국 너의 텁수룩한 머리 스타일에서 벗어났니?

028

mean

v 의미하다 / ···뜻으로 말하다　adj 비열한

ex Do you **mean** that she was late for your appointment?
그러니까 그녀가 너와의 약속에 늦었다는 뜻이니?

I didn't **mean** to frighten you.
나는 너를 놀래키려는 게 아니었어.

참고
means
n. 수단

029

quiz

n 퀴즈

ex I studied for three days for this **quiz**.
나는 이 퀴즈를 위해 3일을 공부했다.

How did you do on last week's biology **quiz**?
지난주 생물학 퀴즈는 어떻게 봤니?

030

precaution

n 예방책

ex Being ignorant of the accident **precaution** can cause serious danger.
사고 예방책에 대해 무지한 것은 심각한 위험을 야기할 수 있다.

참고
caution
경고, 조심

Practice

 1. 다음 단어들을 올바르게 연결하세요.

(1) protein   •

(2) rude   •

(3) victim   •

(4) alike   •

(5) surmise   •

(6) precaution   •

(7) pronunciation   •

(8) dispose   •

•   (a) 무례한

•   (b) 단백질

•   (c) 피해자

•   (d) 배치하다

•   (e) 추측하다, 추정

•   (f) 발음

•   (g) 비슷하게

•   (h) 예방책

 2. 다음 영어 뜻에 맞게 알맞은 단어를 보기에서 찾아 쓰세요.

fertile	scrap	shaggy	possible

(1) (of hair or fur) long, thick, and unkempt

(2) able to be done; within the power or capacity of someone or something

(3) (of soil or land) producing or capable of producing abundant vegetation or crops

(4) a small detached piece

SELF TEST

01	mean		16		별명
02		조각, 버리다	17	evil	
03	quiz		18		현명한, 신중한
04		무례한	19	dispose	
05	precaution		20		발자국
06		복도	21	fertile	
07	alike		22		가능한
08		생물	23	indeed	
09	shaggy		24		칠면조
10		계산대	25	smoggy	
11	pronunciation		26		화면, 가리다
12		독	27	victim	
13	surmise		28		단백질
14		군사의, 군대	29	twist	
15	sentence		30		원래의

DAY 35

n	purpose	conj	though	n	steak
v	register	n	sole	n	royalty
n	meteor	n	link	n	opponent
adj	awesome	v	contact	v	embarrass
adj	generous	n	chick	n	helpline
adj	foolish	n	dock	n	keyboard
n	landslide	adj	misty	int	pardon
n	brochure	n	relation	adj	bankrupt
n	consumer	n	necktie	n	friendship
n	duty	n	tax	n	allergy

⭐ 표시는 **출제 빈도**를 나타냅니다.

---

001 ★★★★

purpose

`n` 목적

`ex` Most people want to have a **purpose** in life.
대부분의 사람은 인생에 목적을 가지고 싶어한다.

For what **purpose** will you do it?
무슨 목적으로 그것을 할 생각이야?

---

002 ★★★★

though

`conj` …이긴 하지만

`ex` Luckily, they are still friends, **though**.
운이 좋게도, 그들은 아직 친구이긴 하다.

He loved her, **though** he pretended not to.
그는 그녀를 사랑하지 않은 척 했지만 그녀를 사랑했다.

---

003 ★★★★

steak

`n` 스테이크

`ex` That Australian restaurant sells great beef **steaks**.
저 호주식 식당은 좋은 소고기 스테이크를 판다.

How would you like your **steak**?
스테이크 굽기는 어떻게 해드릴까요?

---

004 ★★★★

register

`v` 등록하다

`ex` Hundreds of students **registered** for the new school year.
몇 백명의 학생들이 새학기에 등록했다.

---

005 ★★★

sole

`n` 밑창, 바닥 `adj` 유일한

`ex` I wasn't wearing rubber **sole** shoes.
나는 고무 밑창 신발을 신고 있지 않았다.

The **sole** reason why I study is to succeed.
내가 공부를 하는 유일한 이유는 성공하기 위해서이다.

---

006 ★★★

royalty

`n` 왕족

`ex` There still exists **royalty** in the world.
이 세상에는 왕족이 아직 존재한다.

Purple is a color often related with **royalty**.
보라색은 왕족과 종종 연관되어있는 색깔이다.

참고
loyalty
충성

007 ★ ★

meteor

n 유성, 별똥별

ex Not many tsunamis come from **meteors**.
많은 쓰나미가 유성으로부터 오지는 않는다.

It happens when a **meteor** hits the ocean.
유성이 바다에 충돌할 때 그것이 발생한다.

참고
meteorite
운석

---

008 ★ ★

link

n 관련, 관계

ex Is there any **link** between what happened this time and what happened last time?
지난 번에 일어난 것과 지금 일어난 것 사이에 어떠한 관련이 있는가?

---

009 ★ ★

opponent

n 상대

ex Curling developed into a game that requires teamwork to defeat one's **opponent**.
컬링은 상대를 이기기 위해 팀워크를 요구하는 게임으로 발전했다.

반
proponent
지지자

---

010 ★ ★

awesome

adj 기막히게 좋은, 경탄할 만한

ex Add **awesome** designs to your stickers!
당신의 스티커에 멋진 디자인을 추가해라!

We had an **awesome** time on the island.
우리는 섬에서 기막히게 좋은 시간을 보냈다.

---

011 ★ ★

contact

v 연락하다 **n** 연락

ex Remember to **contact** me tomorrow morning.
내일 아침에 나에게 연락하는 것을 잊지 말아라.

He can't **contact** his friend.
그는 그의 친구와 연락할 수 없다.

참고
contract
계약

---

012 ★

embarrass

v 당황스럽게 만들다

ex I didn't mean to **embarrass** you with the question.
그 질문으로 너를 당황스럽게 하려고 한 건 아니야.

Has your face ever turned red when **embarrassed**?
당황스러울때 얼굴이 빨개진 적이 있는가?

★ 표시는 <u>출제 빈도</u>를 나타냅니다.

---

013 ★

generous

adj 아낌없는, 관대한

ex My teacher is very **generous** with treats.
나의 선생님은 간식에 매우 관대하다.

Thank you for the **generous** gift.
당신의 아낌없는 선물에 감사하다.

---

014 ★

chick

n 병아리

ex I saw a hen with her **chicks**.
나는 암탉이 병아리와 같이 있는 것을 보았다.

Do you see the **chicks** following the hen?
너는 병아리들이 암탉을 쫓아가는 것이 보이니?

참고
hen
암탉

---

015 ★

helpline

n 전화 상담 서비스

ex Try to use the **helpline** service which offers access to the information you need.
네가 필요한 정보에 접근할 수 있도록 해주는 전화 상담 서비스를 이용해보아라.

---

016 ★

foolish

adj 어리석은

ex It was a **foolish** mistake.
그것은 어리석은 실수였다.

It would be **foolish** to believe him.
그를 믿는 것은 어리석은 일이다.

유
silly
어리석은

---

017 ★

dock

n 부두 **v** 부두에 대다

ex The ships were attached to a **dock**.
그 배들은 부두에 정박해 있었다.

I saw a ship approaching a **dock**.
나는 부두로 접근하는 배를 보았다.

참고
deck
갑판

---

018 ★

keyboard

n 키보드, 건반

ex I ordered a new **keyboard** because I lost my old one.
나는 이전의 키보드를 잃어버려서 새 것을 주문했다.

This **keyboard** is not working.
이 키보드는 작동하지 않는다.

019

landslide

| n | 산사태 |

ex The road was blocked due to the **landslide**.
그 길은 산사태로 인해 막혔다.

The town was ruined by a **landslide**.
그 마을은 산사태에 의해 폐허가 되었다.

020

misty

| adj | 안개가 낀 / 흐릿한 |

ex These can be seen on **misty**, gray days.
이것들은 안개가 끼고 잿빛인 날에 관찰된다.

Yesterday was a **misty** day.
어제는 안개가 낀 날이었다.

021

pardon

| int | 뭐라고요 / 미안해요 | | n | 용서 |

ex I beg your **pardon**?
다시 한번 말씀해주시겠어요?

I asked her for a **pardon** for getting her new coat dirty.
나는 그녀의 코트를 더럽힌 것에 대해 그녀에게 용서를 구했다.

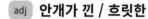

참고
beg
간청하다

022

brochure

| n | 책자 |

ex My father often buys travel **brochures**.
나의 아버지는 여행 책자를 종종 구매한다.

We bought a travel **brochure** before going on a trip.
우리는 여행을 떠나기 전에 여행책자를 구매했다.

023

relation

| n | 관계 |

ex The student's answer has no **relation** to the class topic.
그 학생의 답안은 수업 주제와 관계가 없다.

참고
relative
n. 친척

024

bankrupt

| adj | 파산한 |

ex The owner of that business went **bankrupt**.
그 사업의 주인은 파산했다.

The company went **bankrupt** last month.
그 회사는 지난 달에 파산했다.

025

consumer

n 소비자

ex Advertising can have a strong effect on **consumers**.
광고는 소비자에게 강한 영향을 미칠 수 있다.

Consumers react sensitively with the discounts.
소비자들은 할인에 민감하게 반응한다.

026

necktie

n 넥타이

ex He has a collection of **neckties** of different colors.
그는 다른 색깔의 넥타이 컬렉션을 가지고 있다.

I want to buy a **necktie** that goes with this suit.
나는 이 양복과 어울리는 넥타이를 사고 싶다.

027

friendship

n 우정

ex They formed a close and lasting **friendship**.
그들은 친밀하고 지속되는 우정을 맺었다.

Our **friendship** is so important to me.
우리의 우정은 나에게 매우 중요하다.

028

duty

n 의무, 직무

ex We have a **duty** to help those in need.
우리는 도움이 필요한 사람을 도와줄 의무가 있다.

It is our right and **duty** to vote for our next president.
우리의 다음 대통령을 뽑는 것은 우리의 권리이자 의무이다.

참고
responsibility
책임

029

tax

n 세금

ex I couldn't save much money when I had to pay **taxes**.
나는 세금을 내야했을 때 돈을 많이 모으지 못했다.

030

allergy

n 알레르기

ex The **allergy**'s cause is a mystery to medical scientists.
그 알러지의 원인은 의과학자들에게 미스터리이다.

참고
allergic
adj.
알레르기가 있는

Practice

 1. 다음 단어들을 올바르게 연결하세요.

(1) **though** •   • (a) 당황스럽게 만들다

(2) **relation** •   • (b) 아낌없는, 관대한

(3) **tax** •   • (c) ~이긴 하지만

(4) **allergy** •   • (d) 관계

(5) **bankrupt** •   • (e) 파산한

(6) **generous** •   • (f) 세금

(7) **landslide** •   • (g) 산사태

(8) **embarrass** •   • (h) 알레르기

 2. 우리말 뜻에 맞게 빈칸에 알맞은 단어를 보기에서 찾아 쓰세요.

consumers	registered	contact	brochures

(1) **Remember to ＿＿＿＿＿ me tomorrow morning.**
내일 아침에 나에게 연락하는 것을 잊지 말아라.

(2) **My father often buys travel ＿＿＿＿＿.**
나의 아버지는 여행 책자를 종종 구매한다.

(3) **Hundreds of students ＿＿＿＿＿ for the new school year.**
몇 백명의 학생들이 새학기에 등록했다.

(4) **Advertising can have a strong effect on ＿＿＿＿＿.**
광고는 소비자에게 강한 영향을 미칠 수 있다.

SELF TEST

01	purpose		16		어리석은
02		~이긴 하지만	17	dock	
03	register		18		키보드, 건반
04		스테이크	19	landslide	
05	sole		20		안개가 낀
06		왕족	21	pardon	
07	meteor		22		책자
08		관계	23	bankrupt	
09	opponent		24		소비자
10		연락하다, 연락	25	relation	
11	awesome		26		넥타이
12		아낌없는, 관대한	27	friendship	
13	embarrass		28		의무, 직무
14		병아리	29	tax	
15	helpline		30		알레르기

TOSEL 실전문제 ⑤

SECTION II. Reading and Writing

PART B. Situational Writing

DIRECTIONS: For questions 1 to 6, look at the pictures and complete the sentences. Choose the option that BEST completes the sentence.

지시 사항: 1번부터 6번까지는 그림을 보고 문장을 완성하는 문제입니다. 가장 알맞은 답을 고르세요.

1. ● 2019 TOSEL 기출

The iron has been placed _____ the ironing board.

(A) in

(B) on

(C) under

(D) below

2. ● 2019 TOSEL 기출

She is _____ while talking on the phone.

(A) taking notes

(B) typing letters

(C) uploading files

(D) using a keyboard

3.

The washing machine is in the _____.

(A) rooftop

(B) balcony

(C) basement

(D) living room

4.

The teacher is _____ from her work.

(A) rude

(B) greedy

(C) exhausted

(D) embarrassed

5.

The detective is following the _____.

(A) protein

(B) footprint

(C) opponent

(D) influence

6.

I am _____ for the website on app.

(A) renting

(B) attaching

(C) governing

(D) registering

Appendix

Appendix

Appendix

Appendix

Appendix

Appendix

Appendix

Appendix

Appendix

Appendix

Appendix

휴일

Braai Day	남아공	**Columbus Day**	미국
Naadam Festival	몽골	**St. Patrick's Day**	아일랜드
Nowruz	이란	**Africa Day**	아프리카 대륙
Diwali	인도	**Ashura**	이라크
Melbourne Cup Day	호주	**Boxing Day**	영국

 ## 생물

mammals
포유류

amphibians
양서류

reptiles
파충류

avian
새[조류]의

marine algae
해조류

crustaceans
갑각류

fungi
균류

rodents
설치류

primates
영장류

arachnids
거미류

Appendix

 ## 병원 종류

orthopedist	정형외과 의사	**obstetrician**	산부인과 의사
neurologist	신경과 의사	**plastic surgeon**	성형외과 의사
urologist	비뇨기과 의사	**anesthesiologist**	마취과 의사
radiologist	방사선과 의사	**pediatrician**	소아과 의사
ophthalmologist	안과 의사	**dermatologist**	피부과 의사

 ## 도형

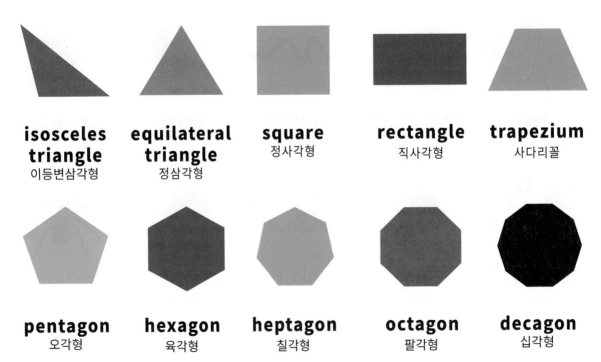

isosceles triangle
이등변삼각형

equilateral triangle
정삼각형

square
정사각형

rectangle
직사각형

trapezium
사다리꼴

pentagon
오각형

hexagon
육각형

heptagon
칠각형

octagon
팔각형

decagon
십각형

별자리

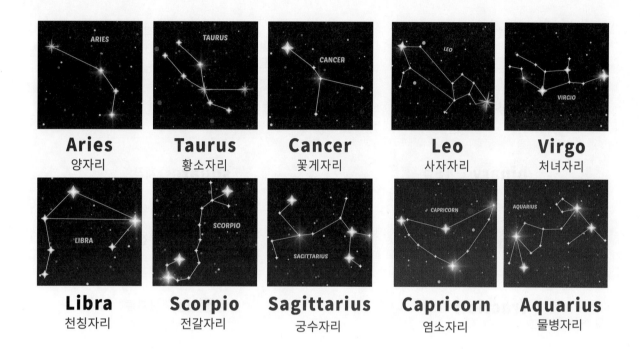

Aries
양자리

Taurus
황소자리

Cancer
꽃게자리

Leo
사자자리

Virgo
처녀자리

Libra
천칭자리

Scorpio
전갈자리

Sagittarius
궁수자리

Capricorn
염소자리

Aquarius
물병자리

행성

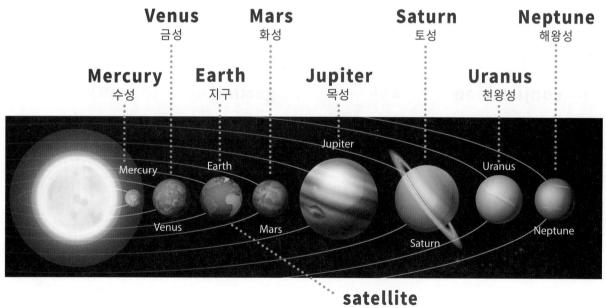

Venus
금성

Mars
화성

Saturn
토성

Neptune
해왕성

Mercury
수성

Earth
지구

Jupiter
목성

Uranus
천왕성

satellite
위성

Appendix

 ## 수학 용어

empty set 공집합	**integral** 적분의
intersection 교집합	**index** 지수
binary 이진법	**square** 제곱
decimal 십진법의, 소수	**tangent** 접선
fraction 분수	**radius** 반지름

 ## 문법 용어

determiner	한정사	**infinitive**	부정사
conjunction	접속사	**gerund**	동명사
auxiliary verb	조동사	**transitive verb**	타동사
preposition	전치사	**clause**	절
adjective	형용사	**complement**	보어

📄 식물

pine cone
솔방울

dandelion
민들레

azalea
진달래

lily
백합

violet
제비꽃

ginko
은행나무

bamboo
대나무

oak
참나무

morning glory
나팔꽃

lotus
연꽃

📄 동물/생물

otter
수달

weasel
족제비

leopard
표범

ostrich
타조

raccoon
너구리

mole
두더지

woodpecker
딱따구리

crow
까마귀

seagull
갈매기

conch
소라고둥

Answers

Short Answers

DAY 1
Practice

1.(1) d   (2) c   (3) g   (4) h   (5) e   (6) a   (7) f   (8) b

2.(1) recognize   (2) statement   (3) variety   (4) affect

Self Test
p.24

[1] 선호하다 [2] maid [3] 마침내 [4] dart [5] 바다 [6] incredible [7] 삼키다 [8] hurricane [9] 철길 [10] recognize

[11] 성명 [12] allergic [13] 노력 [14] smoke [15]소속감을 느끼다 [16] labor [17] 나중에 [18]bacteria [19] 숫자 [20] variety

[21] 정기왕복선 [22] cafe [23] 빛나다 [24] object [25] 영향을 미치다 [26] ballroom [27] 알리다 [28] achievement [29] 일반적인 [30] film

DAY 2
Practice

1.(1) h   (2) e   (3) f   (4) g   (5) c   (6) b   (7) d   (8) a

2.(1) lick   (2) mission   (3) theory   (4) reaction

Self Test
p.32

[1] lantern [2] 사라지다 [3] genius [4] 삽 [5] reaction [6] 이론 [7] gorilla [8] 폐 [9] page [10] 화가

[11] lick [12] 부러지다 [13] injure [14] 여성 [15] bare [16] 빛나게하다 [17]mission [18] 끈 [19] organize [20] 화석

[21] extract [22] 기쁨 [23] fear [24] 도끼 [25] belief [26] 나날의 [27] cell phone [28] 바다 [29] rocket [30] 금속

DAY 3
Practice

1.(1) h   (2) g   (3) c   (4) f   (5) e   (6) a   (7) b   (8) d

2.(1) rust   (2) penny   (3) according   (4) represent

Self Test
p.40

[1] 두꺼비 [2] signature [3] 대표하다 [4] according [5] 문법 [6] crystal [7] 작은 돈 [8] except [9] 수학의 [10] prohibit

[11] 수도꼭지 [12] barcode [13] 살피다 [14] regard [15] 녹슬다 [16] pimple [17] 영감을 주다 [18] engage [19] 방송 [20] paste

[21] 안내하다 [22] element [23] 제안 [24] admit [25] 투표하다 [26] separate [27] 대답하다 [28] mainly [29] 웃기는 [30] cause

DAY 4
Practice

1.(1) d   (2) a   (3) c   (4) b   (5) e   (6) g   (7) h   (8) f

2.(1) infant   (2) flexible   (3) relate   (4) leash

Self Test
p.48

[1] 유연한 [2] veterinarian [3] 가죽끈 [4] vaccination [5] 깃 [6] anytime [7] 장담하다 [8] disaster [9] 행동 [10] infant

[11] 관련시키다 [12] oppose [13] 자유 [14] elegant [15] 직통전화 [16] fuel [17] 의회 [18] communication [19] 광대 [20] nest

[21] 세부사항 [22] kiss [23] 제트기 [24] medical [25] 상의하다 [26] while [27] 인치,조금 [28] tooth [29] 눈 [30] since

DAY 5
Practice

1.(1) g   (2) f   (3) h   (4) e   (5) d   (6) a   (7) b   (8) c

2.(1) lost   (2) educate   (3) beyond   (4) block

Self Test
p.56

[1] ~저편에 [2] struggle [3] 교육하다 [4] block [5] 불가능한 [6] rid [7] 움직임 [8] amazing [9] 번데기 [10] stream

[11] 분명한 [12] gown [13] 점검하다 [14] minimize [15] 괴롭히다 [16] dairy [17] 화살[표] [18] yeast [19] 스케치 [20] observatory

[21] 친구 [22] rate [23] 털로 덮인 [24] gather [25] 전통의 [26] completion [27] 포함하다 [28] float [29] 고지서 [30] lost

DAY 6
Practice

1.(1) e   (2) f   (3) h   (4) g   (5) c   (6) d   (7) b   (8) a

2.(1) politician   (2) estimate   (3) tame   (4) statistics

Self Test
p.64

[1] 청바지 [2] exciting [3] 예측 [4] statistics [5] 차이 [6] tame [7] 탈출하다 [8] hide [9] 정치인 [10] texture

[11] 공식적으로 [12] iceberg [13] 추정하다 [14] medication [15] 상관 [16] emotion [17] 갑옷 [18] Dutch [19] 화성 [20] gladly

[21] 배달 [22] volcano [23] 기술 [24] studio [25] 비만 [26] activate [27] 받다 [28] effect [29] 잡지 [30] practical

DAY 7
Practice

1.(1) f   (2) g   (3) h   (4) e   (5) c   (6) d   (7) a   (8) b

2.(1) superpower   (2) vice   (3) justice   (4) quarrel

Self Test
p.72

[1] 선풍기 [2] vice [3] 초강대국 [4] percent [5] (말)다툼 [6] shrug [7] 오르다 [8] justice [9] 응시하다 [10] teamwork

[11] 신경 쓰다 [12] relieve [13] 살금살금[몰래] 가다 [14] data [15] 궁금한 [16] razor [17] 지불 [18] storage [19] 적 [20] carnival

[21] 곳간 [22] dunk [23] 깊은 인상을 주다 [24] agree [25] 도달하다 [26] deal [27] 재미있는 [28] author [29] 아몬드 [30] squirrel

TOSEL 실전문제 1   1. (C)   2. (C)   3. (A)   4. (D)   5. (C)   6. (B)

CHAPTER 2

DAY 8		
Practice		1.(1) h (2) f (3) g (4) d (5) e (6) c (7) a (8) b
		2.(1) portion (2) humid (3) equation (4) sum
Self Test p.84		(1) message (2) 연구 (3) shovel (4) 방법 (5) symphony (6) 재단사 (7) delete (8) 끓다 (9) absorb (10) 침습적인
		(11) further (12) 신 (13) humid (14) 따분한 (15) opportunity (16) 돕다 (17) patience (18) 표본 (19) portion (20) 도둑
		(21) equal (22) 거의 (23) equation (24) 반복하다 (25) shell (26) 일반적인 (27) architect (28) 나선 (29) input (30) 액수

DAY 9		
Practice		1.(1) f (2) e (3) d (4) g (5) h (6) b (7) a (8) c
		2.(1) stupid (2) peaceful (3) noble (4) pity
Self Test p.92		(1) 동상 (2) specific (3) 어딘가에 (4) stainless (5) 스티커 (6) handball (7) 의회 (8) gum (9) 일반적으로 (10) deliver
		(11) 곡물 (12) important (13) 불행한 (14) waffle (15) 불안한 (16) virtue (17) 혼란스러운 (18) witness (19) 상처 (20) foreigner
		(21) 살인 (22) kindness (23) 총 (24) mile (25) 상대적인 (26) pity (27) 저녁 (28) noble (29) 어리석은 (30) peaceful

DAY 10		
Practice		1.(1) e (2) g (3) f (4) h (5) c (6) b (7) a (8) d
		2.(1) obsess (2) clerk (3) academic (4) contain
Self Test p.100		(1) 종 (2) salmon (3) 100년 (4) bar (5) 두부 (6) aspect (7) 효과적인 (8) indoor (9) 자동차 (10) medal
		(11) 맥락 (12) recent (13) 가혹한 (14) disappear (15) 거품 (16) session (17) 비롯되다 (18) term (19) 특별히 (20) mug
		(21) 곱하다 (22) operation (23) ~이 들어있다 (24) mysterious (25) 사로잡다 (26) religious (27) 학업의 (28) subject (29) 결국 (30) clerk

DAY 11		
Practice		1.(1) g (2) h (3) e (4) f (5) c (6) d (7) a (8) b
		2.(1) protest (2) essential (3) leafy (4) proof
Self Test p.108		(1) 증서 (2) construction (3) 빗 (4) earthquake (5) 재미있는 (6) amusement (7) 북극의 (8) digital (9) 전날 (10) league
		(11) 객실 (12) holiday (13) 확인하다 (14) honor (15) 불평하다 (16) 화면 (17) depth (18) 개인의 (19) import (20) 탐험하다
		(21) proof (22) 필수적인 (23) vapor (24) 강수 (25) steady (26) 항의하다 (27) leafy (28) 기념하다 (29) needle (30) ~와 다른

DAY 12		
Practice		1.(1) c (2) f (3) d (4) e (5) h (6) g (7) a (8) b
		2.(1) jealous (2) flash (3) extend (4) mercy
Self Test p.116		(1) 세트 (2) program (3) 나트륨 (4) slice (5) 국민 (6) factory (7) 아름다움 (8) double (9) 뿔 (10) immediately
		(11) 마음을 끌다 (12) drastic (13) 양조하다 (14) fable (15) 질투하는 (16) extend (17) 포획하다 (18) iceberg (19) 확실한 (20) mercy
		(21) 부딪치다 (22) branch (23) 비치다 (24) maximum (25) 이유 (26) shock (27) 벙어리의 (28) risk (29) 없애다 (30) infection

DAY 13		
Practice		1.(1) h (2) f (3) e (4) b (5) a (6) d (7) b (8) c
		2.(1) temper (2) bend (3) classic (4) symbol
Self Test p.124		(1) sunlight (2) 표면 (3) website (4) 전자의 (5) admission (6) 우려 (7) cent (8) 유산 (9) engine (10) 문제되다
		(11) detect (12) 욕조 (13) frown (14) 뛰다 (15) miniature (16) inquiry (17) 풀어주다 (18) classic (19) 미끄러지다 (20) content
		(21) 주사하다 (22) organic (23) 성질 (24) legend (25) 유령 (26) highway (27) 구부리다 (28) doping (29) 쓰레기 (30) symbol

DAY 14		
Practice		1.(1) h (2) g (3) e (4) f (5) c (6) d (7) b (8) a
		2.(1) society (2) distinct (3) composer (4) crime
Self Test p.132		(1) ever (2) 예상하다 (3) leather (4) 졸업하다 (5) offline (6) 규모 (7) urban (8) 생생한 (9) truth (10) ~인지 아닌지
		(11) cape (12) 결과 (13) portable (14) ~을 할 수 있게 하다 (15) failure (16) 주사위(한 쌍) (17) measure (18) 상자 (19) gain (20) 망치다
		(21) composer (22) 노랫말 (23) salvation (24) 갑판 (25) cheat (26) 썰매 (27) era (28) 범죄 (29) distinct (30) 사회

TOSEL 실전문제 2	1. (D) 2. (D) 3. (C) 4. (A) 5. (D) 6. (B)

CHAPTER 3

DAY 15		
Practice		1.(1) c (2) d (3) h (4) g (5) a (6) b (7) e (8) f
		2.(1) slightly (2) instrument (3) property (4) pace
Self Test p.144		(1) 낙하산 (2) relationship (3) 필요하다 (4) dislike (5) 가능성 (6) accept (7) 글 (8) lane (9) 받침대 (10) mode
		(11) 적도 (12) booth (13) 폭행 (14) herbal (15) 강요하다 (16) optional (17) 대성당 (18) property (19) 현재의 (20) theme
		(21) 기구 (22) cattle (23) 무덤 (24) addition (25) 공연장 (26) chest (27) 발가락 (28) pace (29) 기관 (30) slight

DAY 16		
Practice		1.(1) d (2) a (3) c (4) b (5) e (6) h (7) g (8) f
		2.(1) obvious (2) contract (3) progress (4) reveal
Self Test p.152		(1) 서비스 (2) shopper (3) 강철 (4) natural (5) 정보 (6) plug (7) 최고위자 (8) exchange (9) 병 (10) pirate
		(11) 주요한 (12) click (13) 각도 (14) factor (15) 해로운 (16) ban (17) 해외의 (18) lean (19) 진행하다 (20) depart
		(21) 현대식의 (22) curve (23) 분명한 (24) substance (25) 드러내다 (26) contract (27) 목표하다 (28) excel (29) 알고있는 (30) peer

DAY 17		
Practice		1.(1) b (2) d (3) a (4) c (5) g (6) e (7) h (8) f
		2.(1) legal (2) particular (3) maintenance (4) birth
Self Test p.160		(1) 강조하다 (2) umbrella (3) 자원 봉사자 (4) blog (5) 궁금하다 (6) guard (7) 기민한 (8) director (9) 새다 (10) captain
		(11) 진흙투성이인 (12) cherish (13) 조사하다 (14) armrest (15) 정직 (16) decade (17) 새끼 양 (18) birth (19) 유지 (20) question
		(21) 합법적인 (22) critic (23) 특정한 (24) committed (25) 감옥 (26) mistake (27) 글러브 (28) wealth (29) 공포 (30) afford

DAY 18 ▶ Practice	✎	1.(1) b (2) d (3) a (4) c (5) h (6) f (7) e (8) g
	✎	2.(1) courage (2) silent (3) complex (4) negative
● Self Test p.168	✎	[1] workshop [2] 합금 [3] amount [4] 발표 [5] paw [6] 화학의 [7] evidence [8] 정치적인 [9] judge [10] 기념일
	✎	[11] defend [12] 감각 [13] groom [14] 판단하다 [15] negative [16] 존재 [17] pray [18] 의심 [19] tin [20] 조용한
	✎	[21] plot [22] 복잡한 [23] perspective [24] 충격적인 [25] geometry [26] 스포츠의 [27] mascot [28] 용기 [29] crane [30] 소나무
DAY 19 ▶ Practice	✎	1.(1) f (2) g (3) h (4) d (5) e (6) c (7) a (8) b
	✎	2.(1) intake (2) consider (3) worth (4) form
● Self Test p.176	✎	[1] battery [2] 영국의 [3] else [4] 소설 [5] olympic [6] 다양성 [7] feedback [8] 구 [9] repair [10] 시금치
	✎	[11] allowance [12] -판[형태] [13] fare [14] 소화하다 [15] chilly [16] 섭취 [17] pretend [18] 궁도 [19] galaxy [20] 고려하다
	✎	[21] turtle [22] 기념물 [23] image [24] 결합시키다 [25] worth [26] 경매 [27] master [28] 의견이 다르다 [29] form [30] 현란한
DAY 20 ▶ Practice	✎	1.(1) b (2) d (3) e (4) a (5) c (6) f (7) g (8) h
	✎	2.(1) highlight (2) intelligible (3) pleasure (4) ultimate
● Self Test p.184	✎	[1] 재료 [2] lucky [3] 손톱 [4] owner [5] 젓다 [6] refuse [7] 나타나다 [8] industry [9] 잦은 [10] below
	✎	[11] 심부름 [12] pleasure [13] 휴양지 [14] skull [15] 최고의 [16] tornado [17] 가뭄 [18] straw [19] 이해할 수 있는 [20] prison
	✎	[21] 비참한 [22] dramatic [23] 유머러스한 [24] opera [25] 맑은 [26] musician [27] 고전적인 [28] antique [29] 강조하다 [30] interpret
DAY 21 ▶ Practice	✎	1.(1) h (2) g (3) f (4) d (5) e (6) c (7) b (8) a
	✎	2.(1) positive (2) former (3) diligent (4) signal
● Self Test p.192	✎	[1] ~당[마다] [2] quickly [3] 그러므로 [4] style [5] 혹 [6] lift [7] 식민지 [8] bash [9] 유충 [10] mayor
	✎	[11] 결론 [12] pressure [13] 신호 [14] playful [15] 내려오다 [16] former [17] 침입하다 [18] background [19] 뚜껑 [20] diligent
	✎	[21] 아픈 [22] echo [23] 긍정적인 [24] herd [25] 상업의 [26] attraction [27] 뱉다 [28] function [29] 게다가 [30] wig
TOSEL 실전문제 3		1. (D) 2. (A) 3. (D) 4. (D) 5. (C) 6. (C)

CHAPTER 4 p.196

DAY 22 ▶ Practice	✎	1.(1) g (2) h (3) f (4) e (5) b (6) a (7) d (8) c
	✎	2.(1) rumor (2) syndrome (3) portrait (4) accent
● Self Test p.204	✎	[1] 신뢰 [2] act [3] 추가의 [4] file [5] 두드리다 [6] champion [7] 환경 [8] nutrient [9] 뛰어남 [10] celebrity
	✎	[11] 수레 [12] harvest [13] 가짜의 [14] portrait [15] 형제자매 [16] template [17] 구전의 [18] sensitive [19] 반면에 [20] accent
	✎	[21] 외국의 [22] syndrome [23] 소문 [24] movement [25] 물리학 [26] project [27] 문제 [28] suffer [29] 번역하다 [30] embassy
DAY 23 ▶ Practice	✎	1.(1) f (2) h (3) g (4) d (5) e (6) c (7) b (8) a
	✎	2.(1) experiment (2) basic (3) rapid (4) painful
● Self Test p.212	✎	[1] 고대의 [2] lake [3] 공연 [4] email [5] 지역의 [6] favor [7] 종합적인 [8] invention [9] 전기 [10] graphic
	✎	[11] 머리 모양 [12] assume [13] 결혼 [14] canvas [15] 제동 장치 [16] painful [17] 빠른 [18] basic [19] 제거하다 [20] college
	✎	[21] 뇌 [22] cliff [23] 실험 [24] molecule [25] 원자력의 [26] confuse [27] 가상적인 [28] solution [29] 용감 [30] billiard
DAY 24 ▶ Practice	✎	1.(1) e (2) f (3) g (4) h (5) c (6) d (7) b (8) a
	✎	2.(1) astound (2) disgust (3) particle (4) hilarious
● Self Test p.220	✎	[1] 지원 [2] born [3] 중심되는 [4] increase [5] 정도 [6] fiber [7] 돕다 [8] tool [9] 알아내다 [10] blank
	✎	[11] 위험 [12] system [13] 의존하다 [14] enjoyable [15] 싸구려의 [16] astound [17] 아주 우스운 [18] instance [19] 혐오감 [20] circular
	✎	[21] 장학금 [22] reject [23] 입자 [24] revolution [25] 성공 [26] establish [27] 도입하다 [28] poet [29] 귀족 [30] tutor
DAY 25 ▶ Practice	✎	1.(1) d (2) e (3) g (4) h (5) f (6) b (7) c (8) a
	✎	2.(1) exaggerate (2) potential (3) aroma (4) passion
● Self Test p.228	✎	[1] 사실 [2] article [3] 말하다 [4] trick [5] 마음 [6] pajamas [7] 주머니 [8] observer [9] ~도 아니다 [10] marine
	✎	[11] (알을) 낳다 [12] exaggerate [13] 중대한 [14] distress [15] 방향 [16] boxer [17] 감히 ~하다 [18] indicate [19] 편해지다 [20] argue
	✎	[21] 격정 [22] via [23] 자동의 [24] potential [25] 제안하다 [26] comment [27] 직접적인 [28] label [29] 경쟁자 [30] alternate
DAY 26 ▶ Practice	✎	1.(1) f (2) e (3) h (4) c (5) d (6) g (7) b (8) a
	✎	2.(1) deny (2) difficulty (3) revive (4) pollution
● Self Test p.232	✎	[1] 대하다 [2] musical [3] 평균 [4] process [5] 파괴하다 [6] combine [7] 개인의 [8] fridge [9] 경영간부 [10] custom
	✎	[11] 기록물 [12] beg [13] 어려움 [14] pollution [15] 매기다 [16] congratulate [17] 경치 [18] tease [19] 부인하다 [20] persist
	✎	[21] 부활시키다 [22] debate [23] 신문 [24] false [25] 수령인 [26] terrible [27] 스캔들 [28] site [29] 회복되다 [30] soak

| DAY 27 Practice | 1.(1) f | (2) g | (3) h | (4) d | (5) e | (6) b | (7) c | (8) a |
| | 2.(1) hostile | (2) hardly | (3) representative | (4) familiar | | | | |

DAY 27 Self Test p.240

[1] 관광객 [2] placebo [3] 대화 [4] athlete [5] 옳은 [6] departure [7] 상태 [8] account [9] 황후 [10] annoy
[11] 질병 [12] treatment [13] 합창곡 [14] blister [15] 대서양 [16] exclude [17] 상자 [18] familiar [19] 거의~아니다 [20] genre
[21] 극심한 [22] drunk [23] 인류 [24] hostile [25] 경험 [26] foundation [27] 비판하다 [28] representative [29] 영향 [30] claim

| DAY 28 Practice | 1.(1) c | (2) g | (3) h | (4) f | (5) d | (6) b | (7) a | (8) e |
| | 2.(1) seed | (2) thunder | (3) conquer | (4) machine | | | | |

DAY 28 Self Test p.248

[1] 군주제 [2] hesitant [3] 우주선 [4] bumper [5] 씨앗 [6] conquer [7] 이루다 [8] ache [9] 마을 [10] jellyfish
[11] 민족의 [12] mansion [13] 운동가 [14] northern [15] 파도 [16] overcome [17] 굴곡진 [18] paleontology [19] 가톨릭교회의 [20] eruption
[21] 부어있는 [22] flyer [23] 정기적인 [24] thunder [25] 꼬집다 [26] scooter [27] 엉망인 상태 [28] machine [29] 정하다 [30] emergency

TOSEL 실전문제 4   1. (D)   2. (D)   3. (C)   4. (D)   5. (C)   6. (A)

CHAPTER 5 p.46

| DAY 29 Practice | 1.(1) c | (2) g | (3) h | (4) f | (5) e | (6) b | (7) a | (8) d |
| | 2.(1) lecture | (2) industrial | (3) opinion | (4) literature | | | | |

DAY 29 Self Test p.256

[1] 문학 [2] hatchet [3] 베스트셀러 [4] exercise [5] 사실주의 [6] biology [7] 강력한 [8] drowsy [9] 마법의 [10] basement
[11] 산업의 [12] fame [13] 이기다 [14] manager [15] 요람 [16] destination [17] 똑똑한 [18] artwork [19] 기차 [20] opinion
[21] 성격 [22] prince [23] 수수께끼 [24] artificial [25] 아래[밑]에 [26] unite [27] 강의 [28] salty [29] 좌절감을 주다 [30] fantasy

| DAY 30 Practice | 1.(1) b | (2) a | (3) f | (4) h | (5) g | (6) e | (7) d | (8) c |
| | 2.(1) deserve | (2) sturdy | (3) adopt | (4) realistic | | | | |

DAY 30 Self Test p.264

[1] 해안 [2] gloss [3] 거래하다 [4] frighten [5] 가치 [6] expression [7] 생활방식 [8] deserve [9] 던지다 [10] operate
[11] 변형시키다 [12] depress [13] 끔찍한 [14] nowadays [15] 현실적인 [16] cancel [17] 재능이 있는 [18] adopt [19] 자유 [20] rose
[21] 사물함 [22] sturdy [23] 영양 [24] explain [25] 일생 [26] prize [27] 저글링하다 [28] caffeine [29] 가정 [30] hire

| DAY 31 Practice | 1.(1) c | (2) a | (3) b | (4) d | (5) e | (6) h | (7) f | (8) g |
| | 2.(1) plumber | (2) knowledge | (3) disappearance | (4) stance | | | | |

DAY 31 Self Test p.272

[1] 난쟁이 [2] agency [3] 계속[여전히]...이다 [4] compliment [5] 신화 속에 나오는 [6] producer [7] 장식품 [8] greedy [9] 입장 [10] climate
[11] 이혼하다 [12] ignore [13] 변장하다 [14] plumber [15] 자성의 [16] acrobat [17] 실종 [18] compare [19] 중요성 [20] knowledge
[21] 아랍어 [22] electric [23] 콤보 [24] burn [25] 유독성의 [26] honeymoon [27] 급감하다 [28] cash [29] 기진맥진하게 만들다 [30] attach

| DAY 32 Practice | 1.(1) d | (2) e | (3) f | (4) c | (5) a | (6) b | (7) h | (8) g |
| | 2.(1) empire | (2) inspection | (3) predict | (4) independence | | | | |

DAY 32 Self Test p.280

[1] 황혼 [2] forehead [3] 새벽 [4] ballpoint [5] 관찰하다 [6] dine [7] 인형 [8] alive [9] 통치하다 [10] posture
[11] 독립 [12] stiff [13] 제국 [14] volume [15] 기념비 [16] underneath [17] 염료 [18] thousand [19] 해결하다 [20] pipe
[21] 출판하다 [22] bulb [23] 화학 [24] lower [25] 자격 [26] iron [27] 예측하다 [28] inspection [29] 계산기 [30] hummingbird

| DAY 33 Practice | 1.(1) h | (2) e | (3) c | (4) f | (5) a | (6) b | (7) d | (8) g |
| | 2.(1) roar | (2) abstract | (3) influence | (4) rent | | | | |

DAY 33 Self Test p.288

[1] 품종 [2] misunderstanding [3] 매미 [4] influence [5] 양치기 [6] puddle [7] 군단 [8] consultation [9] 담배 [10] abstract
[11] 그늘 [12] bride [13] 으르렁거리다 [14] curry [15] 촉수 [16] death [17] 집세 [18] humidity [19] 하룻밤 동안 [20] suitcase
[21] 팀 동료 [22] war [23] 우선 [24] note [25] 성자 [26] normal [27] 쿵쿵거리다 [28] committee [29] 오토바이를 타는 사람 [30] market

| DAY 34 Practice | 1.(1) b | (2) a | (3) c | (4) g | (5) e | (6) h | (7) f | (8) d |
| | 2.(1) shaggy | (2) possible | (3) fertile | (4) scrap | | | | |

DAY 34 Self Test p.296

[1] 의미하다 [2] scrap [3] 퀴즈 [4] rude [5] 예방책 [6] hallway [7] 비슷한 [8] creature [9] 덥수룩한 [10] checkout
[11] 발음 [12] poison [13] 추정 [14] military [15] 문장 [16] nickname [17] 악 [18] politic [19] 배치하다 [20] footprint
[21] 비옥한 [22] possible [23] 정말 [24] turkey [25] 스모그가 많은 [26] screen [27] 피해자 [28] protein [29] 비틀다 [30] original

| DAY 35 Practice | 1.(1) c | (2) d | (3) f | (4) h | (5) e | (6) b | (7) g | (8) a |
| | 2.(1) contact | (2) brochures | (3) registered | (4) consumers | | | | |

DAY 35 Self Test p.304

[1] 목적 [2] though [3] 등록하다 [4] steak [5] 밑창 [6] royalty [7] 별똥별 [8] link [9] 상대 [10] contact
[11] 기막히게 좋은 [12] generous [13] 당황시키다 [14] chick [15] 전화상담 [16] foolish [17] 부두 [18] keyboard [19] 산사태 [20] misty
[21] 미안해요 [22] brochure [23] 파산한 [24] consumer [25] 관계 [26] necktie [27] 우정 [28] duty [29] 세금 [30] allergy

TOSEL 실전문제 5   1. (B)   2. (A)   3. (C)   4. (C)   5. (B)   6. (D)

Chapter 01

Day 1. Self Test   p.24

1. ~을 (더) 좋아하다, 선호하다	16. labor
2. maid	17. 나중에, 후[뒤]에
3. 마침내, 최종적으로	18. bacteria
4. dart	19. 숫자
5. 대양, 바다	20. variety
6. incredible	21. 정기 왕복선
7. (음식 등을) 삼키다	22. cafe
8. hurricane	23. 빛나다, 불빛
9. 철길	24. object
10. recognize	25. 영향을 미치다
11. 성명, 진술, 서술	26. ballroom
12. allergic	27. 알리다[통지하다]
13. 노력, 수고, 활동	28. achievement
14. smoke	29. 일반적인, 보통의
15. 소속감을 느끼다, 제자리 [알맞은 위치]에 있다	30. film

Day 2. Self Test   p.32

1. lantern	16. 빛나게 하다
2. 증발하다, 사라지다	17. mission
3. genius	18. 끈, 코드
4. 삽, (카드)스페이드	19. organize
5. reaction	20. 화석
6. 이론, 학설	21. extract
7. gorilla	22. 기쁨을 주다, 즐겁게 하다 기쁨, 즐거움
8. 폐, 허파	23. fear
9. page	24. 도끼
10. 화가, 예술가, 아티스트	25. belief
11. lick	26. 매일 일어나는, 나날의, 일일, 하루
12. 털을 깎다, 부러지다	27. cell phone
13. injure	28. 바다
14. 여성	29. rocket
15. bare	30. 금속

Day 3 p.33

[Practice]

Exercise 1. p.39

(1) (h) (2) (g) (3) (c) (4) (f)
(5) (e) (6) (a) (7) (b) (8) (d)

Exercise 2. p.39

(1) rust (2) penny (3) according (4) represent

Day 4 p.41

[Practice]

Exercise 1. p.47

(1) (d) (2) (a) (3) (c) (4) (b)
(5) (e) (6) (g) (7) (h) (8) (f)

Exercise 2. p.47

(1) infant (2) flexible (3) relate (4) leash

Day 3. Self Test p.40

1. 두꺼비	16. pimple
2. signature	17. 고무[격려]하다, 영감을 주다
3. 대표[대신]하다	18. engage
4. according	19. 방송, 방송하다
5. 문법	20. paste
6. crystal	21. 안내하다, 이끌다, 선두, 우세, 납
7. 페니(영국화폐), 작은 돈	22. element
8. except	23. 제안, 제의, 의견
9. 수학의, 수리적인	24. admit
10. prohibit	25. 투표하다, 표
11. 수도꼭지, (가볍게) 두드리다	26. separate
12. barcode	27. 대답하다, 대응하다
13. 살피다, 훑어보다, (정밀)검사	28. mainly
14. regard	29. 웃기는, 재미있는, 희극의
15. 녹슬다, 부식하다, 녹	30. cause

Day 4. Self Test p.48

1. 신축성[융통성]있는, 유연한	16. fuel
2. veterinarian	17. 의회, 입법기관, 집회
3. 가죽끈[줄]	18. communication
4. vaccination	19. 광대
5. 깃, 칼라, (개 등의 목에 거는) 목걸이	20. nest
6. anytime	21. 세부사항
7. 장담하다, 확언하다, 확인하다	22. kiss
8. disaster	23. 제트기
9. 행동, 처신, 태도	24. medical
10. infant	25. 상의[의논/논의]하다
11. 관련시키다	26. while
12. oppose	27. 인치, 조금, 약간
13. 자유	28. tooth
14. elegant	29. 눈
15. 상담[서비스]전화, 직통전화	30. since

Day 5. Self Test   p.56

1. ~저편에[너머] ,(특정 시간을) 지나[이후]	16. dairy
2. struggle	17. 화살[표]
3. 교육하다, 가르치다	18. yeast
4. block	19. 스케치, 스케치하다
5. 불가능한	20. observatory
6. rid	21. 친구
7. 움직임, 이동, 운동	22. rate
8. amazing	23. 털로 덮인, 털 같은
9. 번데기	24. gather
10. stream	25. 전통의, 전통적인
11. 분명한, 숨김없는, 평원, 평지	26. completion
12. gown	27. 포함하다
13. 점검[검사]하다	28. float
14. minimize	29. 고지서, 청구서
15. 괴롭히는 사람, 괴롭히다	30. lost

Day 6. Self Test   p.64

1. 청바지	16. emotion
2. exciting	17. 갑옷
3. 예측, 예견	18. Dutch
4. statistics	19. 화성
5. 차이	20. gladly
6. tame	21. 배달
7. 탈출하다, 탈출, 도피	22. volcano
8. hide	23. 기술
9. 정치인, 정치가	24. studio
10. texture	25. 비만
11. 공식적으로[정식으로]	26. activate
12. iceberg	27. 받다
13. 추정[추산]하다, 추정(치), 견적서	28. effect
14. medication	29. 잡지
15. 상관, 상사, 사장	30. practical

Day 7
p.65

[Practice]

Exercise 1.   p.71

(1) (f)   (2) (g)   (3) (h)   (4) (e)

(5) (c)   (6) (d)   (7) (a)   (8) (b)

Exercise 2.   p.71

(1) superpower   (2) vice   (3) justice   (4) quarrel

Day 7. Self Test
p.72

1. 선풍기, 팬	16. razor
2. vice	17. 지불, 지급
3. 초강대국	18. storage
4. percent	19. 적
5. (말)다툼[언쟁/싸움], 다투다, 언쟁을 벌이다	20. carnival
6. shrug	21. 곳간, 헛간
7. 오르다, 올라가다	22. dunk
8. justice	23. 깊은 인상을 주다, 감명[감동]을 주다
9. 응시하다[바라보다]	24. agree
10. teamwork	25. ~에 이르다 [닿다/도달하다]
11. 신경 쓰다, 애를 쓰다	26. deal
12. relieve	27. 재미있는, 흥미로운
13. 살금살금[몰래] 가다, 몰래 하다[가져가다]	28. author
14. data	29. 아몬드
15. 궁금한, 호기심이 많은	30. squirrel

⏱ TOSEL 실전문제 1

Section II. Reading and Writing

1. (C)

해석 I got my lungs checked out in the hospital.
나는 병원에서 폐 검사를 받았다.
(A) heart 심장   (B) spine 척추
(C) lungs 폐   (D) kidneys 신장
풀이 그림이 폐를 보여주고 있으므로 (C)가 정답이다.
관련 어휘 lung 폐 (Day 2)

2. (C)

해석 The bear with the green crown is floating off the ground.
초록색 왕관을 쓴 곰이 땅에서 떠있는 중이다.
(A) writing 글을 쓰는 중   (B) cycling 자전거를 타는 중
(C) floating 떠다니는 중   (D) running 뛰는 중
풀이 그림에서 초록색 왕관을 쓴 곰이 떠있는 중이므로 (C)가 정답이다.
관련 어휘 float (물 위에) 뜨다 (Day 5)

3. (A)

해석 They are dancing in the ballroom.
그들은 무도회장에서 춤을 추는 중이다.
(A) ballroom 무도회장   (B) bedroom 침실
(C) playground 운동장   (D) background 뒤쪽
풀이 그림의 남자와 여자가 춤을 추고 있는 장소는 무도회장이므로 (A)가 정답이다.
관련 어휘 ballroom 무도회장 (Day 1) background 배경 (Day 21)

4. (D)

해석 My parents received the letters from their mailbox.
나의 부모님은 그들의 우편함에서 편지를 받으셨다.
(A) wrote 쓰셨다   (B) threw 던지셨다
(C) ripped 찢으셨다   (D) received 받으셨다
풀이 그림에서 부모님이 우편함에서 편지를 받았으므로 (D)가 정답이다.
관련 어휘 receive 받다 (Day 6)

5. (C)

해석 Calling is prohibited while driving.
통화는 운전 중에 금지됩니다.
(A) kept 유지되는   (B) expected 예상되는
(C) prohibited 금지되는   (D) encouraged 장려되는
풀이 그림에서 운전자의 통화 중인 휴대폰에 금지 표시가 되어있으므로 (C)가 정답이다.
관련 어휘 expect 예상[기대]하다 (Day 14) prohibit 금지하다 (Day 3)

6. (B)

해석 There are four eggs in the nest.
둥지 안에 네 개의 알들이 있다.
(A) test 시험   (B) nest 둥지
(C) barn 곳간   (D) corn 곡식
풀이 그림 속 네 개의 알이 둥지 안에 있으므로 (B)가 정답이다.
관련 어휘 nest 둥지 (Day 4) barn 곳간, 헛간 (Day 7)

Chapter 02

Day 8. Self Test   p.84

1. message	16. 돕다, 원조, 지원, 도움
2. 연구, 조사, 연구[조사]하다	17. patience
3. shovel	18. 표본, 샘플, 맛보다, 시식하다
4. 방법, 체계성	19. portion
5. symphony	20. 도둑
6. 재단사, 맞추다[조정하다]	21. equal
7. delete	22. 거의, ... 가까이
8. 끓다[끓이다], 끓음	23. equation
9. absorb	24. 반복하다
10. 급속히 퍼지는, 침습적인	25. shell
11. further	26. 일반적인, 보편적인
12. 신	27. architect
13. humid	28. 나선, 나선형, 소용돌이, 나선형의
14. 따분한, 재미없는	29. input
15. opportunity	30. 액수, 합계, 총계

Day 9. Self Test   p.92

1. 동상	16. virtue
2. specific	17. 혼란스러운
3. 어딘가에	18. witness
4. stainless	19. 상처, 부상
5. 스티커	20. foreigner
6. handball	21. 살인, 살해하다
7. 의회	22. kindness
8. gum	23. 총
9. 일반적으로, 대개, 보통	24. mile
10. deliver	25. 상대적인, 친척
11. 곡물, 시리얼[가공 곡물]	26. pity
12. important	27. 저녁(식사)
13. 불행한	28. noble
14. waffle	29. 어리석은, 바보
15. 불안한	30. peaceful

Day 10 p.93

[Practice]

Exercise 1. p.99

(1) (e)　(2) (g)　(3) (f)　(4) (h)
(5) (c)　(6) (b)　(7) (a)　(8) (d)

Exercise 2. p.99

(1) obsess　(2) clerk　(3) academic　(4) contain

💡 Day 10. Self Test p.100

1. 종	16. session
2. salmon	17. 비롯되다, 유래하다
3. 100년, 세기	18. term
4. bar	19. 특별히, 특히
5. 둔부, 엉덩이	20. mug
6. aspect	21. 곱하다
7. 효과적인	22. operation
8. indoor	23. ~이 들어[함유되어]있다
9. 자동차	24. mysterious
10. medal	25. 사로잡다, 강박감을 갖다
11. 맥락, 문맥	26. religious
12. recent	27. 학업의, 학문의
13. 가혹한, 혹독한	28. subject
14. disappear	29. 결국, 종내
15. 거품,거품을 일으키다	30. clerk

Day 11 p.101

[Practice]

Exercise 1. p.107

(1) (g)　(2) (h)　(3) (e)　(4) (f)
(5) (c)　(6) (d)　(7) (a)　(8) (b)

Exercise 2. p.107

(1) protest　(2) essential　(3) leafy　(4) proof

💡 Day 11. Self Test p.108

1. 증서, 증명서,자격증, 자격	16. 화면, 모니터, 관찰하다
2. construction	17. depth
3. 빗, 빗질, 빗다, 빗질하다	18. 개인의, 개인적인
4. earthquake	19. import
5. 재미있는, 우스운	20. 탐사/탐험하다
6. amusement	21. proof
7. 북극의, 북극	22. 필수적인, 근본[기본]적인
8. digital	23. vapor
9. 전날, 이브	24. 강수, 강수량
10. league	25. steady
11. 객실, 선실, 오두막집	26. 항의하다, 항의, 반대, 시위
12. holiday	27. leafy
13. 확인하다, 찾다	28. 기념하다, 축하하다
14. honor	29. needle
15. 불평[항의]하다	30. ~와 다른, 서로 다른

Day 12 — p.109

[Practice]

Exercise 1. — p.115

(1) (c) (2) (f) (3) (d) (4) (e)
(5) (h) (6) (g) (7) (a) (8) (b)

Exercise 2. — p.115

(1) jealous (2) flash (3) extend (4) mercy

Day 12. Self Test — p.116

1. (도구장비) 세트	16. extend
2. program	17. 포획하다, 포획, 생포
3. 나트륨	18. iceberg
4. slice	19. 확실한, 확신하는
5. 국가, 국민	20. mercy
6. factory	21. 부딪치다, 튀어나온 부분
7. 아름다움, 미	22. branch
8. double	23. 비치다, 비추다, 섬광, 번쩍임
9. 뿔	24. maximum
10. immediately	25. 이유, 까닭, 추론하다
11. 마음을 끌다	26. shock
12. drastic	27. 벙어리의, 말을 못하는, 멍청한
13. 양조하다, 끓이다	28. risk
14. fable	29. 없애다, 제거하다
15. 질투하는	30. infection

Day 13 — p.117

[Practice]

Exercise 1. — p.123

(1) (h) (2) (f) (3) (e) (4) (b)
(5) (a) (6) (d) (7) (b) (8) (c)

Exercise 2. — p.123

(1) temper (2) bend (3) classic (4) symbol

Day 13. Self Test — p.124

1. sunlight	16. inquiry
2. 표면	17. 풀어주다, 석방하다, 석방, 풀어줌
3. website	18. classic
4. 전자의	19. 미끄러지다
5. admission	20. content
6. 영향을 미치다 [관련되다], 우려	21. 주사하다, 주입하다
7. cent	22. organic
8. 유산	23. 성질[성미]
9. engine	24. legend
10. 문제[일/사안], 중요하다, 문제되다	25. 유령
11. detect	26. highway
12. 목욕통, 욕조	27. 구부리다
13. frown	28. doping
14. 뛰다	29. 쓰레기, (쓰레기 등을) 버리다
15. miniature	30. symbol

Day 14 p.125

[Practice]

Exercise 1. p.131

(1) (h) (2) (g) (3) (e) (4) (f)
(5) (c) (6) (d) (7) (b) (8) (a)

Exercise 2. p.131

(1) society (2) distinct (3) composer (4) crime

Day 14. Self Test p.132

1. ever	16. 주사위(한 쌍)
2. 예상[기대]하다	17. measure
3. leather	18. 상자
4. 졸업하다, 졸업자	19. gain
5. offline	20. 망치다
6. 규모[범위], 비늘을 치다[벗기다]	21. composer
7. urban	22. 노랫말
8. 생생한, 선명한	23. salvation
9. truth	24. 갑판, 꾸미다, 장식하다
10. ~인지 아닌지	25. cheat
11. cape	26. 썰매
12. 결과	27. era
13. portable	28. 범죄, 범행, 죄악
14. ~을 할 수 있게 하다	29. distinct
15. failure	30. 사회, 집단

TOSEL 실전문제 2

Section II. Reading and Writing

1. (D)
해석 The box contains six slices of pizza.
　　 그 상자는 여섯 조각들의 피자를 담고 있다.
　　 (A) one slice 한 조각　　 (B) two slices 두 조각들
　　 (C) four slices 네 조각들　 (D) six slices 여섯 조각들
풀이 그림의 피자 상자 안에 여섯 조각의 피자가 있으므로 (D)가
　　 정답이다.
관련 어휘 slice 조각, 부분 (Day 12)

2. (D)
해석 The bear caught a salmon.
　　 그 곰은 연어를 잡았다.
　　 (A) seal 바다표범　　　　 (B) scarf 스카프
　　 (C) surfer 파도타기 하는 사람 (D) salmon 연어
풀이 그림 속 곰이 작은 생선을 입에 물고 있으므로 (D)가 정답이다.
관련 어휘 salmon 연어 (Day 10)

3. (C)
해석 Fatima graduated from middle school yesterday.
　　 Fatima는 어제 중학교를 졸업했다.
　　 (A) jumped 뛰어 내렸다　 (B) skipped 이리저리 바꿨다
　　 (C) graduated 졸업했다　 (D) performed 공연했다
풀이 그림에서 Fatima는 졸업 모자와 가운을 입고 있으므로 졸업을
　　 했다는 의미인 (C)가 정답이다.
관련 어휘 graduate 졸업하다, 졸업자 (Day 14)

4. (A)
해석 His suit was perfectly tailored.
　　 그의 정장은 완벽하게 맞춰졌다.
　　 (A) tailored 맞춰진　　 (B) deleted 지워진
　　 (C) frowned 빈축을 사는 (D) detected 발견된
풀이 그림 속 재단사가 자를 들고 있고 정장은 남자의 몸에 딱 맞으므로
　　 (A)가 정답이다.
관련 어휘 tailor 맞추다, 재단사 (Day 8) frown 얼굴을 찌푸리다,
　　 찡그림 (Day 13) detect 발견하다, 감지하다 (Day 13)

5. (D)
해석 The girl's face got frostbite.
　　 그 소녀의 얼굴은 동상에 걸렸다.
　　 (A) gum 껌　　　 (B) foam 거품
　　 (C) sunlight 햇빛　 (D) frostbite 동상
풀이 그림 속에 낮은 온도의 온도계가 있고 여자의 얼굴이 붉으므로
　　 (D)가 정답이다.
관련 어휘 gum 껌 (Day 9,) foam 거품 (Day 10),
　　 sunlight 햇빛 (Day 13) frostbite 동상 (Day 9)

6. (B)
해석 The building is shaking due to an earthquake.
　　 그 건물은 지진 때문에 흔들리는 중이다.
　　 (A) a symphony 교향곡　 (B) an earthquake 지진
　　 (C) a precipitation 강수량　 (D) an amusement 오락
풀이 그림 속 건물, 전봇대가 기울어지고 도로가 울퉁불퉁하므로 지진인
　　 (B)가 정답이다.
관련 어휘 symphony 교향곡 (Day 8) earthquake 지진 (Day 11)
precipitation 강수 (Day 11) amusement 오락 / 재미 (Day 11)

Chapter 03

Day 15 p.137

[Practice]

Exercise 1. p.143

(1) (c) (2) (d) (3) (h) (4) (g)
(5) (a) (6) (b) (7) (e) (8) (f)

Exercise 2. p.143

(1) slightly (2) instrument (3) property (4) pace

Day 16 p.145

[Practice]

Exercise 1. p.151

(1) (d) (2) (a) (3) (c) (4) (b)
(5) (e) (6) (h) (7) (g) (8) (f)

Exercise 2. p.151

(1) obvious (2) contract (3) progress (4) reveal

Day 15. Self Test p.144

1. 낙하산	16. optional
2. relationship	17. 대성당
3. 필요[요구]하다	18. property
4. dislike	19. 현재의, 지금의, 흐름, 해류, 기류
5. 가능성, 기회	20. theme
6. accept	21. 기구
7. 글, 소론, 수필	22. cattle
8. lane	23. 무덤, 묘
9. 받침대	24. addition
10. mode	25. 공연장, 극장
11. 적도	26. chest
12. booth	27. 발가락
13. 폭행, 공격	28. pace
14. herbal	29. 기관[단체/협회]
15. 강요하다,물리력, 폭력, 힘	30. slight

Day 16. Self Test p.152

1. 서비스[사업]	16. ban
2. shopper	17. 해외의, 해외로
3. 강철, 철강업	18. lean
4. natural	19. 진척[진행], 진행하다
5. 정보, 봉사료, 끝(부분)	20. depart
6. plug	21. 현대식의, 최신의
7. 최고위자[장], 주된, 최고(위)의	22. curve
8. exchange	23. 분명한[명백한], 너무 빤한
9. 병, 아픔	24. substance
10. pirate	25. 드러내다 [밝히다/폭로하다]
11. 주요한, 중대한	26. contract
12. click	27. 목표하다, 목적, 목표
13. 각도, 각, 기울기	28. excel
14. factor	29. 알고[의식/자각하고] 있는
15. 해로운	30. peer

Day 17　　　　　　　　　　p.153

[Practice]

Exercise 1.　　　　　　　　　p.159

(1) (b)　　(2) (d)　　(3) (a)　　(4) (c)
(5) (g)　　(6) (e)　　(7) (h)　　(8) (f)

Exercise 2.　　　　　　　　　p.159

(1) legal　(2) particular　(3) maintenance　(4) birth

Day 18　　　　　　　　　　p.161

[Practice]

Exercise 1.　　　　　　　　　p.167

(1) (b)　　(2) (d)　　(3) (a)　　(4) (c)
(5) (h)　　(6) (f)　　(7) (e)　　(8) (g)

Exercise 2.　　　　　　　　　p.167

(1) courage　(2) silent　(3) complex　(4) negative

☀ Day 17. Self Test　　　　　p.160

1. 밑줄을 긋다, 강조하다	16. decade
2. umbrella	17. 새끼 양, 양고기
3. 자원 봉사자, 자원[자진]하다	18. birth
4. blog	19. 유지[보수], 지속
5. 궁금하다, 궁금해하다, 감탄, 경이	20. question
6. guard	21. 합법적인
7. 기민한, 경계하는, 경계, 경보	22. critic
8. director	23. 특정한, 특별한
9. 새다, 새는 곳	24. committed
10. captain	25. 감옥
11. 진흙투성이인	26. mistake
12. cherish	27. 글러브, 미트
13. 조사[검토]하다, 검사[진찰]하다	28. wealth
14. armrest	29. 공포
15. 정직, 솔직함	30. afford

☀ Day 18. Self Test　　　　　p.198

1. workshop	16. 존재
2. 합금, 합금하다	17. pray
3. amount	18. 의심, 의혹, 의심하다
4. 발표, 소식	19. tin
5. paw	20. 조용한
6. 화학의, 화학적인, 화학 물질	21. plot
7. evidence	22. 복잡한, 복합 건물 단지
8. 정치적인	23. perspective
9. judge	24. 굉장히 아름다운[멋진], 충격적인
10. 기념일	25. geometry
11. defend	26. 스포츠의
12. 감각, 감지하다, 느끼다	27. mascot
13. groom	28. 용기
14. 판단하다, 판사, 심판	29. crane
15. negative	30. 소나무

Day 19 p.169

[Practice]

Exercise 1. p.175

(1) (f)   (2) (g)   (3) (h)   (4) (d)
(5) (e)   (6) (c)   (7) (a)   (8) (b)

Exercise 2. p.175

(1) intake (2) consider (3) worth (4) form

Day 20 p.177

[Practice]

Exercise 1. p.183

(1) (b)   (2) (d)   (3) (e)   (4) (a)
(5) (c)   (6) (f)   (7) (g)   (8) (h)

Exercise 2. p.183

(1) highlight (2) intelligible (3) pleasure (4) ultimate

Day 19. Self Test p.176

1. battery	16. 섭취
2. 영국의, 영국인의	17. pretend
3. else	18. 궁도, 활쏘기
4. 소설, 허구	19. galaxy
5. olympic	20. 사려[고려/숙고]하다, ~로 여기다
6. 다양성, 범위, (범위가 … 에서 …에) 이르다	21. turtle
7. feedback	22. 기념물, 건축물
8. 구, 구절, 관용구	23. image
9. repair	24. 결합시키다, 결합되다, 유대, 끈
10. 시금치	25. worth
11. allowance	26. 경매, 경매로 팔다
12. -판[형태]	27. master
13. fare	28. 의견이 다르다, 동의하지 않다
14. 소화하다, 소화되다	29. form
15. chilly	30. 현란한

Day 20. Self Test p.184

1. 재료[성분]	16. tornado
2. lucky	17. 가뭄
3. 손톱, 못	18. straw
4. owner	19. 이해할 수 있는
5. 젓다, 섞다	20. prison
6. refuse	21. 비참한
7. 나타나다, 발생하다, ~인 것 같다	22. dramatic
8. industry	23. 유머러스한, 익살스러운
9. 잦은, 빈번한	24. opera
10. below	25. 맑은, 산뜻한, 바삭바삭한
11. 심부름	26. musician
12. pleasure	27. 고전적인, 전통적인
13. 휴양지, 의지, 의존	28. antique
14. skull	29. 강조하다, 하이라이트 가장 흥미로운 부분
15. 궁극[최종]적인, 최고의	30. interpret

Day 21	p.185

[Practice]

Exercise 1. p.191

(1) (h)　　(2) (g)　　(3) (f)　　(4) (d)
(5) (e)　　(6) (c)　　(7) (b)　　(8) (a)

Exercise 2. p.191

(1) positive　(2) former　(3) diligent　(4) signal

💡 Day 21. Self Test
p.192

1. ~당[마다]	16. former
2. quickly	17. 침입하다
3. 그러므로	18. background
4. style	19. 뚜껑 / 눈꺼풀
5. 혹, 툭 솟아 오른 곳, 나르다	20. diligent
6. lift	21. 아픈, 병 든
7. 식민지, 군집, 집단[거주지]	22. echo
8. bash	23. 긍정적인
9. 유충, 애벌레	24. herd
10. mayor	25. 상업의, 상업적인, 광고(방송)
11. 결론, 판단, 결말	26. attraction
12. pressure	27. 뱉다, 침
13. 신호,신호를 보내다	28. function
14. playful	29. 게다가, 그래도, 어쨌든
15. 내려오다, 내려가다	30. wig

 TOSEL 실전문제 3

Section II. Reading and Writing

1. **(D)**
해석 Her gloves protect her from the chemicals.
　　그녀의 장갑은 그녀를 화학 물질들로부터 보호한다.
　　(A) wind 바람　　　(B) snow 눈
　　(C) animals 동물들　(D) chemicals 화학 물질들
풀이 그림 속 여자가 장갑을 끼고 화학 물질을 만지므로 (D)가 정답이다.
관련 어휘 snow 눈 (Day 4) chemical 화학의, 화학 물질 (Day 18)

2. **(A)**
해석 Dinosaur bones are below the ground.
　　공룡 뼈들은 땅 아래에 있다.
　　(A) below 아래에　　(B) behind 뒤에
　　(C) next to 옆에 (D) across from 맞은 편에
풀이 그림 속 공룡 뼈들이 땅 아래에 묻혀 있으므로 (A)가 정답이다.
관련 어휘 below 아래에, 아래[밑]에 (Day 20)

3. **(D)**
해석 The height of the mountain ranges from low to high.
　　그 산의 높이는 낮은 것에서 높은 것까지 다양하다.
　　(A) asks for 필요로 하다　(B) brings out 끌어내다
　　(C) turns back 되돌리다　(D) ranges from ...에서 ~까지 이르다
풀이 그림 속 산의 높이는 낮은 것부터 높은 것까지 다양하므로 범위를 나타내는 (D)가 정답이다.
관련 어휘 range (범위가 ...에서 ...에) 이르다 (Day 19)

4. **(D)**
해석 People are volunteering in the park.
　　사람들은 그 공원에서 자원 봉사 활동을 하는 중이다.
　　(A) refusing 거절하는 중　　(B) examining 조사하는 중
　　(C) disagreeing 동의못하는 중 (D) volunteering 자원봉사 하는 중
풀이 그림 속 공원에 있는 사람들은 쓰레기를 치우고 있으므로 (D)가 정답이다.
관련 어휘 refuse 거절하다 (Day 20), volunteer 자원 봉사자, examine 조사[검토]하다 (Day 17) disagree 의견이 다르다 (Day 19)

5. **(C)**
해석 Boxes are delivered by parachutes.
　　상자들은 낙하산들에 의해 배달된다.
　　(A) grooms 마부들　　(B) shoppers 쇼핑객들
　　(C) parachutes 낙하산들　(D) perspectives 관점들
풀이 상자들은 낙하산에 달려 내려오고 있으므로 (C)가 정답이다.
관련 어휘 groom 신랑, perspective 관점 (Day 18)
　　　　shopper 쇼핑객 (Day 16) parachute 낙하산 (Day 15)

6. **(C)**
해석 The employee is under pressure to complete the task on time.
　　그 고용인은 제시간에 그 업무를 완료해야 한다는 압박을 받는다.
　　(A) by accident 우연히　(B) on progress 진행 중인
　　(C) under pressure 압박받는 (D) with the substances 물질을 가진
풀이 그림 속 서 있는 여자는 업무 중인 여자에게 무엇인가를 지시하고, 업무 중인 여자는 업무들을 앞에 두고 머리를 싸매고 있으므로 (C)가 정답이다.
관련 어휘 progress 진행하다, substance 물질 (Day 16)
　　　　pressure 압박 (Day 21)

Chapter 04

☀ Day 22. Self Test   p.204

1. 신뢰, 신임	16. template
2. act	17. 구전의, 입소문의, 바이러스성의
3. 추가의, 추가되는 것	18. sensitive
4. file	19. 반면에
5. 두드리다, 노크하다	20. accent
6. champion	21. 외국의, 대외의
7. 환경	22. syndrome
8. nutrient	23. 소문, 유언비어, 소문내다
9. 뛰어남, 탁월함	24. movement
10. celebrity	25. 물리학
11. 수레	26. project
12. harvest	27. 문제
13. 가짜의, 거짓된, 모조품	28. suffer
14. portrait	29. 번역[통역]하다
15. 형제자매	30. embassy

☀ Day 23. Self Test   p.212

1. 고대의, 아주 오래된, 고대인	16. painful
2. lake	17. 빠른
3. 공연, 연주회, 실적, 성과	18. basic
4. email	19. 제거하다
5. 지역의, 현지의, 주민, 현지인	20. college
6. favor	21. 뇌
7. 종합적인, 전반적으로	22. cliff
8. invention	23. 실험, 실험을 하다
9. 전기	24. molecule
10. graphic	25. 원자력의, 핵의
11. 머리 깎기, 머리 모양	26. confuse
12. assume	27. 가상적인, 상상의
13. 결혼 생활, 결혼	28. solution
14. canvas	29. 용감, 화려함
15. 제동 장치, 제동, 속도를 줄이다	30. billiard

Day 24
p.213

[Practice]

Exercise 1. p.219

(1) (e)   (2) (f)   (3) (g)   (4) (h)
(5) (c)   (6) (d)   (7) (b)   (8) (a)

Exercise 2. p.219

(1) astound (2) disgust (3) particle (4) hilarious

Day 25
p.221

[Practice]

Exercise 1. p.227

(1) (d)   (2) (e)   (3) (g)   (4) (h)
(5) (f)   (6) (b)   (7) (c)   (8) (a)

Exercise 2. p.227

(1) exaggerate (2) potential (3) aroma (4) passion

☀ Day 24. Self Test
p.220

1. 지원[신청](서), 적용, 응용	16. astound
2. born	17. 아주 우스운[재미있는]
3. 중심되는, 가장 중요한	18. instance
4. increase	19. 혐오감, 혐오감을 유발하다
5. (각도, 온도 단위인) 도, 정도	20. circular
6. fiber	21. 장학금, 학문
7. 돕다, 도움이 되다	22. reject
8. tool	23. 입자[조각]
9. 알아내다, 밝히다, 결정하다	24. revolution
10. blank	25. 성공, 성과
11. 위험	26. establish
12. system	27. 기관[협회], 도입하다
13. 의존하다, 의지하다	28. poet
14. enjoyable	29. 귀족, 경, 주인, 영주
15. 싸구려의, 저급한, 치즈 냄새[맛]가 나는	30. tutor

☀ Day 25. Self Test
p.228

1. 사실, 실상, 실제	16. boxer
2. article	17. ~할 용기가 있다, 감히 ~하다
3. 말하다, 진술하다, 상태, 국가, 나라	18. indicate
4. trick	19. 편해지다, 편하게 해주다, 쉬움, 용이함, 편의성
5. 마음, 정신	20. argue
6. pajamas	21. 격정, 격노
7. 주머니	22. via
8. observer	23. 자동의
9. ~도 아니다	24. potential
10. marine	25. 제안[제의]하다
11. 놓다[두다], (알을) 낳다	26. comment
12. exaggerate	27. 직접적인
13. 중대한, 결정적인	28. label
14. distress	29. 경쟁자, 경쟁상대
15. (기분 좋은)향기, 방향	30. alternate

Day 26 p.229

[Practice]

Exercise 1. p.235

(1) (f) (2) (e) (3) (h) (4) (c)
(5) (d) (6) (g) (7) (b) (8) (a)

Exercise 2. p.235

(1) deny (2) difficulty (3) revive (4) pollution

Day 26. Self Test p.236

1. 대하다, 여기다, 치료하다	16. congratulate
2. musical	17. 경치, 풍경, 배경, 무대 장치
3. 평균, 평균의, 보통의	18. tease
4. process	19. 부인[부정]하다
5. 파괴하다	20. persist
6. combine	21. 회복[소생]하다, 부활시키다
7. 각각[개개]의, 개인의, 개인	22. debate
8. fridge	23. 신문
9. 경영[운영]간부, 경영[운영]진	24. false
10. custom	25. 받는 사람, 수령인
11. 기록물, 다큐멘터리	26. terrible
12. beg	27. 스캔들
13. 어려움, 곤경, 장애	28. site
14. pollution	29. 회복되다
15. 매기다[평가하다], 지위, 계급	30. soak

Day 27 p.237

[Practice]

Exercise 1. p.243

(1) (f) (2) (g) (3) (h) (4) (d)
(5) (e) (6) (b) (7) (c) (8) (a)

Exercise 2. p.243

(1) hostile (2) hardly (3) representative (4) familiar

Day 27. Self Test p.244

1. 관광객	16. exclude
2. placebo	17. 통, 상자
3. 대화, 회화	18. familiar
4. athlete	19. 거의~아니다
5. 옳은, 올바른, 바로, 꼭, 정확히	20. genre
6. departure	21. 극심한, 강렬한
7. 상태	22. drunk
8. account	23. 인류, 인간성
9. 여자 황제, 황후	24. hostile
10. annoy	25. 경험[경력]
11. 질병, 질환	26. foundation
12. treatment	27. 비판[비난]하다, 비평하다
13. 후렴, 합창곡	28. representative
14. blister	29. 영향, 충격, 영향[충격]을 주다
15. 대서양, 대서양의	30. claim

Day 28
p.245

[Practice]

Exercise 1.
p.251

(1) (c)   (2) (g)   (3) (h)   (4) (f)
(5) (d)   (6) (b)   (7) (a)   (8) (e)

Exercise 2.
p.251

(1) seed   (2) thunder   (3) conquer   (4) machine

Day 28. Self Test
p.252

1. 군주제	16. overcome
2. hesitant	17. 굴곡이 많은
3. 우주선	18. paleontology
4. bumper	19. 가톨릭교회의
5. 씨앗	20. eruption
6. conquer	21. 부어있는 것 같은, 뭉게뭉게 피어오른
7. 달성하다, 이루다	22. flyer
8. ache	23. 정기적인, 규칙적인
9. 촌락, 마을	24. thunder
10. jellyfish	25. 꼬집다
11. 민족[종족]의	26. scooter
12. mansion	27. 엉망(진창)인 상태
13. 운동가, 활동가	28. machine
14. northern	29. 임명하다. 정하다
15. 파도, 물결, 흔들다	30. emergency

TOSEL 실전문제 4

Section II. Reading and Writing

1. **(D)**
해석 The girl is annoyed about her early bedtime.
　　그 소녀는 그녀의 이른 취침 시간에 짜증이 나있다.
　　(A) happy 행복한　　(B) tearful 울먹이는
　　(C) excited 신이 난 (D) annoyed 짜증이 난
풀이 그림 속 소녀는 얼굴을 찡그리고 있으므로 (D)가 정답이다.
관련 어휘 annoy 짜증나게 하다 / 귀찮게 하다 (Day 27)

2. **(D)**
해석 We put our family portrait in a frame.
　　우리는 우리의 가족 사진을 액자에 넣었다.
　　(A) motto 좌우명　　(B) garden 정원
　　(C) degree 정도　　(D) portrait 인물 사진
풀이 그림 속에서 액자 안에는 가족 사진이 들어 있으므로 (D)가 정답이다.
관련 어휘 degree 도 / 정도 (Day 24) portrait 초상화, 묘사 (Day 22)

3. **(C)**
해석 They are doing an experiment together.
　　그들은 실험을 함께 하는 중이다.
　　(A) fixing a machine 기계를 고치는 중
　　(B) presenting a project 과제를 발표하는 중
　　(C) doing an experiment 실험을 하는 중
　　(D) analyzing an artwork 미술품을 분석하는 중
풀이 그림 속에 현미경과 플라스크를 사용해 실험하므로 (C)가 정답이다.
관련 어휘 machine 기계 (Day 28) project 계획 (Day 22)
　　　　experiment 실험 (Day 23) artwork 공예품 (Day 29)

4. **(D)**
해석 She is pinching her nose.
　　그녀는 그녀의 코를 꼭 집는 중이다.
　　(A) hurting 다치게 하는 중　　(B) washing 씻는 중
　　(C) smelling 냄새를 맡는 중　　(D) pinching 꼭 집는 중
풀이 그림 속 여자는 손가락으로 코를 꼭 집고 있으므로 (D)가 정답이다.
관련 어휘 pinch 꼬집다 (Day 28)

5. **(C)**
해석 Whales are one of the marine mammals.
　　고래들은 해양 포유 동물들 중 하나이다.
　　(A) tame 길들어진　　(B) flying 하늘을 나는
　　(C) marine 해양의　　(D) mythological 신화의
풀이 고래들이 바닷 속을 헤엄치고 있으므로 (C)가 정답이다.
관련 어휘 marine 바다의, 해양의 (Day 25)

6. **(A)**
해석 Combine all the pieces to make one puzzle.
　　모든 조각들을 결합해서 하나의 퍼즐을 만들라.
　　(A) Combine 결합하다　　(B) Continue 계속하다
　　(C) Empress 여자 황제　　(D) Translate 번역하다
풀이 그림 속 네 조각의 퍼즐을 하나로 만들기 위해서는 각 조각들을
　　결합해야 하므로 (A)가 정답이다.
관련 어휘 combine 결합하다 (Day 26) empress 여자 황제 (Day 27)
　　　　translate 번역[통역]하다 (Day 22)

Chapter 05

Day 29. Self Test   p.264

1. 문학	16. destination
2. hatchet	17. 똑똑한
3. 베스트셀러	18. artwork
4. exercise	19. 기차, 교육시키다
5. 사실주의	20. opinion
6. biology	21. 성격
7. 영향력 있는, 강력한	22. prince
8. drowsy	23. 수수께끼
9. 마법의	24. artificial
10. basement	25. 아래[밑]에
11. 산업의	26. unite
12. fame	27. 강의
13. 이기다,때리다, 심장이 고동치다	28. salty
14. manager	29. 좌절감을 주다, 불만스럽게 만들다
15. 요람, 부드럽게 안다	30. fantasy

Day 30. Self Test   p.272

1. 해안	16. cancel
2. gloss	17. 재능이 있는
3. 거래하다, 거래, 일	18. adopt
4. frighten	19. 자유
5. 가치	20. rose
6. expression	21. 로커, 사물함
7. 생활방식	22. sturdy
8. deserve	23. 영양
9. 던지다,출연자들	24. explain
10. operate	25. 일생
11. 변형시키다	26. prize
12. depress	27. 저글링하다
13. 끔찍한	28. caffeine
14. nowadays	29. 가정
15. 현실적인	30. hire

Day 31　　　　　　　　　p.273

[Practice]

Exercise 1.　　　　　　　　p.279

(1) (c)　　(2) (a)　　(3) (b)　　(4) (d)
(5) (e)　　(6) (h)　　(7) (f)　　(8) (g)

Exercise 2.　　　　　　　　p.279

(1)plumber (2)knowledge (3)disappearance (4)stance

☀ Day 31. Self Test　　　　　　p.280

1. 난쟁이 ,소형의	16. acrobat
2. agency	17. 실종
3. 계속[여전히]...이다	18. compare
4. compliment	19. 중요성
5. 신화 속에 나오는	20. knowledge
6. producer	21. 아랍어, 아랍어의
7. 장식품, 장식하다	22. electric
8. greedy	23. 콤보
9. 입장, 자세	24. burn
10. climate	25. 유독성의
11. 이혼하다	26. honeymoon
12. ignore	27. 급감하다, 급감, 폭락, 슬럼프
13. 변장하다	28. cash
14. plumber	29. 기진맥진하게 만들다
15. 자성의	30. attach

Day 32　　　　　　　　　p.281

[Practice]

Exercise 1.　　　　　　　　p.287

(1) (d)　　(2) (e)　　(3) (f)　　(4) (c)
(5) (a)　　(6) (b)　　(7) (h)　　(8) (g)

Exercise 2.　　　　　　　　p.287

(1)empire (2)inspection (3)predict (4)independence

☀ Day 32. Self Test　　　　　　p.288

1. 황혼, 땅거미	16. underneath
2. forehead	17. 염료, 염색하다
3. 새벽	18. thousand
4. ballpoint	19. 자리를 잡다, 해결하다
5. 관찰하다	20. pipe
6. dine	21. 출판하다
7. 인형, 꼭두각시	22. bulb
8. alive	23. 화학
9. 통치하다	24. lower
10. posture	25. 자격
11. 독립	26. iron
12. stiff	27. 예측하다
13. 제국	28. inspection
14. volume	29. 계산기
15. 기념비, 추모의	30. hummingbird

Day 33　p.289

[Practice]

Exercise 1.　p.295

(1) (h)　(2) (e)　(3) (c)　(4) (f)
(5) (a)　(6) (b)　(7) (d)　(8) (g)

Exercise 2.　p.295

(1) roar　(2) abstract　(3) influence　(4) rent

 **Day 33. Self Test**　p.296

1. 품종, 새끼를 낳다	16. death
2. misunderstanding	17. 집세, 지대, 임대하다
3. 매미	18. humidity
4. influence	19. 하룻밤 동안
5. 양치기	20. suitcase
6. puddle	21. 팀 동료
7. 군단, 부대, 많은 사람들	22. war
8. consultation	23. 우선
9. 담배	24. note
10. abstract	25. 성자, 성인
11. 그늘	26. normal
12. bride	27. 코를 킁킁거리다, 냄새를 맡다
13. 으르렁거리다, 굉음을 내다, 으르렁 거림	28. committee
14. curry	29. 오토바이를 타는 사람
15. 촉수	30. market

Day 34　p.297

[Practice]

Exercise 1.　p.303

(1) (b)　(2) (a)　(3) (c)　(4) (g)
(5) (e)　(6) (h)　(7) (f)　(8) (d)

Exercise 2.　p.303

(1) shaggy　(2) possible　(3) fertile　(4) scrap

Day 34. Self Test　p.304

1. 의미하다,...뜻으로 말하다, 비열한	16. nickname
2. scrap	17. 사악한, 악
3. 퀴즈	18. politic
4. rude	19. 배치하다
5. 예방책	20. footprint
6. hallway	21. 비옥한
7. 비슷한	22. possible
8. creature	23. 정말
9. 덥수룩한	24. turkey
10. checkout	25. 스모그가 많은
11. 발음	26. screen
12. poison	27. 피해자
13. 추측하다, 추정	28. protein
14. military	29. 비틀다
15. 문장	30. original

Day 35　　　　　　　　　　p.305

[Practice]

Exercise 1.　　　　　　　　　　p.311

(1) (c)	(2) (d)	(3) (f)	(4) (h)
(5) (e)	(6) (b)	(7) (g)	(8) (a)

Exercise 2.　　　　　　　　　　p.311

(1) contact (2) brochures (3) registered (4) consumers

Day 35. Self Test　　　　　　　　　　p.312

1. 목적	16. foolish
2. though	17. 부두, 부두에 대다
3. 등록하다	18. keyboard
4. steak	19. 산사태
5. 밑창, 바닥, 유일한	20. misty
6. royalty	21. 뭐라고요, 미안해요, 용서
7. 유성, 별똥별	22. brochure
8. link	23. 파산한
9. 상대	24. consumer
10. contact	25. 관계
11. 기막히게 좋은, 경탄할 만한	26. necktie
12. generous	27. 우정
13. 당황스럽게 만들다	28. duty
14. chick	29. 세금
15. 전화 상담 서비스	30. allergy

⏱ TOSEL 실전문제 5

Section II. Reading and Writing

1. (B)
해석 The iron has been placed on the ironing board.
　　그 다리미는 그 다리미판 위에 놓여져 왔다.
　　(A) in 안에　　(B) on 위에
　　(C) under 아래에　(D) below 아래에
풀이 그림 속 다리미는 다리미판 위에 있으므로 (B)가 정답이다.
관련 어휘 below 아래에, 아래[밑]에 (Day 20)

2. (A)
해석 She is taking notes while talking on the phone.
　　그녀는 전화 하는 동안 필기를 하는 중이다.
　　(A) taking notes 필기를 하는 중
　　(B) typing letters 자판을 치는 중
　　(C) uploading files 파일들을 업로드하는 중
　　(D) using a keyboard 키보드를 사용하는 중
풀이 그림 속 여자는 전화를 하면서 공책에 적고 있으므로 (A)가 정답이다.
관련 어휘 note 메모 (Day 33), file 파일 (Day 22),
　　　　　keyboard 키보드 (Day 35)

3. (C)
해석 The washing machine is in the basement.
　　그 세탁기는 지하층에 있다.
　　(A) rooftop 옥상　　　(B) balcony 발코니
　　(C) basement 지하층　(D) living room 거실
풀이 그림 속 세탁기는 계단의 가장 마지막 층에 있고, 그 공간은
　　불을 켜도 어두우므로 지하층인 (C)가 정답이다.
관련 어휘 basement 지하층 (Day 29)

4. (C)
해석 The teacher is exhausted from her work.
　　그 선생님은 그녀의 일로 기진맥진하시다.
　　(A) rude 무례한　　　　(B) greedy 욕심 많은
　　(C) exhausted 기진맥진한　(D) embarrassed 당황스러운
풀이 그림 속 선생님은 지쳐서 책상 위에 엎드려 있으므로 (C)가 정답이다.
관련 어휘 rude 무례한 (Day 34) greedy 탐욕스러운 (Day 31) exhaust
기진맥진하게 만들다 (Day 31) embarrass 당황스럽게 만들다 (Day 35)

5. (B)
해석 The detective is following the footprint.
　　그 형사는 발자국을 따라가는 중이다.
　　(A) protein 단백질　　(B) footprint 발자국
　　(C) opponent 반대자　(D) influence 영향
풀이 그림 속 형사는 돋보기로 발자국을 보며 발자국의 방향을 가리키고
　　있으므로 (B)가 정답이다.
관련 어휘 protein 단백질, footprint 발자국 (Day 34)
　　　　　　opponent 상대 (Day 35) influence 영향을 주다 (Day 33)

6. (D)
해석 I am registering for the website on app.
　　나는 응용 프로그램에서 그 웹사이트에 등록하는 중이다.
　　(A) renting 빌려주다　　(B) attaching 붙이다
　　(C) governing 통치하다　(D) registering 등록하다
풀이 그림 속 아이디와 패스워드 아래에 서명하기에 클릭하고 있으므로
　　(D)가 정답이다.
관련 어휘 rent 집세 (Day 33) attach 첨부하다, 붙이다 (Day 31)

MEMO

MEMO

MEMO

MEMO